KB120885

농업을 살려야 나라가 산다

개정판

농업을 살려야 나라가 산다

개정판

| 이상득 · 지음 |

책과나무

개정판을 내면서

수년에 걸쳐 틈틈이 써 온 원고를 모아서 지난 2023년 9월 15일 전자출판하여 세상에 내놓았다. 가래나무 판목에 글자 하나하나를 새기듯 애써 지었기에 회심의 역작을 기대하면서 열화 같은 창작 열기를 쏟아 부었다.

그러나 타고난 내공 부족인지 채워지지 않은 여지가 확인된 데다가 영농 환경의 급격한 변화, 예상을 뛰어넘는 기후 변화 등으로 초판의 주장이 부분적으로 오늘의 시의(時宜)에 맞지 않아 시정이 요하는 부분이 있었다. 이를 보완 설명을 하였으며 다음의 3장은 수정 가필하여 개정판을 내기에 이르렀기에 독자 여러분의 이해를 구한다.

제24장 '기업농'을 검토하자

우리나라 농업의 주축은 가족농이다. 6천여 개의 농업 법인도 대부분 농가의 구성원에 의해 운영되고 있다. 농가는 일정 비용을 지불하고 농산물을 생산 판매하여 그 수익을 주 소득원으로 하는 경영체다.

이에 대하여 초판은 가족농을 보호하고 지역에 따라 무리 없는 영농이 가능하면 기업농의 영농 추진을 예상해 본다고 결론지었다.

그러나 농촌 인구는 계속 줄어 고령 인구가 절반에 가까우니 농사를 지을 사람이 없어 농촌 소멸 위기가 다가왔다. 게다가 정부가 지난 2021년 한국토지주택공사(LH) 땅 투기 사태를 계기로 개정한 농지법이 농지 거래를 가로막아, 농촌 고령층을 랜드푸어(land poor)로 전락시키고 농촌 소멸 현상을 더욱 부추긴다는 비난을 받았다.

이와 같이 농촌 몰락의 환경 변화에 대응코자 농촌경제연구원의 관계자, 『농업의 힘』의 저자 박현출, 공동 농장 법인, 농수산식품부 관계자에게 최선의 한국적 영농 방향을 물었다. 종합된 의견은 기업농으로 모아졌다.

우리나라 영농 방식은 이제 그동안의 경노의 의존성 함정에 빠져 있던 전통 영농 방식에서 벗어나 기계화, 자동화 영농 방식을 뛰어넘어 농부 없는 농장이 등장하고 인공 지능화될 것으로 보고 있다. 농업 종사자 역시 선진국과 같이 전체 인구의 2% 미만으로 줄어들 것으로 예상하여 볼 때 기업농 형태의 농업으로 점진적 전환될 것으로 전망하였다.

제38장 기후 악화는 농업, 농촌에 집중 피해를 준다

최근 기후는 인류에게 예상을 뛰어넘는 극심한 피해를 준다. 이제 지구 온난화 시대는 가고 지구 열대화 시대로 진입해 "인류가 지옥으로 가는 문을 열었다"고 하면서 전문가들은 심각한 우려를 표한다.

20세기 중반부터 온실가스 농도가 상승하기 시작하여 21세기 초에는 기후 변화의 영향이 더욱 두드러지게 나타나 극한의 기상 현상으로 발전했다. 해수면 상승, 가뭄, 홍수, 산불, 열파 등 기후 이벤트가 증가하며 농작물과 물이 관련된 문제가 발생하여 이로 인해 물 부족, 식량 부족, 인구 이동, 생태계 붕괴 등 심각한 문제가 발생할 것으로 예상된다.

이와 같은 기후 악화는 언제든지 농업 농촌에 집중 피해를 준다. 그러므로 예측할 수 없는 기후 변화를 신속히 파악해 대응하기 위한 '농업기상청'를 보완 설치할 것을 혁신적인 기구 개편에 포함했다.

제43장 3차 농지 개혁

개방 농정은 1차(1978년 5월) 지정 이래 반세기를 맞고 있다. 그 결과 90%가 넘는 인구가 도시로 몰리고 농촌은 공촌(空村)이 되어 수풀 바다를 이루었다.

이와 같이 농촌의 존망이 임계점에 다가오면서 "대한민국이 가야 할 길"을 한국리서치 '여론 속의 여론'팀이 조사하여 발표하였다.[1]

위의 여론 조사 결과를 요약하면 한마디로 '먹거리의 불안'이다.

국민의 먹거리에 대한 의식의 변화가 왜 이렇게 절박을 넘어 궁지에 몰렸는지 돌아보고 이제는 국민들의 평안을 위한 특단의 대책을 수립해 시행해야 하는 시기에 닥쳤다는 호소다. 이 같은 사태를 만든 원인은 어디에 있는지를 먼저 살펴보았다.

---

1   식량 안보 위협 속에 "대한민국이 가야 할 길", 2023. 2. 24~27. 한국 리서치 여론 속의 여론팀 조사 발표

우리나라는 경제 발전 과정에서 과도한 상업 집중으로 인해 농업 부문이 거의 소외되었다. 김재수 전 농림수산식품부 장관은 그의 저서에서 "농업을 국정의 핵심과제로 인식한 대통령은 별로 없었다."고 했다.

문재인 정부는 2년 동안 3번의 농림수산식품부 장관을 교체하였다. 미국은 이변이 없는 한 대통령과 임기를 같이 한다. 16년간 재직 장관도 있다.

개방 농정 이래 역대 정부의 정책 결정자는 '자원이 없는 나라 수출로 먹고 살아야 한다'는 일관된 주장을 했고 리소스(예: 예산 및 개발 투자)의 축소 문제를 가져와 오늘의 한국 농업의 흑역사를 쓰게 되었다.

마침내 그 연유(緣由)인지 농업의 패러다임 변화의 조짐이 보인다. 20대 윤석열 대통령의 후보 시절 자필로 밝힌 농업관이 주목된다.

"농림축산업은 국가 기간산업이자 미래 성장 산업입니다."라고 농민신문 독자에게 밝혔다.(2022. 1. 27)

그 후 대통령으로 당선되어 들판에 나가 농민과 대화하는 모습은 박대통령 이후 처음 보는 관심의 표현이었다. 지난 2023년 7월 7일 윤석열 대통령은 영농철 모내기 현장을 방문해 농장의 농민들을 격려했다.

2023년 11월 10일 농업의 날 기념식에 참석하여 농업농촌 서포터즈 제1호가 돼 달라는 제안을 수락한 대통령은 농업인들이 어퍼컷 세리머니를 요청하자 5번을 했다. 농업인들도 '농업 농촌의 변화와 혁신을 위하여'라고 화답했다.

50여 년 동안 정치 지도자로부터 철저하게 외면을 받던 농촌이 새로운 생명력을 얻어 활기 넘치는 어퍼컷을 날렸다. 농업 예산이 반세기 만에 올랐다. 이젠 농업 빈국 한국이 진정한 농업 선진국을 이루는 문턱에 와 있다는 신호로 보인다.

이에 우리나라 농업 선각자 정약용의 삼농정신을 바탕으로 "대한민국 농업백년대계"를 수립 시행하면서 한국형 "21세기 윤석열 농업 시대"를 열어 "아시아의 선진 농업국"을 성취하자는 주장이다.

김철규 교수는 "한국 농업 농촌이 사라진다는 것은 한국 사회의 발전이 끝나는 시점"이라고 했다. 우리 모두 깊이 생각해 보자.

2024년 봄 대전 내동에서

이 상 득

머리글

농자는 천하지대본야(農者天下之大本也)라 했다. 먹어야 산다는 절대적 진리 앞에 누구도 부정할 순 없다. 인류는 오로지 농업이라는 역할을 통해 얻는 먹거리만으로 삶을 누릴 수 있기 때문이다.

그런데 혹자는 "'지금도 그러한가?'에 대한 답은 그저 주관적인 판단일 뿐 동시대를 살아가는 구성원들의 사회적 동의에는 이르지 못한 듯하다. 이 답에 긍정하는 농민들조차도 대부분은 감성적 동의와 당위일 뿐 변화를 추동할 만큼 확신은 아닌 듯하다."고 했다. 그 주장들은 요란을 피우는 빈 수레 같은 헛소리로 필자와는 무관한 농업관이다.

이들은 먹거리를 80% 수입해 칼로리 자급률이 38%까지 떨어져 이제는 농민에게 신세 질 일 없으니 국내산 농산물에 대한 충성도가 떨어짐은 당연한 일로 생각한다. 이에 더하여 미국에서 공부하고 돌아온 윤똑똑이 학자들과 우위론을 주장하는 일부 관리들은 수출해서 번 돈으로 사다 먹으면 되는 일, 농자천하지대본과는 무관한 일로 외면하는 구성원들이다.

농업을 천대하는 관리들의 행태를 보면 흉년이 들어 외국쌀을 수입하면서 쌀 재고 파악도 제대로 하지 않고 과잉 수입해서 쌀값이 떨어지게 하여 농가 소득을 절창 내는가 하면, 국내 농산물 생산 출하기에 해당 농산물을 수입해서 농산물 가격을 폭락시키고 말았다. 질정 없는 관리들의 실수라 치더라도 국가의 잘못인데 농민들에게 미안하다는 사과 한마디를 한 기록을 보지 못했다. 천농 정치의 전형이다. 그래서 농자는 천하 대본이 아니라 천하의 말본이 되어 버렸다.

농민을 보호하고 농업을 존중하는 미국, 네덜란드는 세계 농식품 최대 수출국이다. 농업 강국으로 불리는 두 나라의 공통점은 전후방 산업이 고루 발달해 있다는 점이다. 농업이 바로 선 나라는 국내 기간산업도 튼튼하다. 주요 7국(G7)만 하더라도 일본을 제외한 모든 나라의 농식품 수출 규모가 200억 달러를 넘는다.

폭염, 폭우, 폭풍 등 경험해 본 적 없는 기상 이변에 교황을 비롯한 전 세계 지식인 및 기상 전문가의 호소로 80%의 국민 식량을 수입하는 나라이니 진작 비상 대책을 세웠겠지 하고 믿어 본다.

중국은 식량 자급률이 90%를 넘나드는데도 호들갑을 떨어 수출 중단하고 '내 손에 밥그릇을 들고 있어야 한다.'며 국가 주석이 걱정한다. 지난해부터는 숲을 갈아 농지로 만드는 퇴림환경(退林還耕) 정책을 시행하고 있다.

단언컨대 신정부는 '대한민국 농업 선진화 백년대계'를 수립 시행할 토대를 마련하여야 한다. 벌써 1년이 지났다. 윤석열 정부도 거짓말로 끝낼 공산이 크다는 언론이 나돌고 있다는 데 유의하여야 한다.

윤석열 정부는 기필 "농업을 살려야 나라가 산다." 라는 하늘의 명을 받들어야 한다.

그러려면 첫째는 농업을 보호하고 농민을 존중하는 '존농(尊農) 시대'임을 만천하에 천명하여야 한다. 미국은 원래부터 농업 보호 정책을 펴는 농업국이지만 서구는 2차 대전이 끝나고 나서 농업 보호 정책으로 바꾸어 자급하면서 농산물 수출 국가로 바뀌었다. 프랑스 대통령은 우시장에 나와 농민과 함께 대화하면서 농사 이야기를 주고받으면서 친근감을 보여 준다. 대통령이 스스럼없이 농민과 대화를 나누며 농민을 존경하고 더불어 살아가는 농업 선진국이 되어야 하겠다.

둘째는 헌법을 유린한 부재지주가 44%를 넘었으니 제3차 농지개혁을 단행하여야 한다. 경자유전 원칙을 위반한 헌법 사범을 방치함으로써 방치 동조 정권이 되어서는 안 되기 때문이다. 일본에서 실시하는 고향세 제도는 14년이 지나서야 국내에 도입하였으며 디지털 기술 도입에도 40년이 걸렸다. 기술 정보의 한계 때문에 늦는 경우가 있다 하더라도 국리민복이 지상 정치 과제라면 좀 더 일찍 도입하여 한국 농업의 선진화에 기여하지 못한 아쉼이 큰 실수라 하겠다.

다음은 농민 여러분에게 당부의 말을 드립니다.

농업은 돈으로 환산할 수 없는 공익적 가치를 지니고 있으며 국가를 지탱하고 유지하는 기간산업이며 미래 사회의 공동체를 건설하기 위한 모체이며 우리의 희망이다. 그러므로 농업을 담당하면서 농민 스스로 자조하거니 희망을 놓지 말 것을 당부한다. 우리 농민은 자수성가의 신화를 굳게 믿고 문제를 올바로 보는 농심을 바탕으로 살아간다. 우리나라 빈곤층이 15%가 넘어섰다. 혹여 그 무리에 속해 있어도 가난을 당사자의 책임으로 감수할 뿐 보호받은 권리는 부끄러운 일로 겸손해 한다.

비록 농업이 천시받는 사회여도 인류가 지속되는 한 농업은 여전히 근본으로 남지 않겠는가. 그래서 농업은 지구촌이 망한다 해도 끝까지 남아 있어야 한다고 하지 않았나.

우리나라 농업은 아직도 경로 의존성 함정에 빠져 있다. 하루속히 벗어나야 한다. 지금까지는 농민이 농기계를 사서 농사를 짓는 게 일반적인 경로였다면 이제는 4차 산업혁명 시대에 맞는 접근 방법으로 경로 의존성을 벗어나야 할 시기가 도래한 것이다. 농민은 농기계가 아니라 농업 서비스를 구매해서 최상의 상품을 생산하고 마케팅하는 경영자로서의 역할을 해야 한다. 여전히 전통적인 농업이 수적으로는 압도적 우위를 차지하겠지만 점점 더 디지털 기술로 무장한 규모화된 농업을 하는 청년들이 대세로 자리를 잡아 그들은 농사뿐 아니라 농업 서비스를 제공하는 일도 같이 해 나가야 한다, 그러려면 교육을 철저히 받아야 한다. 또 기회를 만들어서라도 신교육에 열의를 쏟아야 한다.

본 졸저를 집필하면서 내용 중 일부는 주관적인 해석과 대안을 담고 있지만. 다만 독자에게 양해를 구하는 사항은 부분적으로 전문가가 아닌 학구의 일환으로 연구·검토하여 깨닫고 배운 점도 있으며 또한 최소한 알아야 할 부분이라 판단해 기술한 부분도 있었음을 이해하여 주시기 바란다. 또한 인터넷에 올라온 자료를 통하여 많은 부분 참고

하였기에 이 모든 분께 감사의 말씀을 드리고 따라서 출처를 되도록 밝히기 위해 노력하였지만, 혹여 빠진 경우가 있을 수 있어 양해를 구한다.

　손자 이재현, 선창완은 원고 정리를 위해 주일마다 번갈아 와 수고해 주어 고마웠다는 말을 남긴다. 『수학으로 배우는 인공지능』이란 교과서를 편성한 정현웅 손서는 AI의 신지식을 전해주고자 필요 자료와 영화 필름을 들고 와(윌 스미스 주연, 아이 로봇 2004) 수고한 고마움도 있었다. 막내딸 유진이는 노년의 친정아버지 건강을 위해 매주 와 보살펴 준 고마움도 기억하고 싶다.

2023년 가을 대전 내동에서

이 상 득

차
례

제1부   총론(總論)

제2부 각론(各論)

총론(總論)

제1장

농사의 시작과 농민의 탄생

인류는 존재하기 시작해 오랫동안 채집, 고기잡이, 수렵 생활을 하다가 신석기 시대(BC 6000~3500)에 들어와 식물의 씨앗을 채집하여 계획적으로 땅에 심고 기르는 농경이 시작되었다. 농경의 시작은 인류의 역사에서 큰 변화를 불러온 중요한 사건이기 때문에 '신석기 혁명'이라 부른다. 그러나 원시 농경은 식생활에 큰 비중을 차지하지 못했다. 청동기(BC 1000년경~400)부터는 농업 생산력이 크게 늘어나 농업 비중이 커졌다.

청동기 시대에 나타난 가장 큰 변화는 사회 구성원이 지배하는 계층과 지배받는 계층으로 나뉜 것이다. 신석기 시대는 함께 생산하고 함께 나누는 평등 사회였으나 청동기 시대에 들어와서는 경제력에 따른 계급이 만들어지고 지배하거나 지배받는 관계가 되었다.

신석기 시대에 마을 어른의 역할을 하던 '지도자'는 청동기 시대에 이르러 사람을 아래에 놓고 부리는 '지배자'가 되었다. 지배자는 먼저 식량 생산을 담당하는 농민을 자신이 지배하는 집단에 끌어들였다. 그런 다음 집단을 통치하기 위해 관리와 군인, 청동기 제작 기술자 등을 두었다.

이렇게 사회 집단 안에서 직접 농사에 참여하지 않는 계층이 등장하는 것은 농업 생산력이 크게 늘어났기 때문이다. 이 중에서도 사제층은 농사의 풍년과 흉년이 하늘신, 태양신, 곡물신의 뜻에 달린 것이라 주장했다. 그리고 자신들만이 이 신들과 소통할 수 있는 존재로 여겨 지배하였다. 농사가 점점 더 중요해진다면서 풍년을 기원하는 제사의 기능도 이를 맡아서 진행하는 제사장의 역할도 점점 커졌다.

힘센 부족은 더 좋은 토지를 더 많이 차지하기 위해 힘이 약한 부족을 정복하였고 정복당한 부족을 노예로 만들어 농사나 집안일, 석기 만드는 일 등을 시켰다.

우리나라 농사의 본격적인 시작은 삼국사기의 '벼농사의 시작'이라는 기록으로 보아 오랜 역사(BC 28)를 갖는 영농사라 하겠다.[1]

『삼국사기』 권23 백제본기에 "다루왕 6년(서기 28) 2월 영을 내려 나라의 남쪽 주군(州郡)에 벼농사를 시작하게 하였다(多婁王六年二月下令 國南州郡 始作稻田)."는 기록이 있다.[2]

---

1   청동기 유적에서 발견된 곡식, 농구 등으로 이미 농사가 시작된 것으로 풀이하고 있음. 변태섭, 『한국사 통론』, 2007, P. 44.
2   김부식 지음, 이병도 역주, 『삼국사기(하)』, 을유문화사, P. 26.

농업의 시작과 농민의 탄생을 알아보았다. 농업은 하늘의 창조이며 농민은 그 창조의 대역자였다.

새로운 농경사— 3000년을 끌어 올린 '고양 가와지 볍씨'

우리나라의 농업 생산력(農業生産歷)이 청동기에서 신석기 시대로 끌어 올려진 역사적 사실이 최근 밝혀져 기록하여 둔다

'5000년 농경 역사 자부심 널리 전파' 제하의 보도가 있었다. 농민신문(2022년 12월 9일)은 우리나라에서 벼를 재배한 농경 역사가 그동안 청동기 시대로 기록되었으나 '고양 가와지 볍씨 발견으로 농경 역사가 3000년 이상 끌어 올려 신석기 시대로 바뀌게 되었다고 전했다.

우리나라 최초의 재배 벼인 가와지볍씨를 경기 고양 일산 신도시 개발이 한창이던 1991년 6월에 충북대 고고미술사학과 팀이 발굴했다. 우리나라에서 가장 오래된 재배 볍씨다. 볍씨 12톨이 원형으로 보존된 채 흙 속에서 발견됐는데 명칭은 출토된 지역 이름인 가와지 1지구(현 대화동 2190-1빌라 샛길)에서 따왔다. 지명을 합쳐 '고양 가와지 볍씨'로도 불린다.

세계에서 가장 오래된 볍씨는 1995년 충북 청주에서 발견된 '소로리 볍씨'가 있다. 1만 5000년 전 야생에서 자란 볍씨로 추정된다. 가와지 볍씨는 길쭉한 볍씨 모양새가 인디카종에 가까운 것으로 추정되며 수리 시설이 발전하지 못해 밭농사용으로 재배되었다고 추정되고 있다.

가와지 볍씨는 두 가지 큰 역사적 의미가 있다.

하나는 볍씨를 방사성탄소 연대 측정법으로 분석한 결과 5020년 전에 경작된 것으로 드러나 우리나라 벼 재배 역사를 청동기에서 신석기

로 끌어 올린 것이다. 이는 우리나라 농경 역사가 3000년 이상 더 오래된 것을 의미한다.

또 하나는 일본으로의 볍씨 전파 경로다. 일본이 볍씨 전파 경로로 주장하던 남방해상 루트(중국 → 일본 → 한반도)가 힘을 잃고 중국 → 한반도 → 일본)으로 이어지는 육지 루트의 근거가 됐다는 것이다.

제2장

한국존농론(韓國尊農論)

농업이 없으면 인류의 다음은 없다. 때문에 지구촌에 종말이 온다 해도 끝까지 남아 있어야 할 직업이 농업이다. 이를 간파한 농업 선진 국은 존농주의 국가로 자존하고 있다.

그러면 '존농주의'란 정의를 내려 본다. 인류의 먹거리를 생산 공급 하는 생명 산업으로써, 첫째는 농명일체(農命一體)의 정신으로 다양한 공익적 기능을 수행하며, 둘째는 농업을 보호하고 농민을 존중하는 사회체제를 말한다.

❀ 우리의 농업 선각자는 적극적 존농주의자였다

일찍이 우리의 선조는 농업·농민에 대하여 "곡식은 사람의 목숨을 맡고 있다. 사람은 먹어야 살기 때문에 사람이 먹는 곡식에 대한 고마움과 이것을 농사짓는 농민에게 감사해야 한다.(穀者 人之可命)"라고 하여 농업 · 농민에 대한 올바른 가치관을 가져야 함을 강조한 말이 전해 오고 있다.

그러므로 온갖 천대와 박해 속에서도 천진무구한 농민의 인간 본연의 자세에 깊은 연민을 느껴 존농(尊農)을 호소한 농업 선각자의 외경(畏敬)을 담아 살펴본다.

① 고려 애민시(愛民詩) 작가 이규보(李奎報)

불교를 국교로 숭상한 고려에서 동방의 시호(詩豪)로 불리는 이규보는 농부를 부처에 비기고 부처도 할 수 없는 굶주림을 농부가 구원하며 이 구원 속에서 작가 자신 또한 농부의 혜택을 올해도 받고 있다고 읊고 있다.

햅쌀의 노래
한 알 한 알 어찌 가벼이 여기리
사람의 생사와 빈부가 달렸는데
나는 농부를 부처님 공경하듯 하는데
부처님은 오히려 굶주린 사람을 살리기 어렵네
기쁘다네 이 늙은이는
올해도 또 새 쌀을 보게 되었으니
비록 죽더라도 모자람이 없으니
농사에 혜택이 내게까지 미치기 때문이네

一粒一粒安可輕, 係人生死與貧富, 我敬農夫如敬佛. 佛猶難活己飢人. 可喜白

首翁. 又見今年稻穀新. 雖死無所歎. 東作餘膏及此身.

② 존농을 위한 삼농주의(三農主義)자 정약용(丁若鏞)

농민을 존중하고 농업을 보호하여야 한다고 응지진농서(應旨進農書) 초두에서 지적한 주장에 주목하게 된다. 삼농주의의 첫째는 편농(便農)이니 농업이란 원래 공업보다 농사짓기가 불편하고 고통스러우니 경지 정리, 관계 수리 등을 통하여 농사를 편히 지을 수 있도록 하여야 할 것이며, 둘째는 후농(厚農)이니 농사란 장사보다 이익이 적으니 정부가 각종 정책을 베풀어 수지맞는 농사가 되도록 해 주어야 하며, 셋째는 상농(上農)이니 일반적으로 농민의 지위가 선비보다 낮고 사회적으로 대접을 제대로 받지 못함에 비추어 농민의 사회적 위상을 높이는 정책을 펼쳐야 한다고 진언하여 우리나라 농정 사상 가장 실질적이고 대표적인 존농주의자였다.

③ 시공을 넘어 으뜸인 곡식을 권장한 존농주의자 서유구(徐有榘)

서유구는 농사는 경제의 근본이라며 "지금 시대에 천하 사물에 시공을 통틀어 하루라도 빠트릴 수 없는 것을 찾는다면 무엇이 으뜸인가? 곡식이다.

지금 시대에 천하의 일 중에서 시공을 통틀어 신분의 귀천과 지식의 다과에 관계없이 하루라도 몰라서는 안 되는 것을 찾는다면 무엇이 으뜸인가? 농사"라고 주장하였다.

④ 조선은 농민의 나라라고 외치는 윤봉길

농민의 나라인 조선 독립을 위해 온몸을 던진 매헌 윤봉길 의사.
"대장부가 집을 떠나 뜻을 이루기 전에는 돌아오지 않는다(丈夫出家生不還)." 윤봉길 의사의 유서다. '독립'을 쟁취하지 않고서는 대한민국으로 돌아오지 않겠다며 비장하게 중국 망명길에 올랐던 윤 의사는 끝내 중국에서 산화했다.

그가 중국에서 외쳤던 '대한민국의 주인은 국민', 이 목소리의 뿌리는 "우리 조선은 농민의 나라입니다"에 있었다. 20대 윤봉길, '주인'이 대접받는 사회를 바랐던 청년 윤봉길. 조선의 주인인 농민을 바로 보게 하는 데 젊음을 바친 매헌 윤봉길, 윤 의사의 '농'(農) 사랑을 다시금 헤아려 보려, '농민독본'(農民讀本)을 들춰 봤다.

농민 깨우치는 데 온 힘
주인 대접 받는 세상 꿈꾸던
농업 사랑의 정신 이어받아

1908년 충남 예산(덕산면)에서 태어난 매헌 윤봉길 의사. 19살이 되던 해, 윤 의사는 농촌 계몽 운동에 눈을 뜨게 됐다.

- 중략 -

'송건호전집'에서는 농민독본을 이렇게 설명했다. "시골의 어려운 형편에서 그의 농민독본은 인쇄도 하지 못하고 프린트한 초라한 책자였다. 하지만 농민독본은 비단 덕산의 농민뿐만 아니라 조선 농민 전체를 위한 독본이며 등불이었다."

- 중략 -

조선의 대부분이 농민이었기에, 농민의 배움이 독립을 위한 길이라 확신했던 매헌은 농촌 계몽 운동으로 발길을 돌려 농민들을 깨우치는 데 전력했다. 1926년 야학을 개설했고, 1927년에 목계농민회를 조직했으며, 1929년에 월진회를 조직했다. (사)매헌윤봉길월진회는 이 같은 윤 의사의 전진에 대해 "윤 의사의 집요한 살쾡이 정신은 할아버지 윤진영의 '내가 난 자식 · 손자에게는 절대로 가난을 물려주지 않겠다'는 두더지 정신이 윤 의사에게 유전된 것"이라고 풀이했다.

고려 불교국가임에도 '나를 먹여 살리는 농업 · 농민이 있다'는 이규보는 부처님보다 더 농민을 존경한 존농주의자였으며, 조선 시대의 삼농주의자(三農主義者) 정약용은 실제적, 구체적 존농주의자였다. 인권의 암흑시대에서 농민이 주인 대접을 받아야 한다며 계몽 운동을 펴 실행한 윤봉길 의사의 활동에 경의를 보낸다.

제3장

농업, 농민을 보호하고
존경하여야 하는 실재(實在)

왜 농업을 보호하고 농민을 존경하여야 하는 지극히 당연한 한국적 당위성을 설명해 본다.

우리나라는 대부분의 지역이 산으로 둘러싸인 지형을 가진 특성으로 농지의 한계가 있어 생산성을 높이기 위해 농업을 보호하고 농민을 존경하여 지속적인 농업 기술을 발전시켜야 할 절대적 필요성이 있다. 작은 국토에 많은 인구가 밀집되어 있어 식량 수요가 매우 높고, 식량 안보 측면에서 외부 의존도가 높아 국내 농업을 강화함으로써 식량 수입 의존도를 낮추는 데 기여해야 한다. 농업을 중시하는 경제적 활성화를 통해 지역 간 격차를 줄이고 균형 잡힌 국가 발전을 이룩할 수 있다. 한국에서 농업은 그 자체로 문화적 가치를 지니고 있으며 전통적인 농업 활동은 한국 역사와 문화에 깊은 영향을 미치며 이를 유지하고 강화함으로써 국가의 아이덴티티를 강조할 수 있다.

먹거리 생산의 주역이며 외국 식량의 의존도를 낮추고 식량 안보를 지켜주어 국가 경제 발전에 공여하는 농업 농민의 기여에 국민 모두의 전폭적인 보호와 존경의 뜨거운 마음을 담아 보내는 지원이 있어야 한다. 이와 같은 농민의 희생에 적극 보답하기 위해 다음과 같은 획기적인 수매 환경을 조성 시행함으로써 공판 사업의 신기원을 이룩한 실재 사례를 들여다본다.

❀ 봉사하는 추곡 검사와 공판 환경
– 관심(官心) 나야 농심(農心) 난다

검사원: 농사 참 잘 지셨습니다. 모두 1등!
농민: 고맙습니다. 농사를 지을 테면 이렇게 지어야 해. 요즈음 검사원들 참 고마워.

이는 어느 추곡 공판장에서 출하 농민과 검사원 간에 주고받은 공판 광경의 한 토막이다. 흔쾌한 즐거움이 읽히는 구릿빛 나는 농민의 표정엔 일 년 내내 고통스러웠던 기억이 순식간에 사라져 주름진 이맛살이 펴지는 듯하다. 또 한 번 1등 풍년을 맞는 점경이다.

'입립개신고'(粒粒皆辛苦, 쌀 한 톨 한 톨에 고생이 배어 있다.)라는 말이 있듯이 여든여덟 번(米) 손질 끝에 결정된 나락이 최고품이라는 선명한 청색증인에 아마도 만감이 교차되는 순간이리라. 더욱이 예비 점검원의 점검을 받아 출하했으면서 '1등' 아니면 '2등', 이것도 저것도 아닌 '불합격'을 받아 되돌아올 것인가? 하고 몹시 불안스러운 참에 '1

등'이라는 힘찬 소리에 속이 후련해서 환호라도 부르짖고 싶은 감격에 온몸이 전율했을 것이다.

농민들은 검사받기 전에는 검사원의 자리가 그토록 높아 보였을 것임에 틀림없다. 여간해서 잘 웃지도 않는 무표정한 그들이 '1등'이라는 소리에 어리둥절한 채 고마움의 의식으로 바뀌어 공판장의 분위기는 사뭇 화기 넘치는 '수고'와 '감사'의 인사를 주고받는 모습으로 변한다.

원래 농민이란 에릭 R. 올돌프의 말과 같이 "지나치게 가난했고, 너무나 압박을 받아왔다는 사실에 항시 반항한다."고 했듯이 보수적이며 피해 의식의 잠재 농도가 짙은 데다가 그 가해의 역학에서도 반사를 못 하고 수용만 하고 소화를 못 한다. 공판장에 나온 출하자는 자신이 놓인 입장(농민이라는)을 필요 이상으로 민감하게 의식한다. 또한 어느 경우는 억압받고도 토로치 못하고 항시 감정을 유예하면서 "나는 촌놈이다.", "그러니까 땅이나 파먹고 살지."라며 마음속에 불만의 상처를 가만히 간직하는 한 많은 농민이라면서 자학하기 일쑤인데 오늘의 공판 결과에 만족하는 반응을 보이는 것은 더욱 값진 정경이 아닐 수 없다.

그러면 어떻게 해서 이와 같은 특이한 인격으로 체질화된 농민과의 접촉에 그토록 따뜻한 체온을 느껴 격려와 감사의 왕래가 오고 갔을까? 만족스럽지는 못하나 불편 없는 대민 봉사를 해 보겠다는 정신 자세의 전환, 오해와 불신을 해소키 위한 홍보 활동, 새로이 등장한 대민 봉사 시설 등으로 그동안 느껴 보지 못한 공판 환경 조성에서 옮겨진 체온 전염이 아닌가 생각해 본다.

첫째 공판장은 노천 민원실(露天民願室)

공판 사업은 옥내 아닌 노천에서 실시하므로 공판장도 일종의 노천 민원실로 생각해서 자세 전환을 갖도록 했다. 왜냐 하면 오늘의 공판장과 출하자도 지난날 농민이 생산한 곡물을 매상 또는 농지세를 납부하는 방법과 형식은 같다 하더라도 오늘의 그것과는 다른 개념의 변화를 가져왔기 때문이다.

즉 농민이 국가에 대하여 수매를 원하거나, 국민의 의무의 하나인 농지세를 납부하겠다면 필연적으로 국가는 이를 받아들여 시군, 농검, 농협 등 3개 기관으로 하여금 민원 창구로서의 공판장을 합동 개설해서 현지에 출장을 가 수매와 관련된 분야별 공무를 처리하는 노천 민원실이 되며 이에 대하여 출하 농민은 민원인이 된다.

그러므로 옥내 민원실과 같이 신속, 정확, 친절 등의 기본 질서를 갖춘 관청이어야 하므로 공정 무사하게 검사하겠다는 검사원의 녹음테이프 방송, 질서 유지를 위한 읍면의 안내원, 수시로 협조와 주지 사항을 알리는 확성기의 소리, 게다가 각종 대민 봉사 시설 등은 이동 관청과 같은 새로운 공판장의 모습이다.

관청의 기능을 다하고자 민원인들을 위한 휴게소를 설치해서 난로를 피워 민원인들이 차가운 손을 녹이고 새마을 부녀회원들로부터 뜨거운 보리차라도 대접받아 마시고 나면 조그마한 봉사를 받고 있다는 사실을 그들 눈으로 보고 느낄 것이다. 아무리 표정근이 퇴화된 농민일지라도 무엇인가 공판 환경이 달라져 새로운 인식과 의미를 갖게 되었으리라 싶었다.

둘째 공판장은『인격수양의 장』

노천 민원실인 공판장에 출입하는 출하자들은 각양각색의 농민의 인격 시장이라는 점에서 구조적 특성을 갖는다.

출하품에 대한 등급의 욕망은 검사 기준과는 관계없이 항시 우위에 있는 데다가 천차만별한 상대는 언제나 처음이므로 수검물의 상태에 따라 하위 등급 또는 재조품이면 상세하고도 친절한 설명을 수천 번 되풀이되어야 하는 인내가 계속되는『도장(道場)』이다.

그러기 때문에 공판장에서 흔히 볼 수 있는 공연한 매도, 식상하는 여하한 수모가 있더라도 정중히 거둬들여 자기 소화하거나 청이불문하는 겸허를 강요받아야 한다. 그러므로 공판장은『수기치인(修己治人)』하는 우리의『인격수련의 장』이라 생각하지 않을 수 없다. 따라서 출하자인 농민은 검사원의 언행에 매우 민감하다. 그래서 그들을 우선 안심시켜 경계심을 풀도록 하기 위하여 언제나 동질감을 주는 언어의 교류를 친밀 효소로 확대시켜 수직 아닌 수평 거리로 좁히려는 극기훈련만큼의 고된 노력이 따라야 했고 그래서 인고 지수가 큰 만큼 불만의 예봉을 감사의 마음으로 치환시키는 데도 수월함이 있었다.

또한 "인간관계의 사실 전달엔 70%가 말이다."라고 했듯이 공판장이란 특수한 이『장(場)』에서는 특히 말이 적은 과묵형보다는 재치 넘치는 다변향 쪽이 그들과 커뮤니케이션의 폭이 넓다는 것도 농민과의 접근에 먼저 체득해야 할 점이기도 하다.

셋째 봉사하는 검사의 성가를 상승시키는 홍보

우리나라 속담에 "딸 자랑도 하고 병도 자랑해야 한다"고 했다. 자랑

한다는 것은 『알린다』는 뜻으로써 객체에 대하여 주체의 특별한 상태 또는 결과를 인견화해서 자극을 제공함으로써 공감 영역을 넓혀 주체자의 목적을 이루고자 하는 정신 작용이다. 농산물 검사란 농민이 필요해서 출한 양곡의 품위를 판정하는 기능도 중요하지만 품질 개량으로 상위 품위에 접근토록 홍보 또는 지도함으로써 그들의 소득을 향상시키는 것이다. 검사 본래의 잠재적 특성이 결국 농민의 이익을 보호해 주는 보호막의 역할이 더욱 중요한데 아직도 농민이 출하하면 검사해 준다는 단순인식의 범주를 벗어나지 못했다. 더구나 검사의 주인을 알리는 홍보는 그늘에 가려진 채 업적만큼 이해력을 넓히지 못해 수검 농민으로부터 오히려 편견, 오해, 불신 등을 받아 왔다. 이와 같이 검사에 대한 저해 요인을 지니고 있는 치료 집단을 각종 홍보 매체를 통하여 "홍보 강화"라는 대응 요법을 적용 실시한 결과 그 치유도는 괄목할 만한 이해와 신뢰로 농가 소득 증대에 신기원의 구조 개선을 가져왔다.

이는 먼저 홍보수용자인 농민의 검사에 대한 불안을 해소시켜야 했다. "자신감 넘치는 부드러운 화법은 상대방에게 안심을 준다"는 말이 있듯이 각동리에 설치되어 있는 앰프를 통하여 낯익은 예비점검원으로 하여금 "검사는 어디까지나 농민의 입장에서 공평하게 실시한다."는 요지의 방송을 조석으로 들려주어 출하한 후 갖기 쉬운 불안 심리를 안심으로 바꾸는 최면 효과의 홍보를 지속적으로 반복 실시하였다. 그 결과인지는 모르나 검사관의 왜곡된 인식이 새로워진 '고마운 검사원'으로 보였는지 수매 완료되고 나서 개최된 뒤 이동장으로부터 감사패와 기념품을 건네면서 "농민을 위해서 봉사해 주어 감사하다."는 소탈한 인사와 함께 들려주는 공로담에 가슴 뿌듯한 박수를 받아가며 81년산 추고 검사를 실시했다.

또한 이의 신청 제도도 공판장의 환경 개선에 매우 좋았다. 왜냐 하면 지위 고하를 막론하고 공정한 검사를 한다는 강력한 결의를 공개 천명한 것이기에 "바지 입고 나온 나는 잘해 주지 않겠지."하는 피해 의식을 말끔히 씻어 신뢰 환경을 만드는 데 주효했다. 더욱이 출하객을 반겨 맞는 수매 안내원, 일목요연하게 볼 수 있는 수매홍보판, 처음 등장한 방풍천막으로 만들어진 휴게소, 풍요로운 농촌을 연상케 하는 흥겨운 노랫가락의 여울 등이 모두 봉사하는 공판도(共販圖)로서 검사의 성가를 다소나마 높여지지 않았나 했다.

넷째 예비 점검은 소득 향상에 봉사한 품질 관리 운동

건조 조제를 점검한 다음 중량을 계량해 주는 예비점검원의 평범한 활동도 출하자인 농민의 소득을 높여 준 일종의 품질 관리 운동이다, 기준품을 들고 다니면서 건조 조제를 지도한 이들의 운동이 당국의 요망에 흡족지 못한 형식화된 경향도 없지 않다. 이후 점진적 개선으로 정착화되어야 할 숙제로 남아 있으나 농가의 소득을 높여 주었고 또한 무모한 출하 비용을 덜어 준 역할에다가 불합격품으로 인한 민원 예방의 공로 등은 높이 평가되어 없어서는 안 될 운동이며 또한 공판 환경을 명랑케 한 봉사의 일역을 담당하기도 했다.

끝으로 예비 점검을 받아 출하한 농민을 민원인으로서 대하면서 친절과 공손을 다 하려는 노력도 해 보았으며 노천 민원실인 공판장을 인격수양의 장으로 알고 봉사하는 관심에서 새로이 싹터 오르는 농심을 체험하기도 했다. 그래서 무엇인가 하면 된다는 가능성을 시사한 교훈이었다. 그러나 아직도 구석구석에 남아 있는 미완성의 과제를 하루속히 떨쳐 버려 그야말로 명실상부한 대민 봉사체의 확립과 더불어 환골탈태한 새로운 공판의 근대화를 위해서 보다 많은 분발과 노력이 있어야 했다.

(농수산부 발행, 1982년 1. 1. 농수산 단신 제29호)

제4장

한국천농론(韓國賤農論)
– 편린일 뿐 주요 저항 사건의 전체 기록이 없다

1) 전통 사회의 천농관 및 신 천농 정책

한국 농민의 천대는 가히 역사적이다. 5천 년 메소포타미아 문명에서 최초로 국가 체제가 탄생한 이후, 어느 사회에서나 있었지만 우리나라는 유난스럽게 농업, 농민을 천시하여 왔다. 농민이 사람으로서의 인격을 근본적으로 인정받지 못하면서 그가 종사하는 농사조차도 보잘것없는 "천한 삶의 일"쯤으로 여겨 왔다. 그래서 동아시아 가운데 동족(同族)에 대한 신분 차별이 유난히 심했던 나라가 조선이고 가장 비열한 방법으로 동족을 괴롭힌 나라가 조선이었다는 외국 역사학자는 90%가 넘는 농민이 노예처럼 삶을 누리니 '노예 국가'라고 혹평했다.

왜 그런가? 전통사회는 '사유 재산'이라는 제도가 없다. 모든 땅은 군주의 것이고 사람도 인적 재산(人的財産)이라는 점에서 모두 군주의 것이었다. 홍경래 난을 진압할 당시 사대부들은 "너희는 본시 조선의 백성으로 입고 먹고 나고 자란 것이 모두 다 '나라님'의 은혜인데 어찌 부도덕하게 그 은혜를 저버릴 수 있단 말이냐."라고 꾸짖었다.

왕토 사상에 바탕을 두고 나라의 땅으로 농사지어 먹고 살게 되니 그 은덕에 감지덕지해야 할 처지여서. 농민은 언제나 약자가 되어 누구에게나 고개를 숙여야 했다. 임진왜란 때 나라의 은덕에 보답하겠다며 많은 사람들이 '의병'에 투신한 사례가 이를 설명한다.

이렇게 나약해진 농민을 천대함은 물론 지방수령, 이서배 양반 지배층이 갖은 방법으로 착취, 약탈이 끊이지 않았다. 급기야 민란으로 이어지자 철종은 삼정이정청을 설치하여 개혁하려 했으나 이 정책마저 지배 계급의 반발로 실패했다. 결과적으로 조선 사회는 이와 같은 크고 작은 민란이 25년마다 일어났다. 그만큼 농민의 저항도 있었다는 표현이다.

① 한국적 신 천농 정책(韓國的 新 賤農政策)

고착되고 일반화된 농업 · 농민에 대한 천대 관습은 민주 정치 체제 도입으로 인권이나 직업의 위상이 개선되어야 함에도 오히려 70년대 후반부터는 개방 농정 수행을 위해 국가 정책으로 천농 정책을 시행하게 되었다.

산업화 정책에 따라 지난 4반세기 동안 수출 주도적 공업화 성장 전략의 성공적 수행이라는 미명 아래 저임금 가격 정책, 농산물 저

가격 정책, 생산 위주의 증산 정책 비교 우위에 논거한 농산물 수입 개방 정책 등으로 마침내 국가 정책에 의한 신 천농 정책을 실행하는 시대가 되었다. 그 결과 농촌은 사람의 공동화, 토지의 공동화, 마을의 공동화가 되니 농업·농촌으로서의 기능이 완전히 상실되고 있다. 식량 자급률이 OECD 국가 중에서 제일 떨어져도 자급률 향상을 위한 땅 한 평의 농지 확보 정책도 없을뿐더러 농업 예산은 해마다 줄어 그야말로 천농 정책이다 보니 관료들이 의식 구조도 그에 따라 천농 수준이다.

한·칠레 FTA를 처음 체결하고 나자 농민들은 천길만길 현애(懸崖)에 매달려 생사를 가늠하기 어려운데 대통령은 칠레가 '농업국이 아니어서 간 보기'로 체결했다는 답을 했다. 그 밑에 고위 관리는 라디오 방송에 출연해 자유 무역 협정에 대한 정부 입장을 설명하는 과정에서 나온 말이 "이제 우리는 포도주를 싸게 사 먹을 수 있게 되었습니다." 하고 염가호주(廉價好酒) 객담을 털어놓았다. 분명 그는 격렬한 농민의 항의를 조롱하며 하찮은 무리의 발광쯤으로 생각했을 것으로 미루어 볼 때 감당하기 어려운 회한을 안겨 준다. 참으로 한 많은 한국 농업·농민을 하찮게 여기는 그들의 자세에 절절한 비애를 느끼는 지금이다.

② 신 천농 행정(新 賤農行政) 합리화에 도움을 준 배경

첫째는 고전적 천업으로 각인된 농업보다는 신기술에 의한 수출 진흥으로 기울어진 우위론이 지배했다.

둘째는 수출 대금으로 '매료'되었다는 중론이 있다. 『돈의 속성』을 쓴 김승호는 "내 경험상 실제로 부자가 되고 보니 자신이 얼마의 돈을 갖고 있는지 모르는 순간이 온다."고 했다.

셋째는 식량세계안보지수에서 (Global food security lndex(GFSI) 땅한 평도 없는 싱가포르의 식량 안보가 1위라는 발표가 우리나라 현 농정 집행자에게는 '이만해도 다행'이라는 합리적 설명의 구실이 되었다.

넷째는 우루과이 라운드 협상 타결로 문민정부에서는 572명으로 구성된 매머드급 신경제 5개년계획을 수립해 의욕적으로 시행하였으나 결과적으로 실패하였다. 이 계획의 실패로 문민정부 이후 각 정부의 책임자는 물론 농업 관계자의 새로운 도전을 위한 역발상의 의욕이 상실되었다.

다섯째는 쌀의 자급률이 100%가 넘는다는 심리적 안정감이 식량을 자급자족한다는 착각을 일으킨다. 우리나라의 수입 현황에 의하면 세계 7위 수입국이다. 이렇게 많은 수입 농산물 국가임에도 쌀의 자급률이 100%를 넘는다는 지수(2015년 101%, 2020년 92.8%)가 안도감을 주어 착각 현상으로 이어졌다.

여섯째는 농촌 투표 인구가 적다는 것이 농업 정책에 무게감을 주지 못했다. 선순환이 아닌 역방향의 악순환이 자리 잡았다.

2) 농업·농민 천시 유형

농업의 시작은 필연코 불평등한 사회가 형성된다. 힘이 센 강자는 힘이 약한 농민의 생산물을 착취하여 부를 형성한다. 이렇게 한번 정복당한 농민은 자신도 모르게 하층민이 되어 천시받는다. 그 종말은 빈곤과 배움이 없는 문맹자로 전락한다. 이는 피할 수도 없고 거부할 수도 없는 숙명적(宿命)으로 감내하여야 한다, 여기에 그치지 않고 '바보 같다', '어리석다', '무식하다'는 대표적인 행위자인 캐릭터로 등장시켜 농업·농민을 천대, 천시하는 원천 소재로 자료화한다.

① 인농 이용설(人農易用說)

우리나라 농업·농민에 대한 대표적인 천시관(賤視觀)이 있다. 연암 박지원(1737~1805)의 과농소초(課農小抄)의 농도편(農道篇)에 농민 고용에 대하여 다음과 같이 설명하였다.

"사람이 농사를 지으면 순박해지고 순박해지면 부려 먹기가 용이하다."고 했다.(人農則樸 樸則易用)[1] 인격과는 아예 무관한 천농관이다. 서구 사회의 인권이 보편적인 사회적 요구와 현실로 받아들여진 것은 르네상스에서부터 17세기에 이르는 기간이었다. 그럼에도 21세기에 사는 우리는 농업·농민에 대한 천시관이 여전하다. 해마다 줄어 책정되는 농업 예산은 정부의 노골적인 천농 정책이요, 세상을 높고 낮음의 존비(尊卑)로만 바라봤던 옛 시대의 시선이 남아 있어 후진국의 함정에 빠져 있는 수많은 천농주의자가 웅성거리고 있다.

---

1   박지연, 『국역 과농소초(課農小抄)』, 아세아문화사, 1987. 10. 15. p. 25.

② '바보' 캐릭터로 등장

'어리석다'는 말의 사전적 의미를 찾아보면 '슬기롭지 못하고 둔하다'
는 말이다. 이 모습을 캐릭터로 등장시킨다. '어리석다' 또는 '바보 같
은 농부'란 주제로 기독교, 불교, 유교 경전, 이솝의 우화, 톨스토이의
단편 소설, 인도의 어리석은 농부, 교과서에 나오는 필수 고사성어 50
개를 동화로 구성한 작품으로 출판되어 아이들에게 읽게 하는 등 각계
각층 전 방위로 등장하고 있다.

③ 농민 희화화의 예

1. 어리석은 농부-마가복음 12:1-7
예수님께서 비유로 말씀하신 포도원 농부의 이야기에서 농부는 좁게
는 당시 유대인 종교 지도자를 의미하고 넓게는 이스라엘 백성 전체를
의미한다고 한다.

혹자는 그의 행위를 보고 악한 농부라고 하기도 한다. 책임을 맡은
농부로서 소출물을 주인에게 주지 아니하고 나중에 포도원까지 차지
하려는 어리석은 생각을 품게 되고 결국에는 주인에게 심판을 받게
된다.

인내하시는 주인을 바로 깨닫지 못하고 오히려 교만해져서 더욱더
악한 행위를 하였다. 우리 역시 청지기 사명을 제대로 감당하지 못하
면 바로 우리가 어리석은 농부가 될 수 있다는 생각이 든다.

하나님이 우리에게 주신 시간, 건강, 재능, 재물을 가지고 청지기로

서 이 땅에 사는 동안 합당한 열매를 맺지 못하면 마지막 심판 날에 부끄러운 일을 당하게 될 것이다.

영적으로 깨어 있어 어리석은 농부와 같은 자가 되지 말고 지혜 있는 청지기의 삶을 사는 자가 돼야 한다.

2. 불교 현우경(賢愚經)-바보 같은 농부

현우경에 보면 옛날 어떤 마을에 미련한 사람이 있었는데 깨 농사를 지어 볶지 않고 먹다가, 먼 친척 집에 가서 볶은 깨를 먹어 보게 되었다. 볶은 깨가 생깨보다 훨씬 고소하고 맛이 있었으므로 가만히 생각했다. 아예 '깨를 볶아서 심는다면 힘들이지 않고 고소한 깨를 거둬들일 수 있으리라'는 생각을 했다.

이 바보 같은 농부는 좋아라고 볶은 깨를 심었다. 그러나 아무리 기다려도 깨의 싹은 트지 않았다. 어렵고 힘든 과정을 생략하려는 어리석음이 화를 불러왔다. 요령을 피우지 말고 인내심을 발휘해야 인생도 성공할 수 있다.

3. 맹자(孟子) 공손축 장구 상

송나라 사람이 한 것 같이 하는 일이 없도록 하게. 송나라 사람 중에 자기가 심은 곡식 싹이 자라나지 않는 것을 안타깝게 여겨 싹을 뽑아 올린 사람이 있었네. 그 사람은 피곤해 하면서 집으로 돌아가 집안 사람들에게 "오늘은 지쳤다. 나는 싹이 자라나는 것을 도와주었다."고

말했는데 그 사람의 아들이 뛰어가 보았더니 싹은 말라 버렸더라네.[2]

宋人 有閔其苗之不長而 揠之者 芒芒然歸 謂其人曰 今日病矣 予助苗 長矣 其子趨而往視之 苗則稿矣.

4. 천대받는 문맹(文盲)

'낫 놓고 기역 자도 모른다'는 말은 낫을 눈앞에 놓고도 낫 모양으로 생긴 기여자를 모른다는 속담이다, 사람이 무식하다는 표현으로 천시(賤視)하는 속마음의 표현이다. 배우지 못해서 글을 읽을 수도, 쓸 줄도 모르는 사람을 순우리말로는 '까막눈'이라고 하고, 글을 쓰고 읽을 수 있으면 문해(文解, Literacy)라고 이른다.

그러면 문맹자에 대한 일반적인 생각은 어떤가?

'말 섞기가 싫다'. '무식하면서 가난하기까지 하면 상종하기도 싫다.', '젊은 사람 중에 가난하면서 무식한 사람치고 인성 좋은 사람 못봤다.' 사람에 따라 다르겠지만 일상생활에서 그런 경향으로 이해되는 실상이다,

사람, 직업 귀천이 없는 세상이다. 그러나 우리나라는 후진국답게 아직도 농민을 천시하고 농업을 성장이 없는 감속 산업으로 인식하고 있다. 헌법에 명시된 '경자유전 원칙'을 헌 신짝처럼 팽개치는 정치 지도자가 있는가 하면, 교육자가 어린 학생에게 "농사나 지어라." 하는

---

2 맹자, 『공손축장구』상, 명문당, P. 204.

극히 농업 비하의 말을 서슴지 않고 있다.

농업 선진국은 농민을 보호하고 농업을 국가 보위 산업으로 철저히 존중하여 국민 화합의 정책으로 강력히 추진하고 있다. 농민에게 보호막을 쳐 주지 않으면 국민 화합이 이루어지지 않아 분열되고 농업을 홀대하는 국가는 후진국으로 몰리는 사실을 확인하여야 한다.

3) '농사나 지어라' 터부하다

아시아경제 방제일 기자는 전교생이 100명도 안 되는 경상남도의 한 시골 초등학교에서 교사의 아동 학대 혐의로 일부 학생들이 집단으로 등교를 거부하는 사건이 발생해 경찰이 조사에 나섰다는 기사를 보도했다.("농사나 지어라" "괴물" 교사 막말에 초등생들 집단 등교 거부, 아시아경제, 2022. 10. 26.)

경남의 A 초등학교 5학년 학생들은 지난 21일부터 B 교사의 막말에 항의해 등교를 거부하고 있다. 일제 강점기에 설립돼 100년 넘는 역사를 자랑하는 이 학교는 현재 5학년의 경우 한 학급뿐이며 학생 수는 12명이다.

학부모가 제공한 학생들의 진술서를 보면 B교사의 막말은 동료 교사도 믿기 어려울 정도로 놀랍고 충격적이다.

아이들의 진술문에는 "부모는 너를 싫어해서 괴물로 키우는 것이다.", "너희들 보고 개XX라고 한 이유는 개가 요즘 사람보다 잘 대접받고 있기 때문이다.", "네가 이러고도 학생이냐, 농사나 지어라.", "너희 부모는 너를 사랑하지 않는다.", "부모를 데려오면 교권 침해다.", "1학년보다 공부 못하는 XX들.", "1학년 보고 형님이라고 불러라." 등의 욕설이 쓰여 있다.

"애인이 있으면 휴대폰과 화장품을 책상 위에 놔둬도 된다."라는 말도 했다고 하는데 아이들은 왜 이런 말을 했는지 이해할 수 없다고 진술했다.

-중략-

교육청 관계자는 "교직에 몸담은 후 이런 일은 처음 봤다. 경찰과 군청에서 동시에 아동 학대 혐의로 조사를 진행하고 있기 때문에 결과를 보고 판단하겠다."고 말했다.

대부분의 신문, 방송 매체에서는 B교사의 막말 중에서 '농사나 지어라.'라는 어구를 뽑아 헤드라인 뉴스로 보도했다. 교육을 담당한 지도자가 내뱉는 말이라고 하기에는 믿어지지 않는 악담 수준이어서 듣는 농민은 농사짓는 농민을 '천시'하는 뉘앙스가 물씬 풍겨 모욕감으로 전위되는 의도적인 표현이다.

말은 당사자만이 아니라 그 말을 한 사람과 듣는 자 모두의 영혼을 죽인다. 구업(口業)은 세 사람 모두에게 작동한다.

왜 이렇게 되었나 언어의 의미 변화에는 의미의 향상과 타락 현상이 나타난다. 의미의 향상은 보다 좋은 의미, 보다 바람직한 의미로 변화하는 것을 말한다. 의미의 타락은 보다 더 나쁜 것, 보다 바람직하지 않은 것으로 변하는 것이다.

예를 들어 불선(不善)이라는 뜻은 이론상으로 선도, 악도 아닌 것인데 이 말이 흔히 '선'과 대립되는 의미로 많이 쓰여서 '악(惡)'의 의미로 잘못 이해되기도 한다. 이처럼 농업의 의미가 귀한 직업, 천한 직업으로 가릴 이유가 없는데도 대부분의 사람들은 '농업·농민은 빈자소인(貧者小人)이라'는 뜻으로 잠재의식화되어 농업은 누구나 '천업'으로 인식되는 악습으로 기울어져 있다.

특히 우리나라는 서구 사회에 비해 유난스러운 계급적 천농관(賤農觀)을 가진 후진국이다. 그러나 서구 사회는 고전적 의미의 인격적 차별이 없는 사회가 형성되어 지내 온 지 이미 오래된 역사를 보냈다. 이렇게 평등한 사회이기에. 프랑스 마크롱 대통령은 농민 700명을 대통령궁으로 불러 담소하고 대우해 준다. 농민으로 태어나서 영광이며 '존경받고 떠난다'는 묘비명을 남기고 떠나는 독일 농민들을 기억하자.

4) 지주(地主)의 행패

필자는 첫닭이 울면서 시작하는 농사일에 매달려 평생을 살아온 부모님의 슬하에서 자랐다. 살기 위해서 농사일을 하는 것인지, 일하기 위해 사는 것인지 필사의 노력을 하면서도 즐기며 살아가셨다.

농민에게는 가을 타작하는 날이 가장 즐겁고 한해의 보람을 찾는 날이다. 나락 한 톨이라도 더 거두기 위해 봄부터 여름을 지나 가을걷이에 이르기까지의 그 많은 고통을 잊은 채 소작인들은 타작의 벅찬 기대와 더불어 가슴 조이는 불안이 엇갈리는 타작마당이다. 이날은 마을 사람들이 저절로 모여 흥겨운 타작 축제를 즐긴다. 이때는 마을 어린이들도 저절로 모여든다.

이 잔치 자리에는 어김없이 소작료를 떼러 오는 '마름'이 참석한다. 그는 마당질이 끝나자 소작료를 떼고 나서 돌아가면서 "나를 보자."며 삼용이를 부른다.

"올해 농사 잘 지어 주었다." 하면서 "내년 농사는 손을 바꾸겠으니 그렇게 알라." 하고 타작마당을 떠난다. 그 말을 들은 소작인은 창백한 얼굴에 넋을 잃고 주저앉아 가쁜 숨을 몰아쉬며 말이 없다.

함께 타작하는 마을 사람들이 웅성거린다. "농사 잘 지었다 하면서 왜 논을 떼느냐, 누가 쓸데없는 고자질을 했느냐." 하고 불평을 쏟아낸다. 이때 곁에 있던 사람이 나선다. 한동네에 살면서 "나만 잘살자고 공연한 말을 지껄여서는 안 된다." 하면서 사연을 이어간다.

올여름 지주의 논 두 벌 맬 때 승용이가 뜻밖에 벼 포기에 숨어 있는 참게 한 마리를 잡았는데 이를 보고 곁의 일꾼 한 사람이 "승용이, 시장도 하니 구워 먹자." 하고 외쳤다. 그 소리에 승용이는 "아니야." 하곤 "지주 감사 어른께 드릴 거여." 하고 거절하니 "평생 소작이나 해먹어라." 하고 종애를 골렸다. 이 사실을 "누군가가 지주에게 고자질한 거여. 그래서 오늘 소작권을 뗀 거여." 하고 웅변한다.

일터에서 농사꾼들끼리 오고 간 농담 한마디에 생명줄을 끊는 지주의 횡포에 '저래도 되나. 싶지만, 소작인은 말 한마디 못하고 당해야만

했던 인격의 사각지대에 가슴 아픈 시절이 있었다.

우리도 이제는 대통령이나 농민이나 인격적 또는 빈부 격차로 사람을 가리는 진부한 시대로부터 하루속히 벗어나야 한다, 의식의 내면에 아직도 남아 있는 천농 의식이라는 똬리를 틀고 있는 변방 의식에서 벗어나, 구업(口業)이 될 '농사나 지어라. 할 국민은 없어져야 한다. 한국 농업의 선진국화를 앞당기기 위해 단연코 터부시하여야 한다.

5) 구체적 천농 사례 찾아 기록으로 남기자

다양한 천농 실태는 역사의 기록이라고 해봐야 단순 제목만으로 된 편린 기록일 뿐 전체 내막의 자세한 피해 기록이 없어 추측일 뿐 어떻게 피해를 입었는지 경과를 알 수가 없다. 서구에서는 착취와 폭력을 일삼고 초야권(初夜權)을 즐기는 영주들의 무지막지한 횡포에 짓밟힌 농민들이 분노가 폭발한 나머지 도끼와 낫으로 무장하고 달려들어 앙갚음하다가 결국은 처절하게 죽어갔다. 14세기 프랑스의 자크리 농민전쟁의 회고를 마르셀이 "야만의 시대[3]"를 통하여 설파한 정도는 아니더라도 우리나라의 경우는 더 혹독한 피해 사례가 넘쳐날 것으로 예측하여 볼 수 있다. 우리 선조들의 원한의 깊이를 헤아리기 위해서라도

---

3 마르셀 지음, 『야만의 시대』(14세기 프랑스 자크리 농민전쟁의 회고), 나남, 2023. 5. 5.

가능하다면 고전 문헌 어딘가 숨어있을 그 작은 부분이라도 찾아 세상에 내놓아야 한다. 그를 보고 위로의 기회를 제공하면서 기가해자에게 경종의 기록이 되고자 하여 이 장을 두었다.

  이제는 농업·농민을 천시하는 천농 시대는 아니다. 세계 주요 농업 선진 국가의 농업관이 바뀐 지 오래다. 천농이 아니라 존농 시대이다.

  미국의 농가는 경영 규모면에서 우리나라와 비교도 되지 않는 대농들이다. 그런데 이처럼 규모가 큰 미국의 농가들에게 정부의 보조금이 나간다. 2002년부터 2006년까지 5년간 지급한 직불금 총액이 농업 소득의 25.7%에 달했다니 놀라운 일이다. 세계 자본주의 시장 경제를 주도한다는 미국이 그렇게까지 할 이유가 무엇일까? 직불금을 작은 농가에게만 지원하는 것이 아니라 오히려 대농 위주로 지원한다는 비판이 있는 것을 보면 경제적 약자를 지원하기 위한 사회 정책은 분명 아니다.

-중략-

  생각이 이에 미치면 직관적이고 상식적인 답이 나온다. 시장에 맡겨 두면 농업이 유지될 수 없어 농업을 유지해야 하겠기 때문에, 그런 짓을 하는 것 아니겠는가?[4]

---

4 고현석, "미국은 왜 대농에게도 보조금을 줄까", 한국농어민신문, 2008. 3. 19.

국가의 책임자는 법치를 강화하고 국민의 안전을 보장하기 위해 국민 모두 골고루 혜택을 받을 수 있는 법과 질서를 유지하는 정책을 펼쳐야 한다. 그럼에도 우리나라 농업·농민은 유난스럽게 천대받아 왔다. 90% 이상의 인구가 농촌에서 살아갈 수 없어 도시에 몰려 사는 것, 10년 동안 농업 예산을 줄여 편성(표3 참조)한 의도는 뭣인지 따져 물어야 한다.

제5장

농업 천시국의 종말은
국가 불행

외국의 농업 정책 시행 결과를 종합해 보면 농업을 천시하는 시각으로 본 책임자의 오판이 수급 불안을 가져와 마침내 식량 파동을 일으키거나 심하면 책임자의 축출까지 몰고 오는 불행한 사태를 불러일으켰다. 그러나 선진 농업국은 기본적인 정책 방향이 '농업을 보호하고 농민을 존중한 정책 시행'으로 실패가 없다.

1) 필리핀-쌀 수출국이 세계 최대 수입국으로 전락

인구는 90,500,000명 정도이고 GDP는 4,172억 정도(32위, 2012년 자료)이다. 필리핀에서 가장 중요한 산업은 농업이다. 전(全) 노동인구의 55% 이상이 농업에 종사하여 국민에게 식량을 생산 공급하는 동시에 아바카, 설탕, 담배, 코코넛 등은 중요한 수출품이다.

국민 생활의 기반이 되는 농업에서 문제가 되는 것은 낮은 생산성이다. 낮은 생산성의 원인 중 하나는 지주와 소작인의 관계다. 수많은 소작인들이 생산한 곡물의 반을 지주에게 바쳐야 하는 과대한 착취를 당하고 있으며, 특히 곡창 지대인 중부 루손에서는 소작인들의 수가 압도적인데 지주의 착취로 인한 이들의 빈곤은 사회 불안의 큰 요인이 되고 있다.[1]

1961년 당시 필리핀의 농민 1인당 농업 생산성은 동아시아 각국의 평균치보다 여섯 배 이상 높았다. 그러나 현재 필리핀의 농업 생산성은 동남아 지역 평균의 두 배에 불과하며 한국과 비교했을 때는 1/10에도 못 미치는 상황이다. 이는 정부의 무관심한 구조 조정과 무역자유화로 여러 해에 걸쳐 필리핀 농업을 심각하게 악화시킨 요인들로 인한 결과다. 국내 노동력의 50% 가까이가 여전히 농업에 매달려 있는데도 불구하고 아로요 정부는 농업에서 아무런 희망을 찾을 수 없다고 간주하고 위기에 빠진 농촌을 구할 방책을 강구하는 데 소홀히 했다.

정부는 오로지 광업 분야에 온갖 관심을 쏟고 있고 또 외국 기업들로부터 더 많은 하청 일거리를 끌어내는 일에 주력하고 있을 따름이다. 중국과 카타르를 비롯한 여타 외국 기업들에게 농지를 활용할 수 있는 길마저 열어 주었다. 필리핀에 진출한 기업들은 현지에서 생산한 농작물과 식물성 사료 등을 모두 본국으로 가져가는 비정상적인 농업 정책을 시행하였다.

---

[1] 위키백과, 농업 https://ko.wikipedia.org/wiki

또한, 필리핀은 IMF와 세계은행의 압박에 따라 농촌 지원 정책을 중단하였고 1995년에는 WTO에 가입함으로써 자유 무역 정책을 채택했다.

필리핀이 WTO에 가입한 것은 멕시코가 AFTA(북미자유무역협)에 가입한 것과 동일한 결과를 가져왔다. WTO 가입국들과 농업 협정 체결 당사국들은 필리핀에 모든 농산품 수입품에 대한 쿼터를 없애고 공산품은 일정량에 대해 관세율을 낮게 적용할 것을 요구했다. 필리핀은 쌀에 대한 수입 쿼터를 유지하는 대신 1995년에는 국내 전체 소비량의 1%에 해당하는 양을 의무적으로 수입하기로 하고 2004년에는 그 비율을 4%까지 늘리기로 합의했다. 그러나 합의 내용과 상관없이 필리핀은 의무적으로 부과된 양 이상의 쌀을 수입할 수밖에 없었다. 정부의 지원이 끊기면서 쌀 생산량이 크게 떨어져 국내 생산량만으로는 수요를 충당할 수 없었기 때문이다.

결국 쌀 수입량은 계속 늘어나 세계 최대 수입국으로 등극했다. 2009년 쌀 수입량은 180만 톤, 2010년에는 249만 톤에 달했다. 이렇게 쌀 수입이 늘어남에 따라 쌀 가격이 하락하자 농민들의 쌀 생산 의욕도 크게 떨어져 필리핀은 취약한 식량 안보 문제가 그대로 드러났다.

WTO가 내세운 요구 조건이 쌀 생산 분야만 뒤흔들어 놓은 것은 아니었다. 이것은 초강력 태풍의 기세로 필리핀의 모든 농업 분야를 휩쓸어 버렸다. 필리핀 민다나오 섬의 옥수수 농가들이 밭이 초토화된 일이 있었다. 옥수수 가격이 도저히 경쟁할 수 없는 수준으로까지 폭락하자 많은 농민들이 수확을 포기한 채 옥수수가 밭에서 썩어 가도록 놔두기도 하였다. 정부 지원금을 받아 저가 공세를 펼치는 미국산 옥수수에 밀려 옥수수 재배를 포기하는 농가가 갈수록 늘어났다. 옥수수 농가들이 겪는 고통을 다른 분야의 농가들 역시 겪었다. 외국산 제품의 대량 수입으로 국내 양계 산업은 거의 명맥이 끊길 상황에 놓였으며 양돈을 비롯한 축산 농가와 채소 재배 농가들도 수입 상품이 밀려들어오면서 입지가 크게 흔들렸다. 농업 정책의 천대는 마침내 국격을 떨어트린다는 교훈을 남겼다.

2) 이집트의 식량 분배

1952년 이집트 혁명으로 농지 개혁을 추진하며, 개인의 농지 소유면적은 한 명당 80ha이었다가 1961년에는 40ha, 1969년에는 20ha가되었다. 이러한 제한 이외의 농지는 국가가 사들여 빈농층에 분배하였다. 하지만 중소 지주와 빈농의 격차는 여전히 큰 상태였다. 이집트 인구는 2019년 기준으로 약 1억 1,300만 명 정도이다. 취업 인구의 4분의 1이 농민이며, 농업은 이집트 경제의 중심적인 역할을 맡아 왔다. 이집트는 연간 2% 이상의 높은 인구 증가율에 직면하고 있어 현재 신규 농지 개척지의 농업 생산에 주력하고 있다.

주식인 빵의 원료인 소맥 수입으로 인한 재정 부담이 크다. 주식인 '아이시 발라다'라는 납작한 빵의 원료는 소맥이다. 정부가 소맥을 사들여 관리하며 빵에도 보조금이 도입되어 시민들은 저렴하게 빵을 구입할 수 있다. 그런데 수입량은 국내 소비량의 절반 수준인 약 1,000

만 톤을 차지하고 있어 재정 부담이 커다란 문제가 되고 있다.

이집트에서는 빵을 둘러싸고 사회 혼란이 계속되고 있다. 배고픔은 분노를 폭발시켰고 폭동으로까지 이어졌다. 빵 폭동 이후 이집트 사람들이 빵 가게 앞에 줄을 서는 것은 일상이 돼 버렸다. 치안 유지를 위해 지금도 카이로 시내 곳곳에는 무장 경찰들이 배치돼 있다. 시민들은 여전히 힘들어한다. 직업도 식량도 제공해 주지 못하는 정부 때문이라고 푸념한다.

정부에 대한 불만의 시작은 국영 빵집에서 시작됐다.

세계 제2위의 밀 수입국인 이집트 정부가 서민들의 불만을 키워온 빵 부족 사태를 해결하기 위해 특별한 카드를 빼 들었다.

아흐메드 나지프 이집트 총리는 25일 성명을 통해 정부 보조금이 들어간 밀가루를 빼돌려 암시장에 내다 파는 사람들에 대한 처벌 형량을 징역 15년으로 높이겠다고 밝혔다. 나지프 총리는 국영 빵 가게에서의 공급 부족 사태가 완화되고 있지만, 정상화되기까지는 시간이 더 필요하다며 밀가루 유통 과정에서 부정을 저지르는 사람들에 대한 엄중한 처벌 방침을 밝혔다.

이집트에서는 최근 수개월 간 정부 보조금으로 운영되는 전국 8천여 곳의 빵 가게에서 공급이 달리는 현상이 계속 심화해 왔다. 식료품 값이 전반적으로 급등하면서 정부 보조금이 투입된 밀가루로 만든 저가의 빵을 찾는 서민들이 크게 늘었기 때문이다.

밀가루 보조금으로 올해 20억 달러 이상을 쓸 예정인 이집트 정부는 호스니 무바라크 대통령이 집권한 1981년 이후 국영 빵 가게의 판매 가격을 동결해 이집트인의 주식인 둥근 모양의 빵(발라디) 한 개 값이 지금도 5피아스터(약 10원)로 고정돼 있다.

그러나 시중의 일반 제과점에서는 국제 밀 가격이 반영돼 발라디 빵이 국영 가게보다 최소 5배에서 20배 이상 가격에 팔리고 있다.

이 때문에 정부 보조금이 투입된 밀가루가 유통 과정에서 폭리를 취하려는 빵 가게 주인 등의 농간으로 암시장으로 흘러들어 가는 경우가 많아 서민들에 대한 빵 공급에 차질이 빚어지고 있다.

이집트 전역의 국영 빵 가게에서는 그 여파로 빵을 사기 위한 줄 서기 전쟁이 벌어지고 있고, 이 과정에서 충돌이 빈발해 여러 명이 사망했다고 현지 언론은 전하고 있다.

무바라크 대통령은 빵 공급 부족 사태가 서민들의 폭동을 야기할 수 있다는 지적이 나오자 최근 값싼 빵을 공급하는 국영 빵 가게를 대폭 늘리고, 군부대에서 굽는 빵 중 여유분을 서민들에게 공급하라는 지시를 내렸다.

정부는 또 올해 밀가루 보조금으로 8억 5천만 달러 규모의 예산을 추가로 편성했다.

이집트에서는 안와르 사다트 대통령이 집권하던 1977년 1월 빵 가격이 오른 것에 불만을 품은 서민들이 폭동을 일으켜 최소 79명이 죽고, 1천여 명이 다친 일이 있었다. 현지 언론은 이집트의 7천 800만 인구 중 하루 생계비로 1달러도 쓰지 못하는 극빈층이 20%를 넘고 이들이 싼 빵을 구하기 위해 사활을 건 싸움을 벌이고 있는 점을 들어 국영 빵 가게에서 공급 부족 사태가 장기화할 경우 30년

전의 빵 폭동이 재발할 가능성이 있다고 경고했다.[2]

3) 국가 최대 위기에 처한 아이티

중남미 카리브해에 있는 아이티공화국은 국민의 75% 이상이 하루 생활비가 2달러 이하인 최빈국이다. 이곳도 식량 가격 급등으로 크고 작은 소란이 연일 이어지고 있다.

굶주린 아이티 사람들의 성난 함성은 거리를 가득 메웠다.

이들에게 닥친 식량 가격 상승의 위기는 목숨을 걸고 싸워야 할 만큼 절박하고 위태로운 상황이다. 가난하고 약하기 때문에 더 크게 다가온 위기. 식량 가격 상승은 가난한 아이티 사람들에겐 재앙이었다.

아이티의 수도 포토프랭스는 전쟁터의 모습과도 같다. 시위로 인한 사망자만 해도 최소 5명. 정부에서는 책임을 물어 총리를 해임했을 뿐 아직도 대책은 마련되지 않고 있다.

아이티의 최대 빈민촌 씨티솔레. 이곳의 곡물 값은 부르는 게 값이다.

100% 수입품인 밀가루의 경우는 더욱 심하다. 실제 시장 안을 가

---

2   "이집트 "빵 폭동은 안돼"…밀가루 암거래 처벌 강화", 식품외식경제, 2008. 3. 27.

득 채우고 있는 식료품의 대부분은 수입산이다. 최빈국에서 가장 부자 나라의 쌀을 수입해야 하는 기가 막힌 상황. 주식인 쌀도, 채소도 가격이 급격히 치솟고 있다. 그러다 보니 좀처럼 사는 사람이 없다. 먹을 것이 있어도 먹지 못하는 상황이다.

위기는 가장 가난한 자에게 몇 배로 찾아온다. 씨티솔레 주변의 악취가 진동하는 한 쓰레기장에서 주민들은 하루 종일 고철을 주워 모은다.

한창 뛰어놀고 학교를 갈 나이의 아이들도 예외는 없다.

그러나 하루 종일 쓰레기 더미 위를 걸으며 자루 가득 고철을 모아도 한 끼 양식조차 살 수 없다. 그 때문에 이곳 주민들은 없는 살림에 큰돈을 들여 돼지를 키운다.

유일한 희망이자 생계 수단인 돼지와 뒤엉켜 생활하는 주민들. 하지만 쓰레기 더미 위에서 살아가는 것은 사람에게도, 돼지에게도 쉬운 일은 아니다. 돼지 한 마리조차 키우기 힘든 주민들은 늘 가난할 수밖에 없다.

아이티에는 진흙으로 쿠키를 만들어 먹는 마을이 있다.

아이들의 주식은 밥이나 우유가 아닌 진흙쿠키다.

하지만 이마저도 가격이 오른 상황이어서 먹지 못할 위기에 처했다.

수입산 농산물 가격 급등으로 시름하고 있는 아이티는 30년 전만해도 식량 자급이 가능했던 국가였다. 3모작이 가능한 농업 여건을 갖추고 있지만, 이 작은 나라에까지 불어닥친 세계화의 바람은 아이티의 식량 자급률을 급격히 떨어뜨렸다.

정부 보조금을 받는 미국 쌀을 비롯해 값싼 수입쌀이 밀려오면서 아이티 현지의 쌀은 경쟁력을 잃어버렸고, 농부들은 더 이상 벼를 심지 않았다.

쌀을 살 돈이 없는 이들에겐 진흙도, 나무의 새순도 모두 주린 배를 채울 음식이 된다.

오늘은 끼니를 해결하더라도 당장 내일이 또 걱정인 상황이다.

고통은 늘 약한 자를 가장 먼저 찾는다. 세계가 함께 풍요로워질 것이라 약속했던 세계화는 오히려 가난까지도 세계화시키고 있다.

식량 자급 가능한 국가가 농업 정책의 빈곤으로 국민을 기아의 구덩이에 떨어트린 아이티의 식량 파동은 우리에게도 타산지석으로 삼아야 한다.[3]

필리핀을 비롯하여 이집트, 아이티의 농업 정책 실행 과정을 보면 결과적으로 '농업을 하찮게' 보고 뒷감당을 못 하는 우를 뒤늦게 깨닫는 농업 정책의 결과다. 필리핀이나 아이티는 80년대만 해도 식량 수출국이었으니 천벌을 맞을 실책이다. 그 과오는 전적으로 정치 책임자의 농업 천시관이다. 한편 농업 선진국들이 이렇게 식량 실패국이 되기를 원하지 않았다 하더라도 결과적으로 그들의 '먹잇감'이 되어 버린 것은 틀림없다. 우리나라 역시 식량 정책의 실패국이다. 다행히 우리

---

3   MBC W, "식량 위기, 지구를 덮치다", 2008. 4. 25.

나라가 식량 부족으로 식량 폭동이 일어나지 않은 원인은 농민이 살기 위해서 쌀농사에 매달려 과잉 생산했기 때문이다. 위문이 폐문되었다는 꾸지람을 주기에 앞서 '수입 과잉으로 농업 패망을 가져왔다고 보아야 한다. 결론은 곡간을 채워 식량 자립하는 정책이 우선되어야 한다. 배가 곯으면 소요를 불러일으켜 나라가 망한다. 지정학 전략가이며 안보전문가 피터 자이한은 『붕괴하는 세계와 인구학』에서 식량에 대한 경고를 이렇게 일갈했다.[4]

"먹을 게 넉넉하지 않으면 목숨을 잃는다. 이웃도 사망한다. 마을 사람 전체가 사망한다. 나라가 사망한다, 전쟁이나 질병이나 정치적 내전으로 몰락한 나라를 다 합해도 식량을 확보하지 못해 몰락한 나라가 훨씬 더 많다."고 설파했다.

4　피터 자이한 지음, 홍수지 옮김, 『붕괴하는 세계와 인구학』, 김앤북스, 2023. 1. 19.

제6장

우리나라 농민의 항쟁

청동기 시대에 나타나기 시작한 커다란 변화는 사회 구성원들 사이가 지배 계급의 탄생과 지배를 받는 계층으로 나누어진 사회 변화다. 그 바탕은 경제력이다. 경제 권력은 정치권력으로 전용(轉用)된다. 그러면서 서서히 권력을 바탕으로 하는 봉건적 신분 사회가 형성된다. 이와 같은 권력의 진행엔 필연코 치자에 대한 저항의식이 형성되기 마련이다. 왜냐하면 피치자의 체제에서는 생활 가치 추구에 만족하지 못하는 경우가 있기 때문이다. 국가 운영에 필수적인 세금 부과에 따른 불공정, 부당한 징수 방법, 정치권의 권력 남용 등에 대한 불만이다.

그러면 우리나라 농민이 오랜 역사를 이어 오면서 부당한 정치권력과 싸워 온 힘겨운 항쟁사를 살펴본다.

일반적으로 민중이 정부 및 지방관아를 대상으로 싸워 온 운동을 민란(民亂), 변란(變亂), 내란(內亂)으로 구분하여 설명한다.

변란은 권력 쟁취를 목적으로 하는 정치 투쟁이고, 내란은 변란 세력이 국토 일부를 점령하여 잠시 지배하기도 한 투쟁이다. 그와 달리 민란은 세금의 가혹한 수탈에 저항한 경제 투쟁이며, 신분 상승을 위한 하층민의 운동이라 하겠다.

여기에 변란, 내란은 지배층의 정권 획득을 위한 정치 투쟁으로 농민의 참여가 있기는 하였으나 투쟁의 주력 세력이 아니므로 '농민의 항쟁'으로 함께 설명하기 어렵다. 변란, 내란은 논외로 하고 그동안 일반적으로 쓰여 온 '민란'에 대하여 개괄 정리하고자 한다.

민란(民亂)이라는 말의 뜻은 백성들이 난을 일으켜 나라를 어지럽힌다는 뜻이다. 봉건적 군왕의 통치 이념에 의한 표현이다. 나라를 잘못 다스린 원인 제공이 정부와 지방 관료의 잘못에 있는 데도 농민에게 잘못을 뒤집어씌운 표현이기 때문에 떳떳하게 '항쟁'(抗爭)으로 고쳐 부른다. 아직도 각종 역사 자료에 쓰인 표현이 남아 있다면 고쳐 쓰기를 기대한다. 그렇지 않아도 하층민으로 각인되었는데 은연중에 농업, 농민을 천시하게끔 인식을 재촉하는 심리적 염색이다. 때문에 '동학란'을 '동학 농민전쟁', 또는 '동학농민혁명'으로 고쳐 부른다.

우리나라의 경우 후삼국 때의 농민 반란부터 1894년 동학농민혁명에 이르기까지 크고 작은 항쟁이 많았다. 먹고 살기 위해 어렵게 농사를 지어 나라에 세금을 바치면서 살아온 농민은 모진 학정과 수탈, 신분 해방 등을 위하여 목숨을 걸고 싸웠다. 싸울 무기라곤 고작 몽둥이, 작대기, 죽창, 농기구를 들고 외쳐 싸웠다. 기록으로 남아 있는 농민의 항쟁사를 표 1과 같이 요약하여 본다.

〈표1〉 한국 농민의 항쟁사 요약

나라별	항쟁명	연도	주창자	참가인원	항쟁 내용 (원인, 주장)	결과
신라	원종, 애노의 난	889	원종과 애노	전국적인 농민 붕기	• 조세 독촉 • 토지 겸병 확대로 일반 농민들은 토 지로부터 유리	• 관군 패퇴 • 국가 재정 궁핍 • 신라 고대 국가 붕 괴 구실
고려	망이, 망소이의 난	1176	망이, 망소이	농민, 하층민의 반항	• 신량역천(身良役 賤)에 해당하는 소 민(所民) 신분에서 탈피하고, 과도한 수취를 모면이 목 적 • 6월에 망이가 항복 으로 종결 • 1년 반 동안 반란	• 농민 반란 • 향소부곡민의 신분 해방 운동으로 선구 적 역할 • 향소부곡의 소멸에 영향
	김사미, 효심의 난	1193	김사미와 효심	• 농민과 천 민의 참여 • 집권자 이 의민의 아 들은 농민 군 을 지 원한 특이 사례	• 1170년 무인 난 이 후 농민과 천민의 난이 치열하게 이 어짐 • 토지 겸병 지방 관리의 수탈 • 1193년 김사미, 효 심의 연합 전선 • 1194년 2월 김사미 투항, 효심은 밀양 싸움에서 한꺼번에 7,000명이 죽는 참 패로 12월에 효심 도 사로잡힘. 항쟁 은 2년 만에 끝남	• 김사미와 효심의 처 형 농민들이 자신의 생 활안정을 위한 정부 정책요구
	만적의 난	1198	만적	만적, 개성 사노비	• 천민계층 주도로 이루어진 최초의 신분 해방 운동 • 순정의 밀고	• 100여 명이 체포되 어 강에 투척 • 반정부 성격을 띤 항쟁이며 신분제 변 동의 기폭제

나라별	항쟁명	연도	주창자	참가인원	항쟁 내용 (원인, 주장)	결과
조선	홍경래의 난	1811	홍경래	몰락 양반, 상인, 토호, 이속 등 1,000명	• 지방적 차별 대우 반대 • 세도 정치 비판 • 농민에게 절실한 토지 문제를 제기치 않음 • 농민 수탈 강화	• 12·18 거사 후 5개월에 걸려 진압 • 사로잡힌 2,983명 모두 효시 • 조세 거부, 무력 항쟁에 조선조의 해체에 박차를 가하는 계기
조선	단성(丹城)의 난	1862	단성	단성읍 농민	• 환곡 폐단 • 썩은 풀, 쌀겨 등을 가마니에 채워 주고 가을에 곡식을 거둠 (포흠(逋欠) 충당하기 위하여)	• 삼남 지방의 농민 봉기의 효시 • 환곡 폐단 • 일만 석 탕감
조선	진주의 난(임술농민항쟁)	1862	• 백낙신의 학정 • 진주 전라도, 충청도 농민(전국 71개소)	• 나무꾼, 목동, 농민을 규합 (수만 명) 몽둥이, 농기구를 무기로 함 • 익산의 3천 명이 불법적 도결에 항의	• 1861년 경상우도 병마절도사로 부임한 백낙서의 거액의 세전 강제 징수 (백골징포의 만행) • 제주 진주농민항쟁에는 향리의 아전들에게 집중 • 1811년 홍경래 난 이후 최대 농민 봉기	• 삼정이정청 설치 • 철종의 삼정이정 절목을 완성 • 정권 국가 타도 목적이 아님 • 농민 주도적으로 개혁 • 대안 제시
조선	동학농민운동	1894 (1.10) • 1차 농민 전쟁	전봉준	• 전라도 고부 4,000명 • 부안에서 8,000명으로 늘어	• 군수 조병갑을 축출 관아 점령, • 정부 파견 관리가 농민을 탄압하자 농민 봉기로 번졌다.	• 전봉준, 손화중, 김개남 등이 황토현(정읍) 감영군 대파 • 정부군을 물리친 농민군은 장성에 이어 전주 점령(4월) • 민씨 정권은 청군 파병 요청(5월 도착) 일본군 투입, 5월 7일 청, 일본의 간섭 구실을 주지 않기 위해 농민군은 정부와 전주화약을 맺고 전주에서 물러났다 그러나 일본은 조선을 개혁해야 한다며 압박

나라별	항쟁명	연도	주창자	참가인원	항쟁 내용 (원인, 주장)	결과
조선	동학농민 운동	2차 농민 전쟁	전봉준	20만 명	• 전봉준은 집강소를 통한 폐정 개혁 활동(12조) • 김개남은 관리, 양반, 지주와 투쟁 활동 • 경복궁 점령 후 노골적으로 위협하는 일본을 축출하기 위해 농민 봉기 • 양반층의 민보군(民堡軍)을 조직 농민군을 공격 • 9월에 전봉준(남접), 동학교단(북접)봉기하여 충청, 경상, 황해, 강원도까지 진행	• 11월 초 일본군과 관군과의 연합 부대와 공주 우금치에서 혈전, 관군에게 함께 일본군을 물리치자 호소했지만 허사, 김개남도 청주에서 패하고 전봉준도 사로잡혀 처형됨 • 희생자는 20만에서 40만(천도교 관련 자료)
		의의			• 1876년 개항 이래 3가지 사건 1) 갑신정변, 2) 갑오개혁, 3) 동학농민운동	• 거국적 지지 기반이 없어 실패한 항쟁 • 민보군(民堡軍)의 부끄러운 역사 • 유교 사상에 찌든 봉건 사회에서 뚜렷한 이념을 앞세운 투쟁으로 우리의 기상을 높인 역사적 위업이다.

1) 박해의 절정과 삼정의 문란

유교 숭상국인 우리나라는 농사를 국가 유지의 근본으로 삼아 사농공상으로 위계질서를 강조하였다. 농자는 천하지대본이라 하여 권농에 주력하고 국가 재정의 90%를 농업에 의존하는 데 이바지하였다.

우리나라는 서구와 같이 16세기 상업 혁명 17세기 과학 혁명, 18세기 산업 혁명으로 이어온 사회 체제의 변화가 없었다. 사회변화 없이 제1차 산업인 농업에 의존하여 온 국가로서 농민의 역할이 5천 년의 역사를 이끌고 온 나라다. 그럼에도 농민을 국가 유지에 대한 공로자로 평가하는 건 그만두더라도 무시. 천시, 박해는 으레 그러려니 하고 예사로운 일이 되어 버렸다.

농업, 농민에 대한 천시, 박해는 우리만이 아니라 동서고금을 막론한다. 그러나 이에 대한 우리 농민의 항쟁 양태는 서구 농민과는 달랐다. 다음에 서술하겠지만' 일반화된 유교 사상과 왕토 사상으로 군왕이 아니고 온갖 방법을 동원하여 수탈해 온 지방 수령 양반 지주, 토호, 이서배들과의 투쟁이었다. 그 대표적인 사례가 '삼정문란'이다. 서구의 제국주의의 서세동점의 그림자가 점차 동방으로 드리워진 18세기 말부터 농민에 대한 무시, 박해 수탈의 피해가 가장 컸다. 국방 재정 비용이라 할 수 있는 군정(軍政), 토지세인 전정(田政), 저리 대출 제도라 할 수 있는 환정(還政)에 대한, 삼정이정청 설치 등 역사적 사실로 그 잔인한 수탈 방법을 아래 표2와 같이 수록하여 본다.

〈표2〉 삼정문란으로 나타난 수탈 방법

삼정별	수탈 유형	비고
환정(還政)	반작(反作), 가분(加分), 허류(虛留), 입본(立本), 증고(增估), 가집(加執)	정약용의 지방수령의 대표적인 부정축재수법 6가지 폭로
전정(田政)	진결(陳結), 은결(隱結), 백징(白徵), 허결(虛結), 도결(都結), 작간(作奸)	
군정(軍政)	백골징포(白骨徵布) 황구첨정(黃口僉丁), 족징(族徵), 인징(隣徵)	
모두	16가지	

농민을 괴롭혀야 재산 취득이 된다는 비결이 곤이득지(困而得之)다. '농민을 괴롭히면 얻는 게 있다.'라는 숨은 뜻이 있다. 배울 기회를 갖지 못한 농민은 세금 고지서를 받아봐도 확인할 수도 없어 얼마나 괴로웠겠는가를 짐작케 한다, 흡혈귀(吸血鬼) 같은 관리들이다.

전정, 군정, 환곡의 수취체제가 악랄하게 변질한 부정부패는 마침내 1811년 홍경래의 난이나 1862년 전국적으로 일어난 임술농민항쟁 등 19세기 크고 작은 농민 항쟁의 주요한 원인으로 이어졌다. 그 결과 양반 사회 체제의 붕괴 요인이 되었다.

변태섭의 『한국사 통론』에서 "이와 같은 민란의 전개 속에서 농민의 사회의식은 더욱 상승하였고 농민층의 지도력도 한층 향상되어 갔다. 대원군의 치세나 개항 이후까지도 줄기차게 지속되었는데 이러한 농민들의 주체적 항쟁은 조선의 양반사회체제를 결정적으로 붕괴시킨 요인이 되었던 것이다."[1]라고 했다.

2) 동학은 한국 농민의 최대 저항 운동, 그러나 농정 개혁은 외면

개항(1876년) 이래 세 가지 중요한 움직임이 숨 가쁘게 벌어진다. 동도서기(東道西器) 사상을 가진 엘리트 집단이 일으킨 갑신정변(1884년)과 갑오개혁(1894년), 농민의 항쟁인 동학혁명(1894년) 등이다.

1868년 메이지 유신을 단행하여 근대 국가 체제를 갖춘 일본은 조선에 대하여 새로이 수교할 것을 요구하면서 침략의 마수를 뻗치기 시작했다. 마침내 36년간의 식민지의 비극이 시작되었다. 서구 열강의 침략이 한창이자, "만약 다른 나라에 선수를 빼앗기면 국사는 이에 끝난다." 며 조선을 강점할 노골적인 계획하에 운양호 사건을 일으켜 1876년에 강화도 조약을 체결하였다. 이로 인하여 일본과 대적하기에 이미 국세는 기울어졌다.

이러한 상황에서 갑신정변이나 갑오개혁에 참여한 엘리트의 심산(心算)은 어떠했을까? 건곤일척 새로운 조선을 건설한다는 피 끓는 결의가 있었을까? 애석하게도 이들은 평범한 백성들의 힘을 모으고 동학 농민과도 협력하여 외세에 대항하려는 계획은 아예 없었다. 오히려 일

---

1   변태섭. 『한국사통론』, 1998. 1. 15., 삼영사 P. 366.

본 세력의 그늘에 자신들의 부족한 힘을 얻으려 했다. 그러나 동학 혁명의 전봉준은 공주 우금치 전투에서 관군에게 "우리 함께 힘을 합해 일본군과 싸우자."고 하기도 했다.

갑신정변이나 갑오개혁을 주도한 세력들은 당면한 국내 문제로 농민의 고통이 극에 달한 지주와 소작 문제에 대하여 철저히 외면하였다. 기존의 지주와 소작제에서 적극적으로 손대지 않았다. 현 상태에서 세금만 공정하게 거두면 된다는 주장만으로 끝났다.

이와 같은 의도는 기존의 지주층을 중심으로 한 14개 정강에 나타나 있다. 갑신정변 14개조 정강 3항을 보면 "지조 법을 개혁하여 관리의 부정을 막고 백성을 보호하며 국가의 재정을 넉넉히 한다,"라고 되어 있다.

그럼에도 오히려 갑오개혁을 주도한 이들은 농민들이 더 난리를 일으키지 않도록 폐정개혁안을 일부 수용해야 한다는 정치적 판단을 했다. 이들에게 농민군은 근대화를 방해하는 비도(匪徒)이자 배운 것 없는 무지렁이일 뿐이라는 농민관이 있었다. 일본군과 손잡고 농민군을 토벌한 것도 그 때문이다.[2]

3) 박해로 고착된 부정 DNA

국가의 통치에 따른 정책 수행은 백성에게는 왕토 사상을 주입해 시혜의 농토이니 권농하고 안민(安民)보다는 세금을 거둬드리는 데 나라의 대본이 되었다. 그에 따라 부패한 지방 수령 양반 지주 토호 이서배들의 수탈은 극치를 이루어 이른바 농정부패국(農政腐敗國)이 되었다. 한말에 우리나라를 찾아와 『조선과 이웃 나라들』를 쓴 I.B.비숍의 개탄한 글을 읽어 본다.

여러 개혁에도 불구하고 조선에는 착취하는 사람들과 착취당하는 사람들. 이렇게 두 계층만이 존재한다. 전자는 허가받은 흡혈귀라 할 수 있는 양반 계층으로 구성된 관리들이고 후자는 전체 인구의 4/5를 차지하고 있는 하층민들이다.[3]

구한말 조선에 머문 미 해군 중위 조지 클레이턴 포크는 귀국 후 보고서에 조선 백성의 피폐상을 다음과 같이 보고하였다. "관리의 착취가 백성의 삶을 전체적으로 피폐시키는 원인이다."라고 했다.[4]

관료들의 박해는 "이렇게라도 노력하면 내일은 좀 나아지겠지." 하는 희망도 동기 부여도 말살해 버린다. 그러면 가난하게 사는 것이 목

---

3   I.B.비숍, 신복룡, 『조선과 그 이웃 나라들』, 집문당, 1999. 10. 20., P. 461.
4   김선홍, "조선의 의인, 조지 포크] 근대 부산의 모습과 사람들의 생활", 2020. 4. 3.

적이 되어 버려 이렇게 사는 것이 최고의 처신이다 하는 한국 농민의 의식으로 만들어진다. 이것이 어쩔 수 없이 자신도 모르게 의식화된 불행한 한국 농민의 체질이요, 유산이다. 이렇게 만들어진 한국 농민의 체질은 천성으로 만들어진 순박한 농심을 앞세워 주변의 이서배들과 이혈세혈(以血洗血)이라도 할 독기를 품어 25년마다 민란을 일으켜 보아도 한 번도 승리한 적이 없다. 서구 농민은 국왕과 면담(영국 14세왕 리처드 2세)하면서 문제 해결도 하는데, 왕토 사상으로 왕과의 접근은 고사하고 보살핌 한번 받지 못해 논밭에서 버려진 유랑 농군이다. 그 버림은 오늘도 계속되고 있다. 1193년 김사미 효심 란에서는 7,000명이 희생되었고 1894년 동학란에는 희생된 사람이 20만에서 40만을 헤아린다, 이들 주검의 죄목이 뭣인가? 통한을 움켜쥔 후생은 함원을 푸는 위령이라도 있어야 할 최소한의 면목을 챙겨야 했다.

제7장

외국 농민의 항쟁

1) 민란이 없는 일본

① 이키(一 揆)에 자족했던 일본 농민

우리나라 촛불 집회를 보고 '역시 데모 대국'이라던 일본 반응은 비아냥인지 아니면 부러움인지 그 속내는 알 수 없지만 그들도 사람인데 '그럴 수가 있을까?' 하고 깊이 생각해 본다.

오랜 시간 일본 특유의 군국주의적 정치 체제에 의한 '재하자 유구무언(在下者 有口無言)'의 복종 심리가 체질화되어 상사에게 저항하는 것이 부정적으로 의식화된 일본인이 아닐까.

일본은 사무라이의 나라 군국주의 국가다. 군국주의란 군사력에 의한 대외 발전을 중시하며 군인에게 우월적 지위를 주어 정치, 경제,

사회의 전 영역을 군사화된 사상으로 무장한 정치 체제다. 근대 이전의 신분 제도와 일본 특유의 국민성이 이미 군국주의로 향할 수 있는 토양을 만들었다.

그러한 사회 환경은 일본 사람들의 기질이 조화를 중시하기 때문이다. 공동의 범위를 벗어나지 않는 행동 범위에 냉정성을 가진 특성이 있어 불타는 노여움이 있더라도 내색을 보이지 않는 것을 중요시한다. 집단의식을 좋아하고 1천여 년부터 천황 정치, 무사 정치 등의 체제로 상전에 절대복종하는 아랫사람으로서의 체득한 지혜를 중시하고 또한 우리와 남을 구분하는 국민성이 만들어졌다.

에도 막부의 창업자 도쿠가와 이에야스의 (德川家康)의 말을 들어 본다. '농민은 죽지도 살지도 못하게 만들어야 한다'고. 했다. 이 말은 '농민이란 자신들의 부귀영화를 위해 죽을 때까지 착취당해야 한다'는 말이다. 전국시대 어느 정치가는 '백성이란 참깨와 같다. 짜면 짤수록 기름이 나온다.'고 했다. 한국의 관리들의 곤이득지(困而得之)와 같은 농민 수탈이다.

일본 농민은 우리와 다른 형태의 '이키(一揆)'라고 하는 농민들의 항의 행위가 있었다. 감정 발로의 한 방편으로 이용하였다. 그런데 이 활동 내용이 정치 활동이 아닌 순수한 농민의 매뉴얼 대로 폭력도 없이 점잖게 움직이며 그 운동 범위가 군 단위를 넘어서지 않는다. 연구자들은 이를 민란이나 반란, 폭동으로 보지 않는다. 군국주의를 바탕으로 한 지배층이 요구하는 일본 특유의 광풍이 몰아치는 복종주의 속에서도 일본 농민이 숨소리의 울림은 크지 않으나 의미 있는 행위로 보았다.

이들의 내면에 흐르고 있는 농업에 대한 일본 지식인의 존농주의(尊農主義)가 일찍부터 존재하여 왔음을 주장한다.

가와가미 하지메 (河上 肇)의 저서 『일본존농론(日本尊農論)』(1904년)에서 에도시대(1603~1867)의 학자는 대체로 귀농주의(貴農主義)자였다고 몇 사람의 주장을 들어 주장하였다.

오규 소라이(荻生祖徠 1666~1728)는 사물의 근본을 중히 여기고 말단을 억제하는 것은 이것이 성인의 길이다. 본이란 농이고, 말이란 공상을 뜻한다. 공상이 왕성해지고 농업이 쇠퇴하면 국정은 자칫하면 형체뿐인 것이 되어 간다는 것을 분명히 알아야 할 것이다.

마쓰다이라 사다노브(松平定信熊. 1759~1829)는 "사람은 먹어야 산다. 그래서 농업은 정치의 근본이다."라고 말했다. 서경의 '인정'에도 농업이 제일이라고 쓰여 있다. 의식은 오업의 근본이며 고금치란의 역사를 보면 어느 경우나 국가가 잘 되기 위해서는 군주가 백성에게 정성껏 대해 주고 군주 자신은 공검한 정치를 해야 한다. 특히 농업을 중히 여겨야 하며 나라가 문란해지는 것은 서민을 천시하고 농업을 잊는 것에서 비롯된다.

이와 같은 역사적 사실을 거론한 의미는 오늘의 일본이 농업선진국이 된 밑거름이 되었을 것으로 믿는 견해이며[1] 에도 막부의 군국주의 정치 체제에서 귀농주의를 주장한 데는 원론적인 주장으로 이해된다.

1　가와가미 하지메 (河上 肇) 저, 『일본존농론(日本尊農論)』, 농문협, P. 224.

그러나 복종 심리로 체질화되어 유구무언의 농민에게 일찍이 귀농주의가 있음을(1603~1867) 밝힌 뜻은 후일을 내다보고 "우리에게는 이미 존농 문화가 존재해 있었다."는 자존감의 표현이 아닌가 한다.

② 당당한 일본 농민의 달라진 모습

1920년대의 영주들은 살아남기 위해 부국강병책을 적극적으로 사용했다. 상업을 진흥시키고 병사 모집을 최우선으로 하기 위해 농업 생산량을 확대시키는 데 주력해 이 시기의 농업 생산력이 크게 늘었다.[2]

1926년 무렵부터 소작쟁의가 급속히 나타나기 시작하자 지주적(地主的) 토지 소유를 후퇴시키는 힘이 되었다. 노동자로서 높은 소작료가 부당하다고 당연히 요구할 수 있다는 자각이었다. 이와 같이 높은 소작료를 지불할 수 없다고 주장하기 시작하자 소작료 감액 요구는 구체화되어 나타났다.

그러면서 경제적 요구에만 그치는 것이 아니라 이제까지 동물과 같은 비인간적인 취급을 받아 왔던 소작농들이 인간적이고 대등한 사회적 대우를 바라는 절실한 요구를 하기에 이른다. 이와 같은 인격적인 요구는 제1차 세계 대전 후의 노동 운동의 가장 중요한 슬로건이었다. 이와 같은 소작쟁의는 농민 내부에서 싹튼 사회적 평등 의식으로 커져 왔다.

---

2 "일본 전국시대 (센고쿠 시대)의 소개", 상상력사전 일본력사전, 역사잡담/일본역사, 2019. 4. 29.

1922년 소작쟁의 고양을 기반으로 최초의 전국적인 농민 조합이 고베에서 결성되었다. 마침내 종내의 불합리한 소작 관행을 철폐하고 대부분의 농촌에서 고액 소작료 그 자체를 감면했을 뿐만 아니라 소작 농민의 생활 수준을 상승시켜 농가 경영을 일보 전진시키는 데 기여하였다.[3]

광풍으로 몰아치는 군국주의 체제에 숨죽이면서 복종했지만 일본 농민은 사회적 평등을 주장하면서 자신의 인격을 찾고 생명과 재산을 당당히 보호하는 선진 농업국으로 내닫고 있다.

2) 서구 농민의 항쟁

① 농민 반란과 봉건 제도의 질적 변화

서구 사회의 고대 · 중세 시대의 농민은 기존의 사회 질서, 지배층의 폭정에 대항하여 봉기를 일으켰다. 14세기 이후 집중적이고 대규모로 발생했다. 플랑드르, 프랑스, 영국에서는 14세기 이후, 독일에서는 15세기 초반에 많은 농민 반란이 일어났다.

중세 유럽 사회의 대표적인 특징은 봉건제로 된 사회체제라 하겠다. 8~9세기경 중세 유럽 사회에서 성립된 봉건제는 11세기 전환점을 맞

3　데루오카 슈조 엮음, 『일본 농업 150년사』, 한울 아카데미. PP.108~111

아 13세기까지 정점을 이룬다. 그러나 도시의 성장과 농촌 사회의 변화로 자급자족적 장원 제도가 붕괴되고 흑사병 발생과 전쟁으로 민중 봉기가 일어나 농민의 의식과 지위가 이전보다 높아진다.

1323년 당시에 경제적 선진 지역이었던 플랑드르 지방에서 발생한 농민 반란은 때마침 부루해, 이프레 등 도시에서 발생한 반란에 힘입어 1328년까지 간헐적으로 지속되었다. 이 반란은 오랜 시일을 끌었고 이를 진압하는 데 프랑스 왕의 힘까지 빌려야 했다. 그 양상은 매우 참혹했으며 반란을 일으킨 농민들은 민중 편이라고 선언하지 않는 자들을 학살하고 직접 노동에 종사하지 않은 자를 적대시하였으며 교회와 성직자에 대하여도 반감을 표하였다.

반란의 직접 원인은 농민들에 대한 봉건적 부담이 가중되었으나 반란은 이러한 부담의 제거를 넘어서서 사회 질서 전체에 대한 반항의 양상을 띠었다. 그 결과 봉건 귀족들의 진압도 집단 학살을 포함한 무자비한 것이었다.

1358년 북부 프랑스 보베지(Beauvaisis)에서 시작한 농민 반란(La Jacque-rie)은 플랑드르의 것에 비하면 아주 짧은 시일 내에 끝났다. 자케리로 알려진 프랑스의 농민 반란은 백년전쟁과 흑사병, 그리고 봉건 귀족들의 압박과 반란의 가중에 극도로 피폐하고 비참해진 농민들의 분노와 절망의 폭발이었다.

말하자면 선량한 농민 자크(Jacque Bonhomme)가 견디기 어려운 비참한 생활에 반발한 것이다. 처음 보베지에서 시작된 반란은(5월 말) 순식간에 북부 프랑스 일대에 번지고 한때는 파리에서 반란을 일으킨

에티엔느 마르셀과도 결탁하였으나[4] 이 결합은 오래가지 않았다.

당시의 연대기(年代記)는 반도들이 귀족의 저택이나 성을 파괴하고 약탈과 방화와 살인을 일삼았을 뿐 아니라 부녀자에 대하여 폭행을 자행하였다고 전하고 있다. 봉건 귀족들의 진압 또한 이에 못지 않게 잔인하고 무자비하였으며 7월에는 선량한 자크의 절망과 분노의 폭발도 가라앉게 되었다.

1381년 영국에서 발생한 와트 타일러의 반란 (Watt Tyler's Rebellion)은 플랑드르나 북부 프랑스보다 더 중요한 면을 지니고 있다. 프르와사르(Joan Froissart)의 연대기에 의하면 켄트(Kent)의 어리석은 수도사 존 볼(Joan Ball)에게 선동된 켄트, 에섹스(Essex) 서섹스(Sussex), 베드포드(Bedford) 등 남부 여러 지방의 농민들은 와트 타일러의 지휘하에 반란을 일으켜 왕에게 진정하기 위하여 런던으로 향했다.

그들은 저마다 "아담(Adam)이 밭을 갈고 이브(Eve)가 베 쌈을 짤 때 누가 귀족(gentleman)이었는가."라고 외쳤다고 한다. 그들의 무기는 고작 방망이 정도였고 극소수가 활을 가지고 있을 뿐이었으나 런던 시내의 하층민 중에 공감하는 자가 있어 무난히 시내로 들어갈 수 있었다.

런던은 공포의 도가니 속에 빠지고 젊은 국왕 리처드 2세는 반란 농민들이 요구를 받아들이기로 하였다. 농민들의 요구는 요약해서 인신

---

4   민석홍『서양사개론』(제2판), 도서출판 삼영사, 2018. 1. 23.

과 토지의 자유, 즉 봉건적 예속으로부터의 해방이었다. 그러나 왕의 시종에 의하여 와트 타일러가 살해되고 런던의 상류층이 민병대를 조직하여 공격을 가하고, 지방 영주들이 병력을 거느리고 도착하자 반란 농민들은 뿔뿔이 흩어지고 지방에서의 반란도 곧 영주들의 군대에 의하여 진압되었다.

영국의 농민 반란의 원인은 흑사병으로 인구가 격감하여 임금이 앙등하고 이로 말미암아 자유노동을 얻기 어렵게 된 영주들이 흑사병 이전에 진행되던 금납화를 취소하고 부역을 부활하려고 하였다. 흑사병 직후 임금을 동결시키기 위하여 제정한 노동조례(Statute of Labourers)는 노동자 계층의 불만을 자아냈으며 백년전쟁의 전비를 마련하기 위하여 의회가 신설한 인두세의 1381년도분은 특히 빈민층에 과중하다는 것 등 여러 요인이 결합한 것이었다. 그러나 이러한 구체적인 여러 요인과 더불어 사회적으로나 경제적으로 향상의 길을 걷고 있던 농민들이 그들의 해방과 자유를 더욱더 확고하게 하기 위한 반봉건 운동의 성격이 매우 강하였다는 사실을 잊어서는 안 된다. 뿐만 아니라 농민들을 선동하였다고 전해지는 존 볼은 종교 개혁의 선구로 알려진 위클리프(John Wyclif) 계통의 롤라드파(Lol-lards)에 속한다는 점을 고려한다면 농민 반란이라는 반봉건 운동이 중세교회에 반항하는 반 교회 운동과 결합되었다고 할 수 있다. 그리고 또 하나 주목할 점은 반란 농민들이 외쳤다는 구호 속에는 원시 그리스도교에 유래하는 평등사상이 뚜렷하게 나타났다는 점이다.

남부 독일의 사회는 1525년 농민전쟁이 일어나기 오래전부터 이미 불안한 상태에 있었다. 그곳에서도 역시 지주들과 제후들은 어려운 지경에 처해 있었다.

그들은 온갖 수단을 동원하여 그들의 권력을 확대하고, 수입을 증대시키려 했다. 이것이 농민들의 원성을 샀다. 스위스의 선례에 영향을 받아 사람들은 스위스의 농민들과 같은 자유를 획득하기를 바랐다. 종교 개혁으로 인한 교회의 분열은 그들의 마음을 더욱 움직였다. 남서부 독일에서 수도원들은 많은 토지를 소유하고 있었다. 농민들은 이제 수도원이 부과하는 각종 부담에서 벗어날 기회를 엿보게 되었고, 또한 더 이상 십일조를 납부하지 않기를 바랐다.

그렇지만 남부 독일의 경제적 상황은 14세기의 프랑스나 영국과는 달랐다. 남부 독일은 이미 오래전에 최악의 농업 불황을 벗어났고, 따라서 농민들의 경제적 형편은 나쁘지 않았다. 독일에서는 중부 유럽의 귀금속 채굴 재개와 관련되었을 가격 상승, 특히 곡가 상승의 조짐이 16세기 초에 나타났다. 특히 남부 독일에는 아주 많은 소제후들이 경제적 곤란에 부딪혔다. 그들이 농민들로부터 징수하는 수입은 예전 그대로였는데 물가가 상승하여 실질적인 수입은 감소하였던 반면에 실질적인 지출액은 증가했기 때문이다. 그들은 자신의 수입을 늘리기 위해 온갖 수단을 다 썼다. 이런 시도는 이들 작은 연방들이 주민 대다수를 차지하는 농민들로부터 저항을 받았다. 소제후들의 권력 증대에 가장 강력히 반대한 것은 부유한 농민들이었다.

② 흑사병과 농민의 신분 상승 투쟁

유럽은 인구 증가의 추세가 멈추고 경제가 전반적으로 침체하여 봉건사회가 붕괴 징조가 분명해지던 14세기 중엽에 발생한 흑사병이 유럽 사회를 전반적으로 흔들어 놓았다. 흑사병은 유럽 인구의 1/3을 격감시켰으며 주기적으로 되풀이 되는 전염병으로 인구 감소가 만성적으로 진행되는 현상이 되었다. 흑사병으로 인한 인구 감소는 영주와의 대립을 야기하게 되었다. 농민들은 이전보다 높은 임금을 요구하고 지대의 감면과 부역 폐지를 주장하며 영주와 대립하였고 주장이 관철되지 않으면 더 좋은 곳으로 도피하자. 영주들은 장원 인구 감소를 막고자 요구를 수용하여 지대를 낮추고 부역을 경감하거나 폐지하였다. 여기저기 유리한 조건을 찾아 농사를 지어 부농으로 성장할 기회가 되어 농민들은 이제 요먼(Yeoman)으로 불리는 부농으로 성장하였다. 촌락 사회의 의사 결정이 부농 중심으로 이루어짐에 따라 새로운 위계질서가 형성되기 시작하여 농민의 신분 상승이 이루어졌다.

트레벨리안(G.M.Trvelyan)은 영국의 농민 반란에 관하여 "새로운 영국이 자라나기 위하여 겪어야 했던 고통의 하나"라고 말하였으나 이는 비단 영국의 경우만이 아니라 중세 말의 농민 반란 전체에 해당되는 것으로써 결국 유럽 사회가 봉건 사회를 탈피하고 근대사회로 발전하기 위하여 치러야 했던 '성장의 고통'이었다.[5]

---

[5]   민석홍 저, 『서양사개론』, 삼영사, 2018. 1. 23., P. 251.

역사문화학과 문성준은 중세 봉건 사회의 해체 원인은 무엇인가? 라는 제하의 결론을 인용하면서 "농민 봉기로 인하여 결국 영주와 기사 계급의 몰락을 초래하였다. 이후 유럽 사회는 중앙 집권화, 즉 절대 왕정 시대로 넘어가게 되며 대항해 시대의 시작과 신민지 정복이 이루어지게 되었다. 또한 도시의 발달과 상업자본의 배경으로 르네상스 문화 운동이 시작되었다."고 하였다.[6]

서구 농민의 투쟁과 우리 농민의 항쟁은 질적으로 비교가 되지 않는다.

첫째, 서구의 농민은 그들의 해방과 자유를 더욱더 확고하게 하기 위한 반 봉건적 운동의 성격이 매우 강하였다는 사실은 우리와 다르다.

둘째는 우리 농민은 항쟁에 참여한 농민이 관아를 털고 곡간을 털었을망정 군주에 대한 불평은 절대 토로하지 않았다. 국난에는 유교 이념에 의한 충효 사상으로 의병에 투신하기도 한다. 이는 군주에 대한 충성을 인륜으로 생각했기 때문이다.

셋째는 1525년 독일의 농민전쟁에 참여한 농민은 스위스와 같은 자유 획득을 주장하고 영국 14세 왕 리처드 2세는 항쟁자들과의 만남에서 국왕은 그들의 부역 노동을 금납화할 수 있으며 농민 집단의 자유에 대한 특허장 수여를 약속하는 등 인간 최고의 가치인 자유권 쟁취에 주력했다. 그러나 우리는 기껏 신분 해방, 신분 탈피를 위한 주장

6 문성준, 「중세봉건사회의 해체 원인은 무엇인가?」, 2014. 3. 27.

일 뿐, 그마저도 성취되지 못하였다.

넷째는 우리나라의 농민 항쟁은 한 번도 승리해서 성취한 결과가 없다. 신라 889년 원종·애노의 난 이래 1894년 동학농민운동에 이르기까지 천년이 넘도록 봉건 정치 체제를 유지하였을 뿐 농민 항쟁으로 사회 체제 변화 또는 농민에 대한 처우 개선은 없었다.

제8장

다산 3농정신과
대한민국 농업 백년대계

농업은 식량 생산뿐만 아니라 수출 등 국가 산업을 지원하고 발전시키는 역할을 한다. 그러나 우리나라는 불행하게도 식량 자급률이 OECD 국가 중 최하위를 기록하고 있다. 이는 국가가 농업 분야에서 필요한 농산물을 충분히 생산하지 못하고 외부 식량에 의존하고 있다는 의미다.

이렇게 되기까지의 지난 농업 정책을 요약해 보면 박정희 시대는 단군 조선 이래 처음으로 농업 전성기를 맞는 시기였다. 그러나 문민정부로부터 시행된 개방 농정, 자원이 없는 나라 수출로 먹고산다는 구호를 외치면서 FAT를 지나 농업 홀대 정책을 시행하면서 오늘에 이르렀다. 한국 농업은 쇠퇴일로를 걸으며 농정 사상 최초의 역사를 기록하고 있다. 이 결과 농업 정책과 관련된 각종 지표는 최하위 수준에 머물렀다. 머지않아 풍년을 구가하리라 기대했던 황금 들판이 폐답 농촌

지대(廢畓農村地帶)로 바뀌어 국운 쇠퇴의 조짐으로 읽힌다.

1) 위기에 몰린 한국 농업의 주요 현황

① 농업 예산의 비중 변화(표3)

2011년에는 5.7%이던 예산이 2020년에는 4.2%로 10년간 1.2%가 줄었다. 예산은 국가 기관의 중요 기능인데 어떻게 해마다 감축 예산을 편성 운영케 하는지 정책 책임자의 무관심의 의도가 아닌지 의아스러운 현황이다.[1]

〈표3〉 최근 10년간 농림수산식품부 예산 비중 변화

(단위:억원,%)

구분	2011	2012	2013	2014	2015	2016	2017	2018	2019	2020
국가전체(A)	3,091,000	3,254,000	3,420,000	3,558,000	3,754,000	3,864,000	4,005,000	4,288,000	4,696,000	5,123,000
농림수산식품분야(B)	176,354	181,322	183,862	187,334	193,065	193,946	196,221	197,2556	200,303	215,148
비중(B/A)	5.7	5.6	5.4	5.3	5.1	5.0	4.9	4.6	4.3	4.2
농림축산식품부 소관(C)	131,929	136,778	135,268	136,371	140,431	143,681	177,887	144,996	146,596	157,743
비중(C/A)	4.3	4.2	4.0	3.8	3.7	3.7	3.6	3.4	3.1	3.1

---

1 한정희 기자, "갈수록 줄어드는 농식품부 예산 비중", 축산경제신문, 2020. 10. 8.

② 반전 없는 곡물 자급률… 세계 최하위 수준 (표4)[2]

최근 3개년 평균 19.5%에 불과하며 줄곧 하락하고 있다. 80% 이상 외국산 농산물을 수입하고 있으며 농축산물 무역 적자 규모가 확대되고 있다. 관세 인하 정책으로 빗장이 풀렸다.

〈표4〉 국가별 곡물 자급률과 한국 농축산물 무역수지 적자 규모

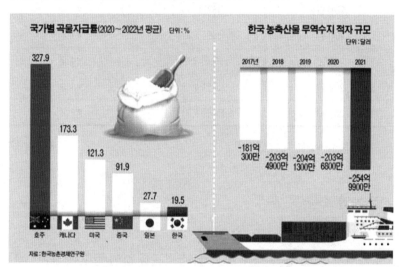

③ 연도별 경지 면적

2021년 조사된 경지 면적은 논밭을 합쳐 154만 7천ha였다. 전년과

---

2   성지은 기자 , "반전 없는 곡물 자급률.. 세계 최하위 수준". 농민신문, 2023.
    6. 8.

비교해 1.2% 줄어 1만 8천 ha 감소했다. (표5)[3]

〈표5〉 연도별 경지 면적

연도	경지면적(ha)	전년대비 증감률(%)
2002년	186만 2,622	▼0.7
2007년	178만 1,579	▼1
2012년	172만 9,982	—
2017년	162만 796	▼1.4
2018년	159만 5,614	▼1.6
2019년	158만 957.	▼0.9
2020년	156만 4,797	▼1.0
2021년	154만 6,717	▼1.2

출처 : 통계청

④ 농업 소득

통계청 2022년 농가 경제 조사 결과 발표를 보면 갈수록 농가 소득이 줄어들어 지난해 평균 949만 원에 그쳤다. 경영비 급등과 쌀, 한우의 가격 하락이 원인으로 꼽힌다.

농업 외 소득 1,920만 원, 이전 소득 1,525만 원이다.

---

3 원재정, "2021년 경지 면적, 전년 대비 1.2% 줄어", 한국농정신문, 2022. 3. 4.

농업 경영의 기본이 되는 농업 예산은 해마다 줄어드는 특이 현상이 특징이다. 식량 자급률은 OECD 국가 중에서 최하위를 기록하고, 경지면적 역시 해마다 줄어 그에 따라 농업 생산량은 줄어 식량 자급률을 떨어트리는 데 기여하고 있다. 농가 소득은 지난해 평균 4,615만으로 전년 대비 3.4% 떨어져 농촌은 기약없이 서서히 무너져 가고 있다.

2) 한국 농업 농촌이 왜 이렇게 망해가나? '리소스의 할당'이다.

영농 환경이 이와 같이 최악의 상황에 직면한 사실은 가히 역사적이다. 이렇게까지 농촌 방방곡곡이 빈사 상태에 빠진 역사가 없었기 때문이다. 그 원인을 찾아보자.

첫째 우위론자의 주장에 따라 공업화 정책에 편향 운영되었을 뿐 농업 발전에 대한 관심은 거의 없었다.

다음은 우리나라 최고 책임자의 농업 선진화에 선망이 없었다. 이를 지적한 제62대 농림축산식품부장관을 역임했던 김재수의 저서 『위기에서 길을 찾다』를 살펴보자.

"대통령이 농업을 보는 인식을 생각해 보았다. 농업 부분을 국정의 핵심 과제로 인식한 대통령은 별로 없었다"고 여겨진다. 재임 중 농업 부문에 큰 발전을 이루어 낼 것이라고 기대한 대통령도 사실은 없어보였다. 어느 대통령이든 취임하고 나면 산적한 국정 현안으로 인해 농업 부문의 과제는 우선순위에서 뒤로 밀려났다."고 설명하였다.

그래서인지 우리나라 대통령은 농업에 대한 유명한 어록이 없다. 농업 예산이 해마다 줄어도 식량 자급률이 세계에서 제일 떨어져도, 농가 소득이 해마다 떨어져도 시정 개선 없이 방치상태의 지속이다. 이 모두 축소된 리소스(예: 예산 및 개발 투자의 축소가 되었기) 때문이다.

3) 그러면 왜 농업을 살려야 하나?

첫째, 농업은 식량 생산이다. 국민들의 식생활에 필수적이다. 안정적이고 지속적인 식량 공급 국가의 안전과 번영에 기여한다.

다음은 경제적 기여이다. 농산물 생산과 관련된 산업들은 수많은 일자리를 제공하고 따라서 농업 부문은 국내 총생산(GDP)의 상당 부문을 차지한다.

셋째, 농업은 자원을 적극적으로 활용하며 식량과 기타 농산물을 생산하는 데 이를 효율적으로 관리하고 지속 가능한 방향으로 발전시키는 것이 중요하다.

넷째, 농촌 지역은 국가의 지역 개발과 균형을 위해 중요한 역할을 한다. 농업과 농촌은 도시와 비교해서 인구 분포를 조절하고 지역 간 경제 격차를 축소시키는 데 도움이 된다.

다섯째, 농산물은 많은 국가에 수출되는 주요 상품 중 하나이다. 농업 부문의 경제적 성공은 국가의 수출입 균형을 유지하는 데 중요한 역할을 한다.

여섯째, 농업은 주변 환경과 긴밀하게 연관되어 있다. 올바른 농업 관행을 토양, 물, 공기 등 자원 보존에 기여하고 지속 가능한 농업은 환경에 대한 악영향을 최소화한다.

일곱째, 농업과 농촌은 그들이 전통과 문화를 형성하고 보존하는 데 중요한 역할을 한다.

이러한 이유로 농업과 농촌은 국가의 발전과 안정에 필수적이다. 때문에 적절한 지원과 관리가 필요하다. 농업정책 시행이 이와 같은 국리민복을 가져온다면 최선의 대책을 찾아야 한다.

4) 다산 삼농정심으로 대한민국 농업 백년대계를 수립

다산은 한국이 낳은 불출세의 개혁가이다(1762~1836). 특히 농업에 대한 삼농정신은 시대를 뛰어넘는 선각 정책이다. 농업 정책을 새롭게 개혁하자는(新我之舊邦) 그 정신은 바로 오늘에 필요한 가르침이다. 따라서 삼농정신을 바탕으로 한국 농업의 백년대계를 수립하고 20대 대통령이 실시함으로써 자랑스러운 '윤석열 농업 시대'를 열어 농업을 살려 나라가 사는 업적을 쌓아 한국 농업의 재기에 영원한 대기록으로 남도록 건의한다.

오늘의 한국 농정의 천명(天命)은 농업을 살리는 길이며 이는 당면한 최대의 시대정신이다. 시대정신에 충실하려면 '노련한 의제 설정'이 있어야 한다. 프랑스 농업을 선진 농업 국가로 비약하는 데는 시라크 대통령이 있다. "농민 없는 국가는 없다."라는 의제 설정으로 추진해 이룩한 농업 선진국으로 당당하다.

서구 농업 사회가 농업 선진국으로 등장해 위세가 당당한 근원에는 일찍 정약용의 삼농정신의 중심 사상인 '존농 정책'을 시행하였기 때문이다. 우리에게도 이와 같은 농업 선진국으로 진입할 의제 설정이 있었음에도 실행을 못 해 농업 후진국으로 오늘에 이르고 있다. 이제는 정약용의 삼농정신으로 "윤석열 농업시대"를 열어 '새로운 농업의 나라' 동방의 네덜란드를 그려 본다.

지난 농업 정책의 난맥상이 워낙 골이 깊어 옛 모습의 절반이라도 찾으려면 오랜 시간이 소요될 것으로 전망된다. 그러므로 정부는 주도면밀하면서 특색 있는 대한민국 농정의 선진화 백년대계를 마련하여 다음과 같은 원칙에 중점을 두어 시행한다.

첫째, 삼농 정책의 근간인 존농 정책을 원칙으로 한 백년대계는 대한민국을 선진 농업국 건설할 구체적인 계획을 제시해야 한다. 국민들이 믿고 따를 수 있는 계획이어야 하며 정권이 바뀌어도 일관되게 지속 추진되어야 한다.

다음은 '윤석렬 농업 시대'를 여는 첫해이므로 농업 선진국의 여망이 불타오르는 계기가 되기 위한 성대한 집회를 갖는다. 셋째, 우리나라 영농 사상 최초로 과학화에 의한 혁명적 농업 생산의 신기원을 이룩할 디지털 농업 계획이다. 처음 시행하는 과학 영농의 성공적인 결과를 거두어 명실상부한 '기간산업으로서의 위업을 목표로 한다.

명칭:대한민국 농업선진화 백년대계 추진위원회(약칭:대농추진)

(가) 목표: 한국 농업의 선진화에 의한 자급자족

(나) 운영 주관: '대한민국 농업 선진화 백년대계 추진위원'를 구성하
여 대통령이 직접 주관 선두에 서서 진두지휘 할 것을 원칙으로
한다.

(다) 운영 원칙: 다음 정부에서도 계속 이어 시행을 원칙으로 한다.

(라) 의제 설정 확인 시행, 대농 추진의 발전적 의제는 추진위원회에
회부하여 가부 결정 시행한다.

(마) 기술 인력 강화−경쟁력 강화를 위한 인력 양성에 집중할 교육
계획을 수립 기술 인력 공급에 차질 없도록 한다.

(바) 혁신적인 기구 개편
   − 농림축산식품부장관을 부총리로 승격 조직 확대 개편
   − 농업 전반을 감독할 감독 기관 설치

(사) 예산 대폭 증액−목표 예산 13%
   * 문민정부 예산은 12.3%, 선례가 있으며 중국의 농림수산 예
   산은 10.2%다(2021년). (농민신문 2023. 2. 24.)

(아) 연간 실시한 결과를 종합 국민에게 보고한다.

정치의 본질은 결정이다. 한국의 정치에서 가장 힘센 결정자는 대통
령이다. 그의 결정은 국민의 삶에 광범위하게 영향을 끼친다. 이제는
다산의 삼농정신에 따라 농업에 대한 애국주의를 국민에게 호소하여
야 한다. 정약용의 삼농은 이행되어 예산이 돌아오고 농업 소득이 오
르고 식량 자급률도 오르기 시작할 것으로 예상한다.

역사상 최초로 국가의 리더쉽의 이름을 걸고 시행하는 농업 백년대계다. 최종 실시 결과는 우리나라 농정사에 빛나는 영원한 특정 기록으로 남아야 한다.

제2부

각론(各論)

제9장

역대 대통령(1대~19대)의
취임사에 선언한 '농업 정책'

취임사! 누구든 대통령이 되어 취임사를 할 기회가 주어진다면 과연 무슨 말을 남길 것인가. 아마도 이 세상에서 가장 웅장하고 화려하면서도 국민들의 심금을 울리는 감동까지 자아내려는 정성을 아끼지 않을 것이다.

한 국가의 지도자로 선출되어 포부와 각오를 국민 앞에 서서 약속을 다짐하는 가슴 벅차고 영예로운 자리이기 때문이다.

국민이 원하는 대한민국의 미래와 취임자가 그리고자 하는 조국의 발전 방향 등 시대정신을 어떻게 가장 효과적으로 그리고 명확하게 국민들에게 알려야 하는 지성(至誠)을 다 하는 자리가 될 것이다.

대통령의 취임사는 헌법에 명시되어 있다.

대한민국 헌법 제69조는 대한민국 대통령의 취임 선서를 다음과 같이 규정하고 있다.

대통령은 취임에 즈음하여 다음의 선서를 한다. "나는 헌법을 준수하고 국가를 보위하며 조국의 평화적 통일과 국민의 자유와 복리의 증진 및 민족 문화의 창달에 노력하여 대통령으로서의 직책을 성실히 수행할 것을 국민 앞에 엄숙히 선서합니다."라고 되어 있다. **1**

대통령 취임사는 피 말리는 집필 과정을 거쳐 만들어진다. 그만큼 대통령의 취임사는 국내외 이목이 집중되는 압권의 무게를 갖는다. 여기에는 시대정신이 함축돼 있고, 대통령의 철학과 정책, 그리고 비전이 담겨 있다. 국정 운영의 청사진이자 이정표다. 어휘 하나하나는 그 자체로 정부의 국정 목표가 되고 실천 과제가 된다.

그러므로 취임사란 새롭게 탄생한 정권의 정당성과 정체성을 국민에게 전달하고 설득하는 화용론적(話用論的) 과정이다. 취임사의 선언은 통치 이념이며 정치철학이다. 선언하면 그 생각을 고수하려 한다. 이를 공개 선언 효과라 한다. 그래서 19명의 대통령의 취임사는 그 시대의 상징이며 우리가 살아갈 미래의 발자취를 가장 함축적으로 반영하는 기록으로 남는다.

필자는 정치 사학이나 민족 사학에 문외자이기에 취임사 이면에 담겼을 역사적 철학적 가치를 모두 밝히기에는 역부족임을 자인한다. 다만 취임사에 명확히 담긴 '농업'에 대한 의지를 살펴볼 뿐이다. 19명의 대통령 취임사를 다음 〈표 6〉과 같이 주요 정책 및 농업에 대한 의지를 요약 재구성하여 살펴보았다.

---

1   차병석 · 윤재왕 · 윤지영, 『안녕 헌법』, 지안출판사, 2020. 11. 20., P. 297.

〈표6〉취임사에 표현된 농업 정책과 의지(意志)

역대	성명	취임 및 만료	주요 정책 목표	농업정책에 대한 의지	추계 인구	
					연도	인구수
1대	이승만	1948. 7. 24. ~ 1952. 8. 14.	• 반공 • 민주 정부건설	없음	1948	20,027,393
2대	이승만	1952. 8. 5. ~ 1956. 8. 14.	• 국가재건 • 민주주의 쟁취	없음	1952	19,566,860
3대	이승만	1956. 8. 15. ~ 1960. 4. 27.	• 민주 정체 성취 • 경제 안정	• 경자유전 원칙 • 식량 증산 • 농민을 위해 판매 방법 개선 • 전국 농민회 조직 완성 • 농민을 위한 정책 주력	1956	21,897,911
4대	윤보선	1960. 8. 12 ~ 1962. 3. 22.	• 경제 제일주의	없음	1960	25,012,374
5대	박정희	1963. 12. 17 ~ 1967. 6. 30.	• 조국 근대화 • 자주, 자립, 번영 • 정치적 정화 운동	없음	1963	27,261,747
6대	박정희	1967. 71 ~ 1971. 6. 30.	• 공업 입국 • 가난을 몰아내고 통일 조국 건설 • 산업 구조 국토 구조 소득 구조 -3위일체	• 경제개발의 지렛대가 되는 것은 농업생산력의 증대 • 조국 근대화 공업 입국은 공업 편중 정책이 아니다.	1967	30,130,983
7대	박정희	1971. 7. 1 ~ 1972. 12. 26.	• 통일 국력 확보 • 한강변의 기적	• 농어촌의 근대화 • 도시와 농촌의 균형 발전 • 농어민과 근로자 역군에게 충분한 보상 • 가난을 물리치고 통일 조국 실현	1971	32,882,704

역대	성명	취임 및 만료	주요 정책 목표	농업정책에 대한 의지	추계 인구	
					연도	인구수
8대	박정희	1972. 12. 27 ~ 1978. 12. 26.	• 새마을 운동의 근면 자조 협동 도농 격차 해소 • 유신 작업 강조	• 농공병진에 의한 균형 발전	1972	33,505,406
9대	박정희	1978. 12. 27 ~ 1979. 10. 26.	• 고도 산업 국가 이룩 하여 선진국 • 자립 경제와 자주국 방	• 전통적인 농경 사회에 서 중화학 공업 국가로 부터 고도 산업 사회로 지향	1978	36,969,185
10대	최규하	1979. 12. 21 ~ 1980. 8. 16	• 위기관리 정부 • 신생 공업 국가로 국 제 무대 등장	없음	1979	37,534,236
11대	전두환	1980. 8. 27. ~ 1981. 2. 24.	• 정치 풍토 • 복지 사회 • 정의 사회 • 교육 혁신	• 농가 소득 증대 • 농촌 근대화에 박차 새 마을 운동을 계속 발전	1980	38,123,775
12대	전두환	1981. 2. 25. ~ 1988. 2. 24.	• 국정4대 지표 • 민주주의 토착화 복 지 사회 건설 • 정의 사회 구현 • 교육 혁신과 문화 창 달	• 근로자 농민은 의무와 책임을 다해야 한다.	1981	38,723,248
13대	노태우	1988. 2. 25. ~ 1993. 2. 24.	• 민족 자존의 새시대 • 위대한 보통 사람의 시대	• 근로자와 농어민과 중 소 상공인의 권익 신장	1988	42,931,247
14대	김영삼	1993. 2. 25. ~ 1998. 2. 24.	• 신 한국 창조 • 문민정부 • 개혁 과제 ①부정부 패 척결 ②경제 살리 기 ③국가 기강 바로 잡는 일	• 새로운 작물로 소득을 올리는 농민을 격려	1993	44,194,628
15대	김대중	1998. 2. 25. ~ 2003. 2. 24.	• 국민의 정부 • 외환 위기 • 금 모으기 • 국민에 의한 정치 • 국민이 주인이 되는 정치	• 농업 중시. 자급자족은 반듯이 실현시켜야 한 다. • 농축수산물 가격 보장 • 농어민 복지 향상	1998	46,286,503

역대	성명	취임 및 만료	주요 정책 목표	농업정책에 대한 의지	추계 인구	
					연도	인구수
16대	노무현	2003. 2. 25. ~ 2008. 2. 24.	• 참여 정부 • 동북아 시대 • 평화 번영 정책 과학 기술 입국	• 개방화 시대를 맞아 농어민을 위한 대책 강구	2003	47,892,330
17대	이명박	2008. 2. 25. ~ 2013. 2. 24.	• 경제 살리기 • 시장 개방은 피할 수 없는 시대	• 농민 걱정이 나라 걱정 • 첨단 생산 기술 접목 해외 시장 개척에 대한 대응책 강구	2008	49,054.708
18대	박근혜	2013. 2. 25. ~ 2017. 3. 10.	• 경제 부흥 • 국민 행복 • 문화 융성	없음	2013	50,428,893
19대	문재인	2017. 5. 10. ~ 2022. 5. 9.	• 광화문 대통령 • 통합, 소통	없음	2017	51,361,911

▲인구수 (대한민국의 인구−위키백과, 우리 모두의 백과사전)

초대 대통령 이승만은 제1, 2대 취임사에는 농업에 대한 기록이 없다. 해방 후의 혼란과 국가 수립의 어려움 등으로 농업, 농민에 대한 정책을 천명할 여유가 없었다. 3대 대통령으로 취임하면서 한국 초유의 농지 개혁을 실시하여 봉건적 토지 소유 관계를 청산하여 농지를 농민에게 분배함으로 농업 생산력을 증대시키고 나아가 농업 발전의 기초를 마련하였다. 완벽한 토지 개혁은 되지 못했지만, 개국 이래 처음 실시하는 국가 정책이 되어 '경자유전(耕者有田)의 원칙'을 헌법에 명시되면서 비로소 농민 존재를 인정받았다는 데 의의가 있다.

5대 박정희 대통령은 연임되어 5회에 걸쳐 취임사를 발표하였다. 5

회의 취임사를 종합해 보면 '농공병진에 의한 균형 발전' 정책을 천명하였다. 농촌의 진흥과 국민의 근면 자조 협동정신을 일깨운 새마을 운동, 식량 자급으로 가난을 해결하고자 다수확 품종을 재배하여 녹색혁명을 일으켜 보릿고개로부터 해방되었으며 마침내 '한강의 기적'을 일으킨 박정희 시대였다. 농업, 농민 보호 정책은 선진국을 내다본 정치인으로 우리나라 역사상 근세의 유일한 존농주의자요, 청사에 영원히 남아야 할 영도자로 평가된다.

10대 최규하 대통령은 '위기관리 정부'임을 취임사에 발표하였다. 8개월여 대통령직을 수행하였다. 11대 전두환 대통령은 두 번의 취임사를 발표하였다. 농가 소득의 증대와 농촌 근대화에 박차를 가하였으며 새마을 운동을 계속 발전시켜 나갔다.

1970년대 후반부터 농산물 수입 개방 정책이 본격화되자 물가 안정화를 위한 종합 시책(1979. 4)으로 대응하였다. 그러나 농산물의 자유로운 국제 교역을 저해하는 모든 요인들의 제거 또는 축소를 목표로 하는 우루과이 라운드 농산물 협상과 맞물리면서 본격적인 농산물 수입 개방 정책을 펴자 농가 경제는 더욱 위기 상황 빠졌다.

13대 노태우 대통령은 '근로자와 농어민과 중소상공인의 권익 신장'을 취임사로 발표였다.

그러나 농촌 문제가 심각해지자 농어촌 종합 대책(1986. 3.), 농어촌 발전 종합 대책(1989. 4), 농어촌 대책(1991. 1.)등 이 추진되었다. 이러한 농어촌 발전 대책과 농어민 부담 경감 대책에도 불구하고 농촌 경제가 활성화되지 못하자 농어촌 대책(1991. 1. 발표)을 기본으로 하여 향후 10년(1922~2001)간의 농정 목표를 제시하고 이를 실천하기 위한 41조 7천21억 원의 투자 규모를 제시한 농어촌 구조 개선 대책을 1991년 7월에 발표하였다.[2]

단위 농어촌 구조 개선을 위한 개선 대책은 자금, 규모로 보아 한국 초유의 거대한 계획이었으나 정치 논리에 의한 과시적 정책이 초래한 실책 등으로 끝났다. 그 결과는 한국 농업에 값비싼 대가를 지불했다.

14대 김영삼 대통령의 취임사에는 새로운 작물로 소득을 올리는 농민을 격려하는 취임사를 발표하였다. 기존의 농어촌구조 개선 정책을 기조로 「신경제 5개년 계획」을 수립 시행하였다. 이와 같은 '신 농정'은 "떠나는 농정에서 돌아오는 농정"의 건설이 중요한 목표이다. 그러나 우루과이 라운드 협상 타결 이래. 비교 우위로 무장한 외국 농산물이 쏟아져 들어오자 우리나라 산업으로서의 농업의 위상이 퇴색되기 시작되었다는 평가다. 'UR협상 타결이 가장 실패한 국가'라고 까지 평가를 받기도 했다. 개방 농정은 한국 농정 사상 최악의 흑역사로 기록되고 있다.

15대 김대중 대통령은 농업을 중시하고 자급자족 실현을 반드시 하고 농어가 부채 경감, 농축수산물 가격의 보장, 그리고 농촌 교육 여건의 우선적 개선, 등 농어민의 소득과 복지 향상 정책 시행을 천명하였다. 외환 위기의 어려움 속에서 농가 소득 증대를 최우선 과제로 선정하여 농업·농촌 투융자 계획 등 구체적인 실천 기반 조성과 지원에

---

2 조민구, 「한국 주요 농업정책의 운용실태에 관한 연구」, 고려대학, 2000. 12., 고려대학교 행정대학원 공공정책 전공. P. 111.

초점을 맞추었다. 처음 체결한 한-칠레 FTA 체결을 주선한 첫 대통령이 되었다. 그 결과 경제 지도가 넓어진 기회는 되었으나 참여정부가 들어서자 칠레와의 FTA 체결은 농가 소득 감소, 농가 부채 등에 대한 400만 농민의 총궐기 대회가 있었다.

16대 노무현 대통령의 취임사에 개방화 시대를 맞아 농어업을 위한 대책 강구 하겠다는 정책을 천명하였다. 개방화 정책에 농민들의 저항이 이어지고 있었다. 2003년 9월, 멕시코 칸툰에서 한국농어민후계자협의회 이경해 회장이 "WTO가 농민을 죽인다."고 외치며 자결하였다.

열강들의 통상 압박, 격렬한 농민의 저항, 농업 정책의 괄목할 만한 성적 부진 등으로 당장에 국내 농업의 포기 선언은 아니더라도 국익에 도움이 되고 경제 영토를 넓히는 데는 FTA 체결이 시대정신이 되었다…그러나 농민의 저항에 '농사를 지어 봐야……'하는 데까지 이르렀다. FTA 체결은 노무현 대통령이 미국을 비롯하여 가장 많은 국가와 체결하였다.

17대 이명박 대통령의 취임사에는 '농민 걱정이 나라 걱정'이라며 첨단 생산 기술 접목, 해외 시장 개척에 대한 대응책 강구 등에 대한 정책 발표를 하였다. 그러나 경제 논리로 접근한 결과 농업이 천덕꾸러기로 취급받기 시작했다는 평가도 받는다.

18대 박근혜 대통령의 취임사에는 농업에 대한 천명이 없다.
농업 분야에 대한 눈에 띄는 특별한 업적은 정보 기술,((IT) 바이오

(BT) 등 기술력을 통해 농어업 분야의 경쟁력을 높여 수출 강국을 기대하였을 뿐이다.

19대 문재인 대통령 역시 취임사에 농업에 대한 언급이 없었다.

2020년 11월 11일, 농어민의 날 문재인 대통령의 기념사에서 농촌이 '한국판 뉴딜'의 핵심 공간이 되도록 하겠다고 발표하여 새로운 농업, 농촌의 희망찬 꿈을 갖게 하였다. 문재인의 뉴딜 그러나 대선 당시 '농지법 개정을 통한 경자유전의 원칙 재확립, 식량 자급률 목표 제고 및 농지 보전 제도 강화를 공약했다. 그러나 성적표는 낙제점이다.'라고 일갈하였다.[3]

개방 농정 이래 각 정부는 농업 정책을 수립 시행하였다. 그러나 어느 정부도 수축 농정이었지 팽창 농정은 아니었다. 취임사에 아예 농업 정책을 배척한 사실을 내외에 천명한 메시지의 뜻은 뭘 의미 하나. 농업을 포기하겠다는 뜻을 지배에 감춘 국정 목표인가? 홍콩, 싱가포르와 같이 농촌 없는 도시 국가를 지향하겠다는 숨은 의도인가. 국정 책임자의 내면에 그려져 있는 진실을 농민은 '오해의 미몽'이었으면 하고 기대하여 본다.

---

3 전국농민회 총연맹의장 박흥식 외 7명, "문재인 정부 4년 농정 농민 전문가에게 듣는다", 한국농정, 2021. 7. 4.

제10장

하늘이 내려 준
디지털 농업 시대

디지털 농업을 이해하기 위해 자료를 보면서 실제 디지털 기술을 활용 운영하고 있는 현장(수경 딸기 재배, 들깨 재배 등지)을 확인하면서 부분적인 지식을 종합해서 얻은 결론은 '관행 농업의 유인 농업에서 디지털 기술에 의한 무인업(無人農業)'이라고 필자 나름대로 생각했다.

전 과정을 자동화 · 디지털화해 농업의 편리성을 높여 주며 빅 데이터, 인공지능(AI) 클라우드 등 4차 산업 혁명 기술을 이용해서 고효율 스마트 정밀 농업을 할 수 있어 청년 농업 인구, 신규 농업인도 진입이 쉬워진다면 한국 농업 농촌에 혁명적 구조 변화가 닥쳐올 것으로 예상했다. 스마트폰을 들고 방에 앉아 농사를 짓 다는 꿈 같은 설명이지만 현실이다.

어느 날 홀연히 나타난 전대미문의 독특한 '디지털 농법'이 우리 농업의 새로운 솔루션이 된다고 환호한다. 어느 만큼의 위력이 나타날지는 아직 예상하기 어려우나 이미 선진 농업국의 운영 선례 등으로 보아 식량 주권 확보가 가능하다고 예상된다. 이는 분명코 위기에 빠진 한국 농업을 '하늘이 도와준 기회이며 만에 하나 놓치면 재앙을 받는다'는 옛말이 있듯 (天與不受 反受其咎) 그야말로 기적 같은 하늘의 울림이다

디지털 농업의 기대 효과는 크게는 생산성 향상, 신가치 창출, 기후 변화 대응 및 지속 가능한 농업 구현. 농업의 범위 확대 등 4가지로 나누고 있다. 여기에서 가장 주목되는 것은 생산성 향상이다. 농촌진흥청은 최근 디지털 농업을 조기에 농업 현장에 구현해 농업 생산성을 향상시킨다며 10대 핵심 추진 과제를 선정해 발표했다. 빅테이터 AI, 로봇, 자율 주행, 드론·위성, 메타버스·디지털 트윈 등이 필요하다고 밝혔다 이와 함께 전북 완주군 딸기 농가에 생산성 향상 모델을 보급해 농가 생산성이 30% 증가하는 효과가 나타났다며 빅데이터 기반의 정밀 농업으로 농업 생산성을 높여 나가겠다고 덧붙였다. 지혜를 모아 기어코 성공하여 한국도 당당한 농업선진국으로 등장 '청사에 기록되어야 하겠다는 다짐을 하게 된다.

1) 정책 책임자의 무능한 상황 판단

그런데 우리나라는 국운 융성의 기회를 놓쳐 버리는 판단 부족의 습성이 여러 차례 있었다. 변화는 외부에서 가해지는 힘이 있을 때만 생겨날 수 있는데 그 변화의 행운을 받아 국가 발전을 도모하지 못하고 오히려 재앙을 받아 국가적 난국을 맞는 역사를 거듭해 왔다. 그 사례

를 찾아 혹여나 디지털 농업의 성공에 도움이 되고자 그 생생한 사례를 들어 본다.

① 하멜 표류 사건

하멜 표류 사건은 분명코 하늘이 준 선물이었다. 당시 네덜란드는 인도차이나 식민지 개척의 선두 주자였다. 그들의 무기 제조와 선박, 화약, 축성 기술은 최상급이었다. 그러나 불행하게도 조선의 지도자들은 하멜 일행의 쓸모를 알아보는 안목이 없었다. 조정은 할 능력도 없는 허울 좋은 북벌을 명분으로 당파 싸움에 세월을 보냈다. 하멜 동료는 선박기술을 가르쳐 주려고 동분서주했으나 아무도 진지하게 대하는 수군이 없었다. 모두 나른하게 늘어진 자세로 하루하루 일상을 보냈다. 그 후 조선을 탈출하여 쓴 하멜의 독백에서 "조선은 어제 매여 살고, 일본은 내일을 보고 산다. 조선은 눈을 감고 살고 일본과 청국은 눈을 활짝 뜨고 산다."고 했다.

절치부심하고 북벌 계획을 준비한다면 마땅히 하늘이 보내 준 당대 최상급의 기술을 가진 하멜 일행과 함께 적극 추진해야 했다. 그러나 그들은 10개월 만에 한양으로 압송 조사를 마치고 훈련도감에 배치되었다. 그뿐이다. 하늘이 보낸 그들을 아래 표7과 같이 우리나라는 풀뜯기, 땔감 베어오기 등의 잡일에 동원했지만, 일본의 대응을 보면 그들의 야욕을 들여다볼 수 있다. 임진왜란 이후였지만 국제정세에 여전히 어두운 대응이 안타깝다.

〈표7〉 헨드릭 하멜에 대한 조선과 일본의 대응 차이

국가별	조선	일본	비고
취급 내용	풀 뜯기. 땔감 베어오기. 양반집 구경거리. 구걸하기.	군부대 배치 현황 경제 풍습 종교 탈출 경위 등 54개항	

출처: 박종인 지음, 『대한민국 징비록』, 와이즈맵. 2019. P. 124.

17세기 당시 최신의 신기술을 가진 네덜란드인의 조선으로 표류는 조선이 서양에 뒤떨어진 격차를 따라 잡을 수 있는 첫 발걸음이 될 수 있는 기회였다. 그러나 그들이 가진 기술과 지식을 알아보지 못한 것은 조선 국왕과 관료들의 중화 사상 및 국제 현실에 대한 몰이해 때문이다. 이는 하늘이 준 기회를 놓친 역사적 사실이며 국가 융성(隆盛)의 기회 상실이라 하겠다.

② 산업혁명을 배격한 흥선대원군

쇄국으로 나라를 다스린 흥선대원군(1820~98)은 척화비를 세우고 "양이와 싸우지 않는 것은 화친하는 것이요, 양이와 화친하는 것은 나라를 팔아먹는 것이다."라며 산업 혁명을 배격하고 주자학으로 나라를 지키자는 위정척사(衛正斥邪)를 주장하였다. 교육의 나라 조선에서는 당시 성균관을 비롯하여 350여 개의 향교와 400여 개의 서원 등 총 800여 개의 교육 기관이 있었다. 그러나 산업 혁명을 가르치는 사람도 배우는 사람도 없었다. 조선의 교육은 천 년 묵은 사서오경을 암기하고 맹신하는 것이었다. 사유도 창의도 허락되지 않았다.

이런 교육만 받은 유생들은 위정척사를 주장했고 지부상소(持斧上疏)와 영남만인소(嶺南萬人疏)를 올려 화혼양재 하는 일본과 달리 개국과 통상을 결사반대하여 경술국치를 당하는 데 기여 하는 치명적인 우를 범했다.[1]

2) 농업에 AI를 적용할 인재가 없고 교육 기관도 없다

우물쭈물, 할까, 말까 하는 어중간한 행위는 야무지고 당찬 모습이 아니다. 이 어중간한 행위는 마침내 임진왜란을 당하고 제국주의 일본에 나라를 헌상하는 수모를 당했다. 하늘이 내려준, 디지털 기술로 선진 농업국을 이룩하고자 하는 데 또 그 모습이 아닌가 우려스럽다.

민승규 교수와의 대담에 우리나라 농업 기술 수준이 선진국 수준 대비 75%에 불과하다고 밝혔다. AI 수준도 미국을 100이라고 하면 우리나라는 81.6에 불과하다는 연구 결과가 있다. 우리가 신흥 농업 혁명의 흐름에 올라타기 위해서는 무엇보다도 사람이 중요하다. 농업에 ICT를 접목할 수 있는 융복합 인재를 길러내야 한다. 농업도 알면서 ITC에도 능한 인재가 필요하다. 그런데 불행하게도 우리 정부는 농업에 대한 지원에는 예산을 많이 투입하지만, 융복합 농업 인재를 키우는 데는 별로 관심이 없다. 그러나 AI와 같은 ICT를 적용해 생산과 가

---

[1]   김태유 · 김연배, 『한국의 시간』, 쌤앤 파커스, 2021. 4. 30.

공, 유통 등 농업 밸류체인 전체를 혁신할 수 있는 인재가 절실한 실정이다. ─ 중략 ─ 스마트팜 기업에서 보는 상황을 최재빈 대표는 IT산업보다 더 수준 높은 지식 관리가 필요한 분야가 바로 농업이다. 따라서 농업에서는 다른 산업에 비해 더 수준 높은 ICT 전문가가 필요하지만, 현실은 그렇지 못하다, 농업 분야 인력이 ICT를 활용할 수 있도록 교육하는 기관이 거의 없다. 이를 늘려야 하는 것이 최우선 과제다[2].

3) DNA로 잠재되어 버린 "어영부영" 기질

위 〈표7〉의 '헨드릭 하멜에 대한 조선과 일본의 대응 차이'를 보면 같은 사건을 조선과 일본 정부의 접근 차이가 확연히 다르다. 우리 조선의 대응은 어영부영 애들 장난기 가득한 '소꿉장난'이라고 하기에도 너무 부끄러운 국가 수준이다.

우리는 불행하게도 이와 같은 선조의 DNA가 되어버린 '어영부영 기질을 이어받은 것 아닌가 한다. 무슨 일을 하든 성심껏 성실하게 해야 하는 데 대충대충 해도 그만 안 해도 그만 되는 대로 살아가는 건 모두가 바라는 대로 성공하곤 거리가 먼 이야기다. 성공의 반대말은 실패가 아니라 어영부영, 게으름, 불성실함이라는 말이다. 성공을 원한다면 무엇을 하든 자신이 할 수 있는 최선을 다해 끝을 보고자 노력하여야 한다.

---

2   민승규 · 정혁훈, 『농업,트렌드가 되다』, 매일경제신문사, 2023. 2. 28., P. 61.

놀라운 통계가 있다. 한국 기업에서 업무에 집중하는 직원은 전체의 20% 이하라는 것이다. 5명 중 1명 정도만 창의적으로 몰입해서 일할 뿐 나머지 80%는 습관적으로 몸만 행동할 뿐이다.[3] 나도 모르는 '어영부영' DNA 기질 소유자란 설명이다. 그러면 어떻게 해서 어영부영 기질을 유전적으로 이어받았는지 유래를 설명하여 본다.

이 말은 조선 시대 군영인 어영청(御營廳)에서 나온 말이다. 어영청은 조선 시대 삼군문(三軍門)의 하나로 군대의 기강이 엄격한 정예 부대였는데 조선 말기로 오면서 어영군의 군기가 해이해져 형편없는 오합지졸(烏合之卒)에 불과하게 되었고 이를 본 사람들이 어영청은 군대도 아니라는 뜻으로 어영비영(御營非營)이라고 쑥덕거린 데서 이 말이 나왔다고 하는 데 훗날 어영비영의 의미가 불분명하게 되고 발음의 편리를 따르다 보니 어영부영으로 바뀌었다고 한다.[4]

우리는 자신도 모르게 이어받은 '어영부영' 기질은 미래의 대한민국을 위해 하루속히 떨쳐 버려야 한다, 나도 모르게 체질화되어 부정적인 결과를 가져올 수 있기 때문이다. 최근 어영부영 도입 지연된 대표적인 농업 정책으로 14년만에 도입된 고향세, 40년이 지나서야 도입된 디지털 기술이다. 이제라도 하늘이 내려 주어 다행스럽지만 진작시행하지 못해 국가 경제에 기여하지 못한 손실은 얼마일까.

3 어영부영 일하는 80% 직장인 당신도. 아침을 열며 2023, 4. 20, 김기찬 가톨릭 대학경영학과 교수 프레지던트대학 국제부총장

4 덕송 황두진, "어영부영의 유래", 2019. 4 .5.

제11장

한국 농업, 농민, 농촌의 미래를 전망한다

한국 역사의 최대 비극 한국 전쟁은 5,000년을 이어온 전통 사회를 붕괴시켰다. 은둔의 나라에서 사회, 경제 구조가 상전벽해라 하리만큼 격변의 사회 변화가 이루어졌다.

한국 전쟁을 통해 한국사는 비로소 세계사의 일부가 됐고 이후 전개된 세계사는 한국사에 곧바로 투영되는 구조가 마련됐다. 조선 시대 이후 지속돼 온 반봉건적 사회 제도가 한국 전쟁으로 인한 폭발적 토지 개혁, 인구의 수직 수평의 이동, 전쟁에 의한 봉건적 경제 구조의 파괴 오랫동안 뿌리내렸던 시골 공동체와 계급 관계, 지주−소작인 관계를 정신적으로 완전히 무너뜨린 결정타였다. 특히 양반−상민−천민의 계급 의식은 일제 강점기를 거치는 동안에도 사라지지 않고 면면히 내재되어 왔다가 6.25 전쟁을 통해 비로소 완전히 해체되었다. 이처럼 전근대적인 신분적 주종관계와 경제적 종속 관계는 300만의 목숨을 앗아간 전쟁으로 완전에 가깝게 분해되었다.

이어 전개되는 사회 구조 변화는 거세진 민주화의 물결. 전무후무한 농업 정책의 개혁으로 거침없는 사회 구조 변화를 몰고 왔다. 이 결과 첫째, 사상 최초로 90% 이상의 인구가 도시에 몰려 사는 주거 문화의 구조 변화 둘째, 농민의 권리 신장의 움직임, 셋째는 관행 농업의 함정에 빠져 있는 농업이 디지털 기술에 의한 혁명적 영농 기술의 변화로 무인 농업 시대를 내다보고 있다. 가히 혁명적 사회 구조 변화를 이루고 있다.

1) 농민 권리 신장 시대(農民權利伸張時代) 온다

전통 사회 붕괴로 신분 타파의 환경 변화가 진행되는 가운데 2018년 12월 17일 제73차 유엔 총회에서 채택된 '농민 권리 선언'(찬성 121, 반대 8, 기권 54표)에 대하여 한국은 이 선언 채택 여부에 표결에 기권하는 등 소극적인 입장을 견지하였다. 우리 정부 입장과 상관없이 유엔의 농업 권리 선언 채택은 농민의 권리를 보호하고 증진시키는 국제 규범으로 작동할 것이며 이후 각국 정부의 법, 제도에도 많은 영향을 미처 농민 권리 신장의 환경 조성에 박차를 가하게 될 것으로 전망한다.

그러나 아직도 농민 인권에 관한 쟁취 투쟁이 이어지고 있다. 그만큼 농민에 대한 인권 신장은 사각지대에 머물고 있다는 시사다. 우리나라의 최초 인권에 관하여 평등 의식을 나타낸 건 1919년 대한민국 임시 정부에서 선포한 임시 헌법 제3조에 "대한민국의 인민은 남녀 귀천 급 빈부의 계급이 무하고 일체 평등함"이라고 선포한 것이 처음이다. 수세기를 지난 21세기인데도 농민의 인권 신장은 여전히 어둡다.

국민과 당사자인 농민이 인권 신장에 이해 납득하는 데는 아직도 거리가 먼 것으로 이해되나 21세기 후반에 들어서부터 현 농민의 지적 수준이 높고 특히 자주 의식이 높은 MZ세대는 우리나라 전체 인구 가운데 1,700만 명으로 그, 비율은 33%에 이르고 있어 그들의 자주 활동에 기대를 모으고 있다.

이젠 국민과 오늘의 농민은 봉건주의 사회의 그런 사람들이 아닌 누구나 똑같은 가치관을 가진 당당한 사람으로 보는 개혁적인 의식의 변화를 요구한다. 개방 농정 40년 만에 신정부에서 농업 정책에 역점을 두는 다채로운 시책을 내놓아 농업·농민에 대한 관심을 모으고 있다. 농민 인권 신장에도 기대가 높은 낭보로 보인다.

한편 농민 인권 신장을 위한 조직적이면서 적극적인 움직임이 "충남 인권 실태 및 정책 과제"란 주제로 역사상 처음으로 농민 인권 문제에 접근 해결책을 찾고자 한 사례와 일본에서 '마을 인권 만들기 사례가 있어 농민 인권 신장에 적극적인 사실이기에 참고로 여기에 요약 정리하여 본다.

① 충남 이권 실태 및 정책 과제

농민의 문제를 인권 차원에서 연구 책임자 박경철이 충남도 농민 인권 실태 및 정책 과제(2017. 2. 1.~7. 31.)란 주제로 관련 실태를 파악해 문제 해결을 위한 대책을 찾고자 했다. 한국에서는 처음으로 농민 인권 문제에 접근 해결책을 모색하고자 했다. 특히 현재 인권은 유엔인권이사회에서 중요한 문제로 논의되고 있음에도 불구하고 국내에서는 공론화되지 못하고 있는 상황에서 "인권 충남"을 표방하고 있는 충남도가 농민 인권 문제를 선도적으로 해결해 나갈 수 있도록 정책 방안을 제시하고자 했다.

연구 책임자는 농민 인권을 증진하기 위한 정책 과제를 크게 5가지 방향으로 제시하였다. 요약 정리하면 다음과 같다.

첫째는 농정의 틀을 사업 중심에서 사람 중심으로 전환해야 한다. 둘째는 농민 인권 증진을 위한 체계적인 계획과 실천이 필요하다. 셋째는 농민 인권을 본격적으로 논의의 장으로 확대하여야 한다, 넷째는 법과 제도적인 역할 등이 필요하다. 마지막으로 농민 단체의 자율적 조직 구성과 활동을 촉진한다. 이를 위한 세부 정책 과제로는 1) 농민 인권 증진 논의를 위한 협의체 구성 필요 2) '농민인권센터'(가칭) 설립을 통한 농민 인권 증진 3) 농민 단체 및 조직 내 인권 교육 실시 등이다.

농민 인권 증진을 위해서는 중앙 및 지방 정부의 역할도 중요하지만 결국 농민 인권은 농민 스스로 지키고 찾아 나가는 길밖에 없다. 이를 위해서는 농민 인권이라는 보편적 권리를 연결 고리로 해서 농민 단체들이 협의체를 구성하고 '농민인권센터'(가칭)와 같이 농민 인권 증진을 실질적으로 실천할 수 있는 조직체 구성이 필요하다. 그리고 이러한 조직체를 통해 농민 스스로 교육하고 인식함으로써 농민 인권 증진

을 도모해 나가는 것이 무엇보다 필요하다고 주장하였다. [1]

② 일본 '인권마을 만들기'의 기원과 성과

오사카시 스미요시 지구를 중심으로 일본의 사례를 김중섭이 한국인
문사회과학회를 통하여 2013년에 발표한 사실을 전기한다.

이 논문은 인권마을 만들기 활동이 활발한 일본 간사이 지방의 오
사카시 요시 지구의 사례를 살펴보면서, 피차별 부락으로 겪은 오
랜 기간의 차별과 억압 그리고 빈곤과 불안정한 직업 열악한 주거
환경을 바꾸기 위한 마을 만들기가 성공적으로 진행된 것을 확인하
였다. 시기적으로 여러 형태의 사회적 영향을 받으며 인권마을 만
들기의 전개 과정에 역사적 차별 경험에서 비롯된 주민들의 의지와
적극적인 참여가 성공 요인으로 중요하게 작용하였다. 곧 이웃 관
계를 되살리고 공동체 정신을 확립하여 더불어 사는 지역 공동체를
만들려고 하는 주민들의 의지가 있었고 연대 의식을 공유하며 적극
적으로 참여하며 협력하는 주민들의 활동이 있었다. 그 결과 삶의
현장인 지역 공동체의 중요성을 인식하며 주민들의 인권을 존중하
는, 사람 중심의 지역 공동체를 주체적으로 만들어 갔다. 요컨대 인
권 실행을 증진하는 지역 공동체 건설이 중요하고 그것을 위해서

---

1   박경철 연구책임자, 「충남도 농민 인권 실태 및 정책 과제」, 2017. 2. 1.~7. 3.

지역의 주체는 주민이어야 하고 주민이 결정하고 선택하며 만들어 가는 과정이 중요하다는 것을 보여 주었다.[2]

필자의 과문한 주장이겠지만 서구 사회에서는 '원수를 사랑하라'는 깊이 있는 종교적 신념으로 사람을 존비(尊卑)의 감각, 또는 시선으로 대하지 않는 박애정신(博愛精神)의 심성으로 인권 사상이 일찍부터 발달했다. 그런데 동양은 근세에 들어와서야 농민 인권을 찾겠다는 주장이 나타나고 있다는 것은 그만큼 차별적 인권 침해를 받아 왔다는 시사다. 그러나 농민 인권 찾기에 적극 대응하는 기류의 흐름은 관계자의 적극적인 지원과 분발을 기대한다.

2) 반농반사 시대(半農半事 時代)가 온다

반농반사란 시골에 내려가서 농사만 지으라는 것이 아니고 도시에서 하던 일을 지속하는 생활 방식을 '반농반사'라고 한다.

이촌향도 대열은 80년대에 절정을 이루었다. 반세기 동안 도시에 몰려 살아온 생태에 실증을 느껴 이를 벗어나 여유 자적할 자연과 더불어 단순 소박하게 살기 위해 농촌의 적지를 찾아 정착할 상염에 젖는 인구가 늘어난다.

---

2   김중섭, 「일본 '인권마을 만들기'의 기원과 성과= 오사카 스미요시 지구를 중심으로」, 한국인문사회과학원, 2013

농림축산식품부는 2021년 귀농귀촌 인구는 515,434명으로 전년 대비 4.2% 증가하며, 2020년에 이어 2년 연속 증가하였다고 밝혔다. 귀농귀촌 가구는 377,744가구로 전년 대비 5.6% 증가하며, 귀농귀촌 통계 조사 이래 최대치를 기록했다고 발표하였다.

이와 같이 귀농귀촌 인구가 늘어나는 현상은 향후 계속 이어질 것으로 전망되며 개인 취향에 따라 향촌의 여유 자적을 누리기 위해 반농반사하는 대열이 이어지는 시대가 다가올 것으로 전망한다.

한편 시골에 면적 규정(20㎡·6평)에 맞춰 침실 화장실 부엌까지 갖춘 조립식 주택 형태의 농막(農幕)을 지어 전원생활을 즐기는 5도 2촌 인구가 늘고 있다. 작은 테라스에 서니 앞에 강이 흐르고 멀리 산이 보이는 경치가 펼쳐져 감탄을 자아낸다. 도시생활에 지쳐 주말에라도 자연에서 보내고 싶어 하는 사람들이 많다는 기사다.

▶전원생활을 꿈꾸지만 당장 삶의 터전을 옮기기는 어려운 사람들, 비용 때문에 세컨드 하우스나 별장은 꿈꿀 수 없는 사람들에게 6평 농막은 훌륭한 대안이자 로망이었다. 전국 농막 설치 건수가 2014년 9,175건에서 2021년 4만 6,057건으로 약 4배로 늘어난 이유일 것이다. 러시아 도시민의 70%는 주말이나 휴가철에 머무르는 '다차'가 있다. 감자, 오이, 토마토 같은 채소는 대부분 다차 텃밭에서 직접 길러 먹는다. 스웨덴 국민의 약 55%는 자연에 위치한 '여름집'에서 휴가를 보낸다. '크라인 가르텔(작은 정원)'은 독일인 절반을 행복하게 한다는 말이 있다. 이 텃밭에 농막을 짓고 채소 등을 길러 먹는다. 인구에 비해 국토

가 넓은 나라들 얘기지만 우리도 산악이 국토의 70%인 나라다. 전원생활을 누릴 공간은 있다.

▶ 그런데 앞으로는 이 농막을 쓰지 못할 수도 있을 것 같다. 지금까지는 농막에 대해 '20㎡ 이하'라는 면적 규제만 있었는데 농림부가 휴식 공간은 '농막의 25% 이하' 등 규제를 추가하는 농지법 시행 규칙 예고안을 발표했다. "농막을 별장처럼 활용하는 경우가 많다"는 이유다. 사실상 농막 금지법과 같은 내용이어서 농막을 갖고 있거나 꿈꾸는 사람들에게는 날벼락 같은 뉴스가 됐다.

▶ 농막을 불법 증축하거나 호화롭게 꾸며 별장처럼 사용하는 것은 막아야 한다. 농림부가 걱정하는 농지 훼손도 문제다. 하지만 호화 별장, 농지 훼손을 막으면서 도시인의 로망도 살리는 묘안은 없을까. 더구나 농막을 이용하는 사람들은 정부가 올해부터 지역 경제 활성화를 위해 늘리기로 한 '생활인구'에 해당하는 사람들이다. 생활인구는 주민등록 인구만이 아니라 하루 3시간 이상 월 1회 이상 머무는 사람도 넣는 개념이다. 농촌 소멸을 우려하는 상황에서 현실에 맞게 농막을 규제를 재검토할 필요가 있다는 지적이 설득력있게 들린다[3].

---

3 김민철 논설위원, "도시인의 로망, 농막의 위기", 조선일보, 2023. 6. 9.

3) 무인농업 시대(無人農業時代) 온다

농촌경제연구원에서 국민들이 2040년 농촌의 모습을 어떻게 전망하는지 설문 조사했다.(2018) 일터로서 국민들이 생각하는 농업의 미래는 규모화와 기계화를 이룬 첨단 농업이었다. 특히 기계 자동화 재배 증가, 신재생에너지 시설 증가, 대농·기업농 10명 중 7명(70.1%)은 미래에 기계·자동화 재배가 늘어날 것으로 전망했다. 이에 동의하지 않는다는 의견은 6.7%에 불과했다. 4차 산업혁명 시대를 맞아 농업계에도 기계·자동화의 바람이 거세게 불 것으로 봤다.[4]

우리 정부는 데이터·AI경제 활성화 계획('19), 인공지능 국가 전략('19), 한국판 뉴딜('20) 등 디지털 경제로의 전환을 추진 중이며 농촌진흥청에서 디지털 농업 촉진 기본계획을 발표하였다.(2021. 3. 23.) 스마트 농업 등 각 분야에 걸쳐 잰걸음을 내딛고 있다. 최근 한국농업기술진흥원은 마늘 재배 전 과정 기계화를 달성했다. 농촌진흥청은 전 과정의 기계화로 노동력 89%, 농작업 시간은 67%. 경영비 47% 절감된다고 분석 결과를 발표하였다. 이와 같이 디지털 기술 발전에 의한 우리나라 농업의 비약적인 발전이 전망되어 머지않아 분야별로 점진적으로 디지털 농업 기술로 대체되는 무인 농업 시대를 전망해 본다.

최근 미국 디어앤컴퍼니는 "대두등 생산을 완전 자율화 가능"하다며 2030년 '농부 없는 농사짓는다'는 기사가 눈길을 끌었다.

---

[4] 함규원 기자, "2040년 농촌 모습' 국민들은 어떻게 전망할까?', 농민신문사, 2018. 4. 5.

미국의 경제 매체 〈블룸버그〉는 24일 (현지 시각) 세계 최대 농기계 제조업체인 디어앤컴퍼니(Deere&CO.)가 미국 내 옥수수 · 대두 생산을 2030년까지 완전 자율화할 수 있을 것으로 발표했다고 최근 보도했다. 디어앤컴퍼니는 유명 트랙터 브랜드 '존디어'를 생산하는 회사다.

보도에 따르면 조시 젭슨 디어앤컴퍼니 최고 재무책임자 (CFO)는 최근 투자자들과의 회의에서 "미국에서 옥수수와 콩 생산을 위한 완전한 자율화 솔루션을 개발하기 위해 노력하고 있다"며 "이는 기술적으로 가능한 내용"이라고 설명했다.

디어앤컴퍼니의 농기계를 이용하는 농부들은 이미 회사가 제공하는 자율 경운 기술 서비스를 이용하고 있다. 디어앤컴퍼니는 서비스 구독료 등 매출이 반복 발생하는 사업 모델을 모색하는 것으로 알려졌다.

또 재배 외에 수확 · 유통 등에서도 완전 자율화를 연구하고 있으며 매출이 반복 발생하는 사업 모델을 2030년까지 10% 이상 성장시키는 것을 목표로 하고 있다.

한편 디어앤컴퍼니는 올 초 자율 주행 트랙터를 공개한 데 이어 인공지능(AI)을 사용해 들판의 잡초를 식별하는 기술도 개발하고 있다. 이를 통해 잡초 있는 곳에만 제초제를 살포해 농자재 사용을 최소화할 수 있도록 하는 기술을 자사 농기계에 적용할 방침이다. (자료 출처: 이영경 기자, "2030년 '농부 없이' 농사짓는다", 농민신문, 2022. 11. 30.)

제12장

전국 방방곡곡 흥겨운 노래 실은
'농민 음악회'를 조직하자

우리는 예부터 가무를 즐기는 민족이다. 고대 국가의 주산업이 농업이어서 가을 추수를 마치고 나면 천지신명에게 감사하는 제천행사가 열린다. 부여의 영고(迎鼓) 고구려의 동맹(東盟) 동예의 무천(舞天) 삼한의 시월제(十月祭) 등이다. 이때에는 온 나라 사람들이 모여 연일 음식과 술을 마련해 먹고 마시며 춤을 추어 즐겼는데 이것이 씨족 공동체의 유풍이었다.

중국 서진(西晉) 사람인 진수(陳壽, 233~297)가 편찬한 『위지동이전』에도 한민족은 춤과 노래를 즐기는 사람들로 표현하기도 했다.

농촌경제연구원 이두순이 편찬한 풍년가를 비롯한 108수를 수록한 『농촌의 노래, 농부의 노래』가 있다. 이 중에 '풍년가'를 골라 노랫말을 외워 보면 농사를 거드는 농부의 모습이 환희 가득한 자태로 드리운다.

더불어 오랜만에 느껴지는 농촌의 평화로운 산야의 풍경에 매몰되면서 잡히지 않는 향수, 그리움은 속절없이 밀려온다. BTS가 '힘들 때 우리가 함께 걸어온 길을 돌아봐.'라고 쓴 한글 배너에 관중들을 환호하고 눈물을 흘리게 하여 새로운 길을 내듯 우리 선조들이 즐겨 불렀던 노동요가 우리들의 유전질에 남아 그때가 딱히 지금보다 나은 건 아닌데도 그 시절을 떠올리며 '참 그때가 좋았지 라는 생각이 드는 건 인지상정이다.

1) 전국 방방곡곡 '농민 음악회' 조직 공동체의 유풍을 되살려 살맛 나는 "흥"을 돋아주자

시대가 만든 고통에 헤아릴 수 없는 아픔과 시름에 힘겨운 농민들을 위로 하고 함께 공유하는 '농민음악회'를 전국 방방곡곡에 조직해 21세기 새로운 한국 농촌문화를 재창조하자고 제의한다.

전국 곳곳에는 크고 작은 음악회를 만들어 운영하고 있다. 공식 파악된 자료가 없어 상세한 활동 상황은 알 수 없으나 몇몇 인터넷 자료를 통하여 살펴보았다.

경기도 광명시 노은사동 가라골마을 들녘에서 농부 가수 김백근의 2017년까지 8회째 단독공연한 '논두렁 음악회'를 비롯하여 충북, 영동군 새농민클래식음악회 강원도 인제 광장음악회 곡성농민회에서 농민의날 베푼 음악회(2021. 11. 11.), 당진 귀농인 음악회(2011. 4. 22.), 농민사관학교 사관생음악회(2022. 4. 18.) 등 크고 작은 음악회가 전국에 걸쳐 열리고 있다.

전국 방방곡곡에서 자생 또는 타생된 음악회가 '논두렁 음악회' 같은 규모로 행해지고 있는 사실로 보아 전국 실상은 파악이 가능할 것으로 예측한다.

조직이 파악되면 사계 권위자의 지도를 받아 규모있는 조직체로 만들어 농민이 즐겨 찾게 하여 참여율을 높인다. 조직체가 만들어지면 '전국 경연 대회'를 열어 농민의 사기 진작은 물론 21세기 '신농민'으로 태어난 긍지를 심어 주어 자존감을 높여 주는 뜻있는 색다른 행사가 될 것이다. 가라앉은 농민의 정서를 스스로 만든 '농민 음악회'를 통하여 공동체의 유풍을 되살려야 한다. 즐거운 참여로 살맛 나는 '흥'을 북돋우는 기회를 선사하는 것도 대민 봉사의 일환으로 권장할 만한 국가 사업이 될 것이다.

2) 디지털 노래를 공모 확대 보급하자

우리나라는 최초로 디지털 농업 추진 계획을 발표하여 추진 중이다.(2021. 3. 23.) 한국 농업의 구조를 완전히 개조하는 최첨단 과학 농업이다. 디지털 기술 도입이 일천하고 기술적으로 활약이 가능한 젊은 농사자가 많지 않아 디지털 농업의 활발한 상황이 이루어지지 않고 있다. 그 원인을 찾아보면 첫째는 개방 농정 이래 농업 천시 정책이 오랜 기간 지속되다 보니 이촌향도 현상으로 이어져 농촌은 공동화(空洞化)되어 사람이 없다. 둘째는 오랫동안 정부의 농업, 농촌의 홀대가 농업, 농촌에 대한 향수보다는 싫증을 느끼게 하여 농촌에 대한 애착이 없어졌다.

이제 이를 바로 잡기 위해서는 정부의 대농업 대농민에 대해 이제까지의 태도에서 농업을 보호하고 농민을 보살펴 주려는 의식 전환이 필요하다 즉 존농주의의 정책으로 바뀐 대농 정책을 시행하여야 한다.

그 후 디지털 농업이 선진 농업 정책이란 강도 높은 홍보 활동을 전개해야 한다. 박정희 시대 새마을 운동의 성공은 운동 대상인 농민의 의식 전환을 불러온 '새마을 노래'다.

노래는 '신(神)에 대한 인간의 언어'라고도 한다. 가무를 즐기는 조상 전래의 자질을 유전적으로 이어받았기에 '디지털 농업'을 주제로 한 가볍고 부르기 쉬운 경쾌한 노래를 공모하여 선정된 노래를 전국에 보급된 '마을 방송, 농민 음악회 등을 통하여 새마을 노래 부르듯 남녀노소 누구나 듣고 익혀 동창곡으로 함께 흥얼거리도록 해 보자.

노래를 통한 홍보 활동을 주장하는 이유는 노래에는 노랫말과 곡조가 있기 때문에 필연적으로 '의사를 전달'하는 기능이 있어서다. 노래가 갖는 표출의 기능은 교육적 기능과 연결된다. 노래로써 어떤 가치를 지향하게 하고 그 가치를 위한 행동 규범을 제시할 수도 있기 때문이다.

선순환 구조가 되기 위한 기폭제를 찾기 위해서는 디지털 농업에 대한 국민과 당사자인 농민의 관심을 하나로 모아야 한다.

의외의 상황이 동기 부여에 점화되어 승승장구할 선순환이 이루어질 수 있기를 기대하여 본다.

제13장

디지털정책으로
디스토피아 탈출을

1) 도시는 인구 밀집, 농촌은 공동(空洞)

우리나라는 국토의 17% 면적에 전체 인구(5천153만여 명)의 91.79%가 도시에 몰려 사는 것으로 조사되었다. 1960년도는 도시 거주 인구가 39.15%이던 것이 2005년에 90.12%를 기록하더니 처음 90%를 넘긴 뒤부터 증가세를 이어가고 있다.(숫자로 보는 2015년 도시 계획 현황 통계 발표(국토교통부 중 표11 참조) 결국 우리나라 인구 10명 중 9명이 도시에 몰려 산다는 통계다. 이러한 도시, 농촌 인구 구조는 단군 조국 이래 처음 있는 사실이다.

〈표 8〉 도시 지역 인구 비율 추이

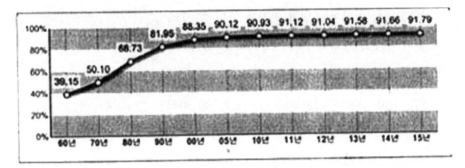

출처: 국토교통부

2) 디스토피아로 향하고 있는 현상들

1960년대 한강의 기적을 이루어 단시간 내 눈부신 경제 성장을 이루었지만 80년대에 들어서 우위 농정에 의한 개방 농정으로 농업 농촌은 몰락해 갔다. 삶의 질은 전혀 걸맞지 않게 떨어져 가고 있다. OECD가 측정한 삶의 지수는 2020년 기준 5.9점으로 38개 회원국 중 29번째다. OECD 평균이 6.5점인 것과 비교해 한참 못 미친다. 자살률 또한 10만 명당 26.6명으로 OECD 평균 11.5명의 두 배가 넘는다. 노인 빈곤율, 청년 실업률, 출산율도 모두 OECD 중 최악의 수준이다. 무엇보다도 삶의 지수 가운데 공동체 항목이 꼴찌 수준이라는 사실이 충격적이라고 관계자도 탄식했다. 그는 "당신이 누군가의 도움이 필요할 때 도움을 청할 이웃이 있는가"라는 질문에 "없다"는 답변이 많았다며 "우리 사회가 전통적으로 공동체 의식이 강한 것으로 알고 있지만, 실상은 그 반대인 것"이라고 말했다.

그 이유에서인지 농산어촌의 현실은 더욱 디스토피아 가깝다. 공동체 붕괴에 지역이 소멸할 위기를 맞는 지 오래다. 국토연구원 자료를 보면 출생자보다 사망자가 더 많아서 총인구가 감소하기 시작하는 인구 데드크로스는 2020년 전체 시·군·구의 66%(151곳)에서 일어났다. 이미 2000년 이전부터 데드크로스가 시작된 57곳은(전체 25%에 해당) 모두 농산어촌이다. 65세 이상 고령층 인구가 20% 이상인 읍·면 비율은 2000년 55.1%에서 2015년 84.2%로 증가했다. 소멸 위험도를 나타내는 인구 소멸 위험 지수(수치가 낮을수록 소멸 위험도가 높음)도 2020년 기준 농산어촌 지역인 읍과 면은 각각 0.81. 0.30인 반면 도시의 동 지역은 1.24다.

3) 디스토피아 탈출은 농업 보호 정책으로

미국의 농업 생산액은 중국과 인도에 이어 세계 3위이지만 미국의 농산물 수출은 세계 1위이다. 미국의 농업 비중은 1.1%로 낮지만, 미국 전체 수출에서 농산물이 차지하는 비중은 18%로 높은 편이다. 또한 미국 농업은 국내 생산이 국내 수요보다 더 빠르게 증가하여 농산물 가격과 농가 수익을 유지하려면 해외로 수출해야만 하는 구조다. 프랑스 역시 유럽 연합 28개국 전체 농업 생산액의 18%가 프랑스의 몫으로 회원국 가운데 이탈리아에 이어 두 번째로 높은 부가가치를 창출한다.(2018년)

이와 같이 농업의 성장 비중이 높은 농업 정책을 시행하는 데 정략적이고 구조적인 문제도 있겠지만 식량 확보를 위해선 근원적으로 농업을 보호 육성하여야 하는 각인된 명제가 국민 모두에게 유전질로 이어져 있다.

미국은 1861~1865까지 4년에 걸쳐 치열한 남북 전쟁(南北戰爭)이 있었다. 전쟁 목적은 노예 제도를 폐지하자는 북부와 노예 제도의 존속을 주장하는 남부와의 내전인데 결과는 북부의 승리로 종전되었다.

남부에서는 면화 수출이 미국의 전체 수출량의 3/2를 차지하고 있었다. 북부의 포함(砲艦)은 남부의 해안을 봉쇄하고 면화를 선적한 배를 침몰시키거나 면화를 빼앗기도 하였다. 그럼에도 남부는 면화 수출에 주력하였다. 북부에서는 식량에 대한 선견지명이었는지 '팔 수 있든, 없든 간'에 면화는 식량이 될 수 없다고 예견하고 면화를 심는 농민에게 양모, 밀, 야채, 그 밖의 다른 식량을 생산하라고 종용했다. 그러나 조지아주 농장주들이 계속해서 면화를 경작하자 '이 얼마나 어리석은 짓인가. 우리 군인들을 굶겨 죽일 작정인가' 하고 비난하며 "옥수수를 심어야 한다. 옥수수를!" 하고 외쳤다. 그러나 면화 수입에 매달린 남부 군인들은 끝내 끔찍한 굶주림에 허덕여 전의를 상실했다. 결국, 남북 전쟁은 식량이 풍부한 북부의 승리로 종지부를 찍었다. 이와 같이 식량이 승리를 가져온 역사적 사실이 미국 국민의 의식에 기념비적 기억으로 각인되었고 식량에 대한 중요성이 전통적으로 이어 와 오늘날의 식량 대국이 되었다.

프랑스의 농업 정책이 선진 농업 정책으로 바꾼 계기는 2차 대전을 치르면서 기근 대란을 겪었기 때문이다. 굶주림을 경험한 국민 모두는 농업·농민을 보호하고 지지하여 오늘의 농업 선진국으로 우뚝 섰다.

여기에는 농촌 출신 대통령 시라크의 영향도 있다. 2007년 5월 16일 대통령으로 선출된 사르코지는 "농업은 나노공학과 우주 산업처럼 미래를 여는 열쇠"라고까지 선언하는 등 프랑스는 대통령의 농업에 관심을 갖는 열성이 특별하여 식량 대국이 되었다는 주장도 한다.

　이와 같은 문명 속에서 일반인들이 굶어 죽는 걸 걱정하지 않게 된 건 서구 기준으로 150년이 채 안 됐다. 우리도 먹을 것이 없어 굶주리던 보릿고개가 근래까지 있었다. 농업을 통하여 얻은 경험은 별다른 차이가 없는데 왜 우리는 농업에 대한 경험 수용의 강약이 이렇게 다른가.

　똑같은 농업을 영위하면서 서구 국가들은 존농 정책으로 농업 선진국이 되었는데 우리나라는 '끝내 버려도 좋은 낙후 산업'으로 각을 세워 '버리는 망농 정책'을 내놓은 부끄러움조차 없는지 오늘의 이 사실에 뭐라 변명할지 묻고 싶다.

　남북 전쟁에서 목숨보다 중요한 식량 확보에 협조하지 않은 면화 재배 농민에게 우리 군인을 굶겨 죽일 생각이냐 하고 외쳐 댄 경험이 오늘의 미국인의 뇌리에 농업 보호 정책으로 각인된 사실에 우리 같으면 별스럽지 않은 지나쳐 버릴 수 있는 흔한 일, 망각할 일로 지나쳐 버릴 사안인데 천하가 놀랄 빅뱅으로 키우는 그들의 심계(心計)를 헤아려야 한다. 그래서 우리가 그들과 거대한 차이 속에 살고 있다는 사실에 새삼 뉘우쳐야 한다.

4) 디지털 환경 조성으로 농촌 인구 유입 증가

농업 환경이 바뀐다. 이앙하고 중경 제초하던 시대는 지나 이제는 방안에 앉아 핸드폰으로 농사를 짓는 시대가 왔다. 선진 농업국은 앞다투어 '디지털 농업' 추진에 박차를 가하고 있다. 우리나라도 2021년 3월 23일 농촌진흥청에서 디지털 농업 추진 계획을 발표하였다. 이젠 농업 보호 정책에 반기를 들어 실패를 거듭해 온 비교 우위론을 또다시 이해(利害)의 각을 세우지 말고 시대의 흐름에 적극 참여하면 우리나라도 농업 선진국 대열에 당당히 서서 새로운 한국의 농업상을 보여 줄 수 있다.

이와 더불어 주위 환경 변화로 농촌 거주 희망자가 늘어 디스토피아를 탈출할 잠재력이 있기에 활기찬 미래의 농촌을 그려 본다.

우선 인구의 출생과 정주 기능을 담당하는 '인구댐' 역할을 충실하게 하고 있다. 2019년 합계 출산율을 보면 군(1.25명), 시(1.05명), 구(0.82명)순으로 농산어촌 지역이 더 높다. 가장 높은 전남 영광군 (2.538명)의 경우 가장 낮은 서울시 관악구(0.536명)보다 출산율이 4배 이상이다. 일자리와 자녀 교육 문제로 때가 되면 도시로 떠나는 인구가 많긴 하지만 농산어촌은 기본적으로 도시에 견주어 출산과 육아에 경쟁력이 있다.

더욱이 도시에서 농산어촌으로 유턴하는 귀촌·귀농 인구도 점점 늘고 있다. 농산어촌 인구는 1970년대 전체 인구의 60%에 가까운 1,817만 명이었으나, 급격한 산업화·도시화의 영향으로 2010년에 939만

명(전체 인구의 18%)으로 줄었다. 그러다가 2000년대 중반 이후부터 농산어촌의 순유입 인구가 증가하는 추세에 있다. 통계청 자료를 보면 2020년 귀촌 가구가 34만 5,205가구로 전년보다 2만 7,545가구(8.7%) 증가했다. 귀농(농업 중심으로 정착) 가구도 1만 2,489가구로 전년에 비교해 1,067가구(9.3%) 증가했다. 귀촌 가구는 2016년에 전년 대비 1.6%, 2017년 3.6%로 증가하다가 2018년 -1.7%, 2019년 -3.3%로 감소했다. 하지만 2020년에 8.7%로 증가 폭이 늘었다. 귀촌인도 2020년 47만 7,122명으로 전년 대비 7.3%(3만 2,658명) 증가했다.

하루가 다르게 변화가 진행되고 있는 가운데 디지털 농업의 활발한 활동으로 농촌의 비약적인 영농 환경이 다가오면 생계 위협을 느낀 도시민이 편한 디지털 농업에 '누군가는 농사를 지어야 한다.'며 예상치 않은 귀농대열이 활발할 것으로 기대해 본다. 국민의 2%가 농민이지만 60%가 농촌에 사는 독일의 생활 안정 지대를 상상해 본다.

귀촌·귀농이 50~60대의 '버킷리스트'인 것도 고무적이다. 한국농촌경제연구원의 조사 결과를 보면 19살 이상 도시민 중에서 5년 안에 농산어촌에서 자신의 버킷리스트를 실천하기 위해 준비 중인 사람은 485만 5,000명으로 추정된다. 송 단장은 "코로나 19 사태를 거치면서 전염병에 취약한 도시를 떠나 농산어촌 지역으로 귀촌하려는 베이비부머들이 늘고 있다."고 말했다.

기후 위기와 코로나 팬데믹 등 위기의 시대에 농산어촌의 가치는 더욱 도드라진다. 인구 밀도가 높지 않고 쾌적한 자연환경과 건강한 음식 문화 등 여유 있는 삶을 즐길 수 있기 때문이다. 이런 수요는 50~60대 베이비부머에 국한되지 않는다. 정보통신(IT) 기술의 발달로 재택·원격 근무가 자유로워지면서 30~40대 대도시 직장인들의 관심도 끌고 있다.[1]

회향 본능(懷鄕本能)이 있다. 거창한 도연명의 〈귀거래사〉를 읊조리지 않더라도 이러한 情況이 엄습하면 한 번쯤은 농촌의 전원생활을 그려보는 회향 본능이 일 것이다. 95%의 도시민의 누구든 생계 불안을 느끼는 경우 회향 본능으로 귀농을 재촉할 수도 있다. '농촌소식지'에 의하면 1,282명 중 89.7%가 귀촌을 희망한 것으로 드러났다.[2] 한편 생애 주기에 따라 살고 싶은 곳도 달라지는 것으로 조사되었다. 귀농, 귀촌 관심이 많으며 특히 만년의 전원생활을 꿈꾸는 경향이 많다는 설명이다.(표9 참조)

〈표9〉 생애 주기마다 살고 싶은 장소[3](단위 %)

장소/생애	어렸을 때	청장년기	만년
농촌	55	21	69
도시	45	79	31

1 이춘재 기자, "농산어촌, 디스토피아 탈출을 꿈꾸다", 한겨레, 2022. 2. 14.
2 「농촌소식」, 2011. 8. 12.
3 다바야시 아키라 지음, 정암 번역, 『농촌변화의 지리학』, 도서출판 한울, 2015. 11. 10.

과수원의 노지 스마트팜의 난제를 벗어난 사과 농가는. "스마트기기만 있으면 해외에서도 과수원을 관리가 되니 얼마나 편하고 좋은지 모른다. 말 그대로 신통방통하다."며 만족스러워했다. "농업의 신세계"가 열렸다고 환호하고 있다. 이에 빅데이터 · 인공지능(AI) · 메타버스 등 첨단 기술을 활용한 과학 영농은 우리나라 농업 디스토피아 탈출에 절호의 기회다. 따라서 디지털 농업 추진은 하늘이 준 농업 선진화의 기회다. 새정부에 당부한다. 개방 농정 이래 처음 맞는 하늘이 준 기회다. 이를 받지 못하면 도리어 재앙을 받게 된다는 옛말이 있다. 이 말에 경각심을 가져야 한다.

제14장

아시아 3국 중국, 일본은 식량 자급률 국가, 한국은 왜 못 했나?

우리나라는 개방 농정(1978~1992) 이래 본격적으로 농업이 붕괴하기 시작했다. 노무현 정부에서 '자원이 없는 나라는 수출로 먹고살아야 한다.'고 하면서 FTA 체결에 전 국력을 쏟아 마침내 2021년 3월 기준, 17건 57개국과 체결하여 명실공히 통상 국가가 되었다. 그 결과 수입 농산물은 80%를 넘어서자 식량 자급률은 19%대로 떨어져 세계에서 최하위로 밀려났다. 농촌·농업은 소멸 위기에 직면해 있다. 문민정부 이래 국가 최고 책임자들이 이를 본다면 무슨 생각을 할지 궁금하다. 영농 조건이 거의 비슷한 동양 3국 일본(식량 자주률 100%)과 중국은 식량 자급이 90%를 넘어 100%인데 한국은 무슨 이유로 세계 최하위 국가로 전락했나.

1) 예상을 뛰어넘는 일본 식량 정책

　일본의 곡물 자급률은 우리와 비슷하지만, 국내 생산분과 해외에서 조달하는 식량을 합한 식량 자주율은 100%를 웃돈다. 1960년대부터 일관되게 해외 농업을 추진하였다. 이에 미쓰비시물산 등이 직간접으로 가용하는 해외 농지 면적이 자국 농지의 3배(1,200ha)에 달한다.

　일본의 곡물 자급률은 2000년 26.6%에서 2010년 24.8%까지 낮아졌지만 이후 10년 동안 2.5포인트나 올라 줄곧 하락세를 면치 못하는 우리와 비교되고 있다. 우리와 다른 농업관, 특히 정책 책임자의 끈질긴 집념에 우리는 주목하여야 한다.

　브라질에 자국 영토의 1.7배나 되는 약 5,300만ha의 농지와 산림지를 구입하여 100년 동안 농업 이민 73만 명을 정착시켰다. 이미 일본인 4세까지 탄생한 이들은 귀족이 되었고 농사일은 싫어하게 되었다. 중국인 노무자 30만 명을 초청하여 그들에게 사탕수수와 콩 농사를 재하청주고 있고 중국인들을 위한 학교와 병원을 지어 주었다.

2) 중국의 식량굴기(食糧崛起)

　중국은 14억 명의 인민을 먹여 살리기 위해 식량 안보를 국가 정책에 최우선시하고 있다. 중국이 전체 농산물에서 수출보다 수입이 많아지는 2004년부터 매년 초 국무원과 공산당이 국가 현안으로 발표하는 1호 문건이 15년 연속 3농(농촌, 농업, 농민)을 다루면서 식량 안보를 중시하고 있다. 2016년 중국은 세계 3대 다국적 종자 회사인 신젠타를 약 50조 원으로 매수하여 농업 생명 공학 기술을 이용한 신품종 육성에 주력하고 있다.[1]

1950년 후반 약 3,400만 명이 아사하는 세계 최악의 기근이 중국에서 발생했다. 이 밖에도 수많은 기근의 역사를 갖고 있는 중국은 식량 안보에 특히 민감하다. "먹을거리 문제를 해결하지 못하면 결국 천하대란을 면할 수 없다."(모택동) "자기 밥그릇을 자기 손으로 받들고 있어야 하는 것은 치국(治國)의 기본 개념이다."(시진핑)라는 지도부의 주장에서 알 수 있듯이 식량 안보는 국가 정책의 최우선 과제이다. 그러나 2017년 이코미니스트의 '세계식량안보지수보고서(The Global Food Security index)에 따르면 중국의 식량 안보 지수는 세계 113개 국가 중 45위에 머물렀다(1위 아일랜드, 2위 미국, 18위 일본, 24위 대한민국). 중국의 식량 부족을 야기한 가장 큰 원인은 자연환경이다. 먼저 중국은 전 세계 인구의 20%를 차지하고 있지만 경지 면적은 전 세계 경지 가능 면적의 9%에 불과하다. 이마저도 도시화, 환경 오염, 기후 변화로 인해 빠르게 감소하고 있다. 또한 중국의 토지 생산성은 미국의 3분의 1 수준에 불과하다(ha당 곡물 생산량 기준). 낮은 토지 생산성의 주요 원인으로 고령화와 낮은 기계화율을 들 수 있다. 기계화율은 선진국에 비해 크게 낮은 수

---

1   김지영 기자, "돈 있어도 밥 굶는 시대 올 수도… '식량 안보 科技로'",
     (주)대덕넷, 2019. 6. 11.

준이며, 이농 현상 역시 매우 심각하다. 계속되는 인력 유출로 최근 1만 명당 농촌 기술 인력 수가 5명에 불과하여 미국 80명, 일본 75명에 비해 현저히 낮은 것으로 나타났다.

중국 정부는 낮은 토지 생산성, 부족한 인프라 등 자국 내 생산만으로는 수요 충족이 어렵다고 판단하여 수입 또는 해외 농장에 대한 소유권 확보 등을 통해 곡물을 적극적으로 비축하고 있다. 중국 정부는 미곡뿐만 아니라 밀, 옥수수, 대두, 감자, 고구마, 잡곡 등 다양한 곡물에 대한 적극적인 비축을 통해 식량 안보를 강화하고 있다.[2]

이번에 체결된 역내 포괄적 경제동반자협정(RCEP)을 체결한 중국은 국영 기업이 글로벌 농업 기업을 인수했다. 글로벌 농산물의 물류 역량 확대, 해외 식량 구매나 소유권 확보 등을 통해 세계로 식량 공급원을 확장하려고 한다. 이유는 첫째, 선진화된 기술과 농업 방식을 통해 자국의 농업 생산성을 높이는 것, 둘째는 전 세계에 적용할 수 있는 첨단 기술을 개발하고 적용하여 글로벌 전체 생산량을 증가시키겠다는 것이다. 그러나 중국 전문가 로버트 쿤은 "곡물 확보를 통한 식량 안보 강화로만 보기는 어렵다. 이번 인수를 '전 세계 식량 공급과 가격 체계를 바꾸고자 하는 중국의 최신 전략이다.'"라고 평가했다. 이것이 중국 농업 굴기의 한 단면이다.(임지아, 「중국 '농업 굴기'의 배경과 전망」,

---

2   임지아, 「중국 '농업 굴기'의 배경과 전망」, 엘지경제연구원, 2018. 4. 30.

엘지경제연구원, 2018. 4. 30.)

2018년 처음 다년생 벼를 개발한 중국 윈난대 연구팀의 재배 실험 결과 대략 4년까지는 일반 벼와 비슷한 수확량을 얻을 수 있는 것으로 나타났는데 최근에는 다년생 벼의 한해 수확량이 일반벼를 능가할 정도로 생산성이 향상됐다. 따라서 과학계에서는 다년생 벼가 '식량계의 게임 체인저'가 될 수 있다고 보고 있다. 현재는 아시아, 아프리카 지역의 17개국에서 다년생 벼를 둘러싼 재배 시험이 진행 중이다.(홍준기 기자, "자율주행 모내기, AI가 병충해 탐지…다년생 벼에 '황금쌀'도 탄생", 조선일보, 2023. 4. 21.)

3) 통상국가(通商國家)로 변신, 개방 농정으로 농업 포기

우리나라는 1960년대부터 물건을 만들어 세계에 팔아 왔다. 사농공상(士農工商)의 신분적 위계질서에 매여 살던 나라가 공상(工商)이 국민을 먹여 살리는 나라로 혁명적 탈바꿈을 하였다. 여전히 사(士ㆍ정치인, 관리)가 '공상(工商)' 위에 군림하고 있지만 지금 누리는 세계 속 한국의 위상(位相)을 결정할 주체는 '공상'이다.

한국은 한때 두 자릿수 성장을 밥 먹듯이 한 적이 있고 2000년 초반까지만 하더라도 2019년 중국의 성장률을 상회하는 7% 성장 목표치가 종종 언급되기도 했다. 그것도 2000년대 초반도 아니고 2007년경에 이름만 들어도 인지할 정도로 유명한 골드만삭스가 2050년 한국은 세계 2위 소득을 찍는다고 말한 적이 있다. 무려 일본과 독일도 넘긴다고 했다.

국민을 먹여 살리는 역할이 공상으로 바뀌자 5000년을 이어온 농업은 그 양위대가(讓位代價)로 받은 '개방 농정'이라는 빈 밥상을 들고 밀려났다. 공상(工商)으로 밀어내 '농업의 위상'을 만들어 낸 사(士 · 정치인)들의 농업 포기에 가까운 '개방 농정' 시나리오를 보자,

개방농정의 주요 농업 정책은 농어촌발전 종합 대책의 추진 정책(1989년 4월)이라고 볼 수 있다. 그 내용은 ①농림 수산업 구조 개선 촉진, ②농산물 가격 안정과 수요 개요 ③농 외 소득 개발 촉진 ④농수산물 수입 자유화에서 보완 대책의 차질 없는 추진 등으로 되어 있다.

개방 구조의 기본 구조를 살펴보면 지속적 고도성장과 수출 주도형 개발전략의 기본적 전제가 ①국제 경쟁력 유지를 위한 저임금의 지속, ②수출 촉진을 위한 수입 전략이 마련되어야 한다는 것이다. 한 가지 정책 목표를 위해 두 가지 기본 전략이 수립된 것이 바로 '저임금 관철'을 위한 저 농산물 가격 유지와 수입 자유라 할 것이다. 이때 저 농산물 가격 유지는 농수산물 수입 자유화로 더욱 뒷받침되게 하고 저 농산물 가격은 바로 농가 경제의 악화, 농가 부채 누적으로 귀결되었다. 여기서 또다시 농가 부채 누증이 농민의 이농 현상을 촉진하게 되고 대량 이동은 공장 노동력을 과잉 공급함으로써 근로자의 저임금 구조를 더욱 강화시켜 주는 악순환을 빚게 마련이다. [3]

3　조민구, 「한국 주요 농업정책의 운용실태에 관한 연구」. 2000.12.

4) 농공병빈(農工竝進)으로 경쟁했어야

어느 나라든 정세 판단은 국가 지도자나 정치인 몫이다. 불합리한 경제 정책은 나라를 쇠퇴하게 만들지만, 정세 판단 착오는 나라를 추락으로 이끈다. 우리나라의 불합리한 농업 경제 정책은 결국 농업의 쇠퇴를 가져와 농업 추락으로 몰고 왔다.

골드만삭스가 앞에서도 말한 바와 같이 2050년 한국은 세계 2위 소득을 찍는다고 한 적이 있다. 이때 우리는 단군 조선 이래 처음으로 통상 호조로 주머니에 돈이 많았다. 비합리적인 믿음의 덫이 아닌 합리적 '블랙홀'에 빠져 동양 3국 중에 유일하게 한국만 농업 포기 정책을 시행해 시장은 외국산 농산물의 판매 경쟁 시장이 되고 말았다.

식량 위기가 심각한 글로벌 문제로 대두되자 '우리나라가 지금도 외국에서 수입을 중단하면 국민의 절반 이상이 6개월 내에 아사(餓死)에 이르게 된다'고 한다.("김용택의 참교육이야기:티스토리". 2022. 5. 20.)

'식량 부족은 대한민국을 덮칠 가장 큰 위기입니다'라는 최재천 교수의 유튜브 강의에서(2022. 7. 8.) 만약 식량이 문제가 되기 시작했는데 해외에서 식량 수입이 어려워지면 "그때 어떻게 해야 할까요?"라고 묻자 최 교수는 "높은 가격을 지불하고 식량을 수입하는 방법을 생각해 볼 수 있지만, 수출하는 국가에서도 식량 문제가 심각하다면 아무리 높은 가격을 지불해도 식량을 사 올 수 없게 되겠죠. 세계 식량 전문가들은 대한민국에서 이런 일이 가장 먼저 벌어질 것이라고 일관되게 예측하고 있습니다." 라고 대답했다.

이제 한국 농업은 1980년대 곡물 자급률 80% 시대의 농업은 몇십

년이 소요될지 100년이 될지 예상이 안 된다. 최근 농업 전문가들은 한국의 식량 자급률 향상은 불가능하다는 주장이 제기되고 있어 주목된다.

지난 2022년 4월 11일 '식량 자급률을 높여야 한다는 환상'이라는 주제로 이진우의 주장이 발표되었다.

인구 밀도 높은 환경: 국토가 좁고 인구가 많은 우리나라는 식량과 곡물을 자급하는 것은 거의 불가능한 일입니다. 그러려면 인구를 줄이거나 식생활을 매우 단순화하고 그 수준을 낮춰야 합니다. 식량이나 곡물을 수입하는 것은 마치 석유가 나지 않아서 석유를 수입하듯이 필연적인 일입니다. 식량이나 곡물, 에너지를 원활하게 수입할 수 있도록 그 재원을 확보하기 위해 수출을 보다 늘리는 것이 식량 안보를 위한 가장 기초적이고 근본적인 방안입니다. 식량 자급률을 높이기 위한 방안을 고민하는 것이 큰 의미가 없는 노력이라는 뜻이기도 합니다.

이 발표문을 읽고 나서 '한국 농업의 장송곡'을 듣는 듯해서 난감했다. 이럴 바에야 동양 3국이 경쟁하면서 성장할 수 있도록 하는 뜻에서 '농공병진 정책'으로 끌고 왔으면 오늘날 어떤 모습일까 헤아리기 어렵다.

전쟁, 기후 위기, 감염병 등으로 전 세계가 식량 위기에 직면해 있다. 글로벌 리서치사 등에 따르면 러-우 전쟁 종료 후에도 공급망 회복되기까지 시간이 소요되어 2024년까지 곡물 위기가 지속될 것으로 전망하고 있다. 이에 각계각층의 전문가들이 현재 식량 위기 상황을 점검하고 우리나라 식량 안보 확보를 위한 대응 방안을 논의하기 시작하였다.

많은 성과를 기대하면서 필자와 같은 뜻임을 표한 아래의 글을 전사한다.

HOME 오피니언 전문기고가 정광호 (주)아이앤비 대표의 한국 농업의 답답한 현실을 질타한 목소리는 따끔한 일침으로 동의하고 싶어 여기에 수록한다.

식량 안보 얘기는 오래전부터 참 많이 나왔는데. 여태까지 실현된 것이 하나도 없는 건 구체적인 실행 계획 없이 그저 중요하다는 얘기만 있어서다. 답답하기 이를 데 없다. 지금처럼 말로만 떠들어봐야 아무것도 변하지 않는다. 새로운 식량 자급 시스템을 갖추는 데 과학자가 중요한 역할을 할 것이다. 이 시스템이 제대로 돌아가도록 만들려면 학자뿐만 아니라 현장 운동가도 필요하고 정부 정책 당국자의 의지도 함께 필요하다. 그러나 지금처럼 각자 알아서 할 일을 하라고 하면 책임만 미룰 뿐 어느 누구도 나서는 사람이 없을 것이다. 한마디로 고양이 목에 방울 달기가 될 것이다. 학자가 학자로만 그쳐서는 안 되고 현장 전문가도 되고, 정부 정책에도 관여하는 등 자기 역량을 가지고 좀 더 적극적으로 나서줘야 이 문제가 해결된다고 본다.

최근 한국의 반도체 등 통상 정책이 날로 어두워 우려의 목소리가 높다. 이와 같은 상황을 예측하였는지 한국의 정치 형태를 경제학 교수 대런 애쓰모글루와 정치학 교수 제임스 A.로빈슨이 공저한 『국가는 왜 실패하는가』에 아래와 같이 지적했다.

마지막으로 한국의 사례처럼 착취적 정치 제도에도 불구하고 경제 제도가 포용적 성향을 띤 덕분에 성장이 가능하다 해도 경제제도가 더 착취적으로 바뀌거나 성장이 멈춰버릴 위험이 상존한다. 정치권력을 장악한 이들이 결국 그 권력을 이용해 경쟁을 제한하고 자신들의 파이를 키우거나, 심지어 다른 이들로부터 훔치고 약탈하는 것이 경제 성장을 추구하는 것보다 더 많은 이익을 챙기는 방법이라 여기게 될지도 모른다는 것이다. 정치 제도가 착취적 성향에 포용적 성향으로 바뀌지 않는 한 권력을 분배하고 행사할 능력은 언제든 경제적 번영의 기반을 훼손할 수 있다는 뜻이다.[4]

한국 정치 제도 운영에 안정이 아닌 불안을 가져오고 있다는 지적이다.

서구 사회가 존농 정책으로 정책을 바꾸는 정책 감각을 우리는 왜 못 가졌나. 동양의 일본과 중국의 농업 정책만이라도 닮아가야 한다.

---

4 대런 애쓰모글루 · 제임스 A.로빈슨, 『국가는 왜 실패하는가』, 시공사, 2021. 5. 4.

제15장

처음이자 마지막이 될
농어촌 상생협력기금에 대한 제언

|

상생이란 여럿이 서로 공존하면서 살아감을 이르는 말이다. 우리나라 농업은 5000년을 이어온 선조의 유업이다. 그 농업은 상부상조하는 두레 정신을 유풍으로 살아왔다. 이 두레 정신은 더하고 덜하고를 따지지 않는 희생이 따르는 공동 공영의 본보기다. 세계가 놀란 금 모으기 운동은 대표적인 두레 정신의 표본이다.

농어촌상생협력기금제도는 2015년 11월 한중FTA(자유무역협정) 국회비준 때 여 · 야 · 정(與 · 野 · 政)협의체가 농어민의 반발을 우려해 만들기로 한 기금이다. 입법 과정을 거쳐 2017년 3월 상생 기금이 첫발을 떴다. FTA 체결로 이익을 보는 기업으로부터 매년 1,000억 원씩 10년간 1조 원을 모으겠다는 정부 목표다.

지난 5년간 상생 기금 결과를 보면 대 · 중소기업 농어업협력재단에 따르면 2017~2021년 상생기금 출연 적금 총액은 1,605억 원이다. 연간 출연 상생 기금이 321억 원에 그친 셈이다. 목표 달성률은 32.1%로 극히 저조하다. 이를 두고 화장실 들어갈 때와 나갈 때의 마음이 다르다는 비판이 나온다. 2021년 자료에 따르면 1,164억 원을 모았는데 이 중에 대기업이 낸 돈은 197억 원으로 모금액의 17%에 이르며, 그 가운데 적자가 100조 원이 넘는 한국전력공사가 매년 50억 원에서 70억 원을 내기도 해서 모은 금액이 852억 원으로 73%에 해당한다.(조선일보 2021. 1. 26.)

이에 대해 농업계의 반응은 어떤가. 정부와 정치권의 무책임한 태도를 심각하게 보고 있다. 여·야·정이 합의서를 작성해 상생 기금 조성을 약속해 놓고도 정작 저조한 실적에는 책임지려 하지 않는다는 것이다. '농업계를 향한 약속이 지켜진 적이 있나. 상생 기금 문제도 그렇고 그때만 지나면 끝이야.' 지난해 정부가 세계무역기구(WTO) 개발도상국 지위 포기 방침을 정하고 관련 대책을 발표했을 때 박행덕 당시 전국농민회총연맹 의장이 보였던 반응이다. 상생 기금 약속이 제대로 지켜지지 않으면서 농민들에겐 이처럼 정부와 정치권을 쉽게 믿지 못하는 트라우마가 확산됐다.

하지만 재계에서는 대통령이 선례라며 제시한 농어촌 상생 기금에 대해 모범 사례라며 제시한 농어촌상생협력기금에 대해) 기금이 '모범 사례'가 아니라 '타산지석, 반면교사로 삼아야 할 사례'라는 반론이 나오고 있다. 한 5대 그룹 고위 임원은 "전자 제품이나 부품은 세계무역기구(WTO)의 정보기술협정(ITA)에 따라 중국 수출이 이미 무관세로 이뤄졌다." 며 "한중 FTA로 이익을 얻는 것도 아니고 농어촌과 별 관련이 없는 데 기부할 수는 없는 노릇"이라고 말했다. 특히 현대차, 롯

데 등은 사드 보복 사태로 오히려 중국 사업이 휘청거렸다고 말했다.

　그러나 실상을 보면 그야말로 참상이다. 중국산 농산물이 우리나라 전체 수입 농산물의 70%를 차지한다. 한 나라의 농산물을 중국산으로 바꿔 국민에게 제공한다는 말이다. 대외경제정책연구원의 조사 자료에 따르면 한중 FTA로 2020년 우리나라 농축산업 생산이 최대 20%까지 감소할 것으로 예상했다.(송진선 기자, 우리나라 식탁 점령한 중국산 농산물, 한-중 FTA까지 가세, 보은사람들, 2014. 11. 20.)

　이와 같은 사실이 대중소 기업 입장에서는 개별적으로 관련이 없는 기업체도 있을 것이나 국가적 또한 농민 당사자 입장에서 보면 한국의 대·중소 기업체가 우리나라 수입 농산물의 70%를 관여했으며 그 결과 농축산업 생산의 20%까지 감소한 것이 사실이니 책임을 인정하여야 한다.

　일의대수(一衣帶水) 지근거리에 있는 대·중소 기업가와 농민과의 관계가 이해타산보다는 상부상조하는 두레 정신으로 관계를 정립하길 기대하여 본다. 우리나라 역사에 이러한 협약 형성은 처음이자 이후 다시는 없을 것이다. 이 협약은 2017년 3월에 탄생하여 이후 5년이 시한이다.(2026년까지 운영하고, 목표 금액을 못 채워도 기한이 되면 자동 소멸한다.) 이후 5년이 되어 '100% 성취'했을 경우와 '부진'의 표현은 어떤 기록으로 남을까. 또 하나의 금 모으기 같은 한국적 모범 기사로 대서특필되어 주기를 희망해 본다.

　농어촌 상생기금 설치에 대한 주목되는 의견이 있어 정리하여 본다. 먼저 전 농림부장관을 역임한 김성훈은 이와 관련 기자 질문에 "농민을 돕는 취지는 좋습니다. 그러나 어떤 기업이 생돈을 내려고 하겠습니까. 방법이 틀렸어요. 수입할 때 징수하는 등 시장에 녹여서 기금을 만들어야지. 현금을 출연하는 방식으로는 저항을 부릅니다."라고 답하였다.(이규화·박동욱 기자, "농민과 늘 함께하는 대표적 진보 학자… 팔순 앞두고 모든 직함서 '셀프 퇴임' [김성훈 前 농림부장관에게 고견을 듣는다]", 디지털타임스, 2018. 11. 10.)

한편 농민신문사 임현우 편집부국장은 다음과 같이 주장하였다.

남은 5년 동안 상생 기금 조성 목표를 달성해 지속 가능한 농업·농촌을 만드는 데 기여하는 방법을 다음과 같이 설명하였다.

"경쟁을 유도하기 위해 상생 기금에 참여하는 기업에 파격적인 인센티브를 줘야 한다. 기업은 대의명분에 설득되기보다는 이익에 따라 움직이는 집단이기 때문이다. 기업 출연금에 대한 세제 혜택을 크게 늘려야 한다. 특히 동반 성장 지수 가점을 현행보다 높이면 기대 이상의 효과를 발휘할 수 있다고 본다. 동반 성장 지수란 대·중소기업 간 동반 성장을 촉진하기 위해 민간 자율 기구인 동방성장위원회에서 기업별로 동반 성장 수준을 평가한 뒤 산정 공표하는 지표를 말한다. 기업 입장에서 동반 성장 지수 점가가 높으면 공정거래위원회 직권 조사가 면제되고 평판이 좋아지는 장점이 있다.

눈여겨봐야 할 점은 비슷한 방식으로 운영하는 대·중소 기업상생협력기금이 출범 10여 년 만에 누적 기준 1조 5,000억 원을 돌파했다는 사실이다. 동반 성장 지수를 평가할 때 가점을 상대적으로 후하게 주는 것이 큰 도움이 된 것으로 알려졌다.

문재인 대통령도 지난해 신년 기자 회견에서 양극화 해소 방안으로 상생 기금에 대해 언급하며 "참여하는 기업에 국가가 강력한 인센티브를 제공하는 방식으로 권장하는 것이 바람직하다."고 밝힌 바 있다.

또 정부가 동반성장위원회를 통해 기업을 대상으로 농어촌상생협력지수를 측정 공표하고 '농어촌상생협력 대상'이라는 시상 제도를 도입할 필요도 있다. 현재 농어촌 상생 협력은 기업인들 사이에선 생소한 개념이라 쉽게 접근하기 어렵다고 한다. 정부 차원에서 기업인들이 EGS(환경·사회·지배 구조) 경영과 연계해 농어촌상생협회에 적극 나서도록 지표를 만들고 상을 줘 격려하면 큰 자극제가 될 것이다.[5]

우리나라도 농업 선진화를 위한 디지털 농업을 비롯하여 첨단 과학 영농이 시작된 지 수년이 지나 방방곡곡에서 디지털 농업에 의한 새로운 희망으로 약동하고 있다. 이에 정부에서도 본격적인 선진화 농업 정책 시행에 박차를 가할 것으로 내다보고 있다. 선조의 유업을 계승 발전시키고자 후손으로서의 명분을 다하고자 하는 열의에 동참하는 본보기가 되어 2026년의 최종 실적에 한국 대·중소기업의 수훈 사례로 기록되어 주기를 당부하여 본다.

5 임현우 편집부국장, "'파격적 당근' 필요한 농어촌상생협력기금", 농민신문 2022. 2. 21.

제16장

역도시화(逆都市化)는
이미 시작됐다

1) 도시 인구 비율이 감소되는 현상

도시화의 반대 현상으로 대도시 지역의 인구가 비도시 지역으로 이동하여 대도시의 인구가 감소하고 농촌으로 분산되는 것을 이른다. 도시화가 절정을 이루다가 도시화율이 하락하는 도시화 말기 단계에 나타나는 현상이다. 도시 지역의 출생률 저하와 비도시 지역의 출산율 증가 및 사망률 감소가 인구 분포의 변동으로 나타날 수도 있지만 주로 대도시 인구의 유출로 인해 일어난다. 도시 인구 유출의 원인으로는 각종 대기나 수질 등 자연환경의 오염, 주택 문제, 범죄 문제, 교통 문제와 대도시 생활로 인한 소비 비용의 증가를 들 수 있고, 비도시 유입의 원인은 교통과 통신의 발달로 인한 접근성의 용이, 산업의 분산 등을 들 수 있다. 역도시화의 결과 대도시에는 소외 계층이 남게 되고 도심의 공동화가 나타난다.

도시도 인간이 살기에 최대 이익이 되는 집적이익(集積利益)이 상실되면 도시 외곽에 존재하는 도시와 촌락의 점이지대(漸移地帶)인 교외 지역으로 이주하거나 아니면 아예 농촌으로 이주하는 역도시화 현상이 벌어진다.

2) 역도시화 논쟁

역도시화(逆都市化)는 1970년대 미국의 연구자들에 의해 연구하기 시작된 개념이다. 이 말을 간단히 정의하면 도시 인구가 농촌으로 흡입되는 현상이다. 이 역도시화 현상은 19세기 초반 영국에서 시작되었는데 19세기 초반의 엔크로저 운동으로 소농이 몰락하면서 농촌 인구가 급감하여 일부 농촌 지역은 거주 환경을 개선하기보다 마을 자체를 없애는 편이 경제적일 정도였다.

1970년대 이후 농촌 지역의 인구가 증가하였다. 도시 근교 농촌은 말할 것도 없고 원격지 낙후 농촌 지역에서도 인구가 증가하였다.

젊은이들의 인구 유출의 반대편에는 농촌으로 들어오는 은퇴자 이동이 있었다. 많은 은퇴자 이동은 해변이나 리조트 지역의 공간에 (집중된다.) 집중되었다. 미국에서는 대부분 로키산맥과 플로리다와 서부 해안에 위치한 190개의 카운티가 '은퇴자 카운티'로 분류되었다. 이들은 인구가 가장 빠르게 성장하는 지역이다. 1990년에서 1997년 사이가 17%가 넘는 순 이동이 있었다.

1986년까지 많은 학자들이 이 역도시화라는 인구 역전 현상에서 재도시화로의 전환이나 농촌의 르네상스의 종말을 주장했다. 1990년대의 데이터가 발표되면서 이러한 입장은 상당히 변화하였다. 비록 1971년에서 1981년간의 성장에 비해서는 느린 속도이지만 최근 대도시에 인접해 있거나 혹은 어메니티 특성을 가진 농촌 지역들은 지속적으로 인구가 성장하고 있다. [1]

3) 서구인의 이동을 결정하는 농촌성

영국 사람들은 대부분 '전원에 사는 것'을 이상적인 삶으로 생각한다. 그동안의 많은 조사에서 많은 사람들이 현재보다 덜 도시적인 곳에서 살고 싶어 한다는 것을 보여 주었다. 이동에 있어 흡인 요인인 '농촌성'의 중요성은 영국의 도시 인구에 대한 상당수 조사에서 반복적으로 확인된다. 하파크리(Halfacree, 1994)의 연구에 의하면 농촌으로 이동할 때 농촌성이 중요하게 작용했는데 그 세부 내용은 다음과 같다.

- 자연환경의 질
  - 좀 더 매력적인 곳

---

1   이성우 외 4명, 『농촌 사회변화의 인식론적 이해』, 서울대학교 출판문화원, 2011.2.23., P.75.)

- 조용하고 교통량이 적고, 고립되지는 않지만 시골 같은 곳
- 보다 자연적인 환경
- 보다 넓은 공간 더 적은 사람
- 숨 쉬고 생각할 수 있는 시간
■ 사회 환경의 질
- 좀 더 조용하고 편안하고 유쾌한 곳
- 무한 경쟁으로부터 탈출
- 더 느린 삶의 속도
- 보다 공동체적인 분위기
■ 기타요소
- 더 넓은 토지, 평화, 프라이버시
- 야외 활동에 대한 선호
- 자동차로 움직이지 않고 문을 나서면 시골이 있는 곳[2]

4) 우리나라 역도시화 현상의 초기 단계

우리나라는 이미 윤철현·박봉진의 '부산시 인구분포패턴의 재편성
과 정'(도시행정학보, 2003. 3. 8.)에 의해 현재 상황이 역도시화의 초
기 조건이라는 주장이 있어 이를 이성우 최은영은 『농촌 사회변화의

---

2   이성우 외 4명, 앞의 책, p.78.

인식론적 이해』에서 다음과 같이 설명하였다.

우리나라에서는 그동안 역도시화가 학문적으로 주목을 받지 못하였으나 1980년대 이후 대도시의 인구 성장률이 둔화되고 1990년 이후 대도시 인구의 절대 감소가 출현함에 따라 새로운 인구 현상에 대한 설명을 위해 역도시화가 학문적인 논의의 대상이 될 수 있는 기반이 만들어졌다.

윤철현 · 박봉진의 연구에 의하면 부산의 경우 급격한 인구 성장도가 1980년대부터 둔화되기 시작하였다고 지적했다. 이미 우리나라도 그 때부터 역도시화의 초기 현상이 있었다고 유추할 수 있으며 2000년 중반부터는 곳곳에서 역도시화 현상이 부분적으로 진행되고 있었다.

5) 이젠 역도시화로 본격 진행

① 농촌에 IT기업 건설로 일자리 창출

활발한 주민 이주가 1960년대부터 시작된 산업화 정책으로 농민의 이촌 향도에 따라 농촌은 반세기가 넘도록 고령화, 공동화로 적막강산이 되어 존폐 위기에 몰려 있다. 농촌에 어느 날 예고도, 기약도 없이 기적 같은 단비가 쏟아져 농촌 부활의 맹아가 소리 없이 틔우고 있는데 성급한 판단일 수 있겠으나 가위 역도시화 현상이 진행되고 있다.

프레시안에서 발표한 '농촌에서는 농사만 짓는다? 농촌의 진짜 잠재력'이라는 제하에 의하면 OECD는 2000년대 중반 금융 위기 이후 각국들의 경제 회복을 견인한 지역은 대도시나 첨단 산업 집적지와 같은 기존의 핵심 지역이 아니라 농촌을 비롯한 주변부 지역이라는 사실을 확인하고 '저밀도 경제(Low-density economy)' 논의를 촉발시켰다고 보도했다.

저밀도 농촌 지역임에도 산업 성장이 가능한 배경은 글로벌 가치 사슬이 공간적으로 보다 분화되고 제품·서비스별 시장 수요가 다변화되는 가운데 교통·정보 통신 기술의 발달에 따라 농촌과 핵심 지역 간의 접근성이 향상되었기 때문이다. -중략- 최근 통계 자료에 의하면 여러 지역의 사례들은 우리나라 농촌에서도 OECD의 저밀도 성장에 해당하는 현상들이 나타나고 있음을 보여준다. 지역 총생산이나 1인당 지역 생산 수치 모두 농촌 지역의 증가율이 도시 지역의 증가율을 상회한다. 제조업을 비롯한 사업체 종사자 수 증가율 또한 농촌에서 보다 높게 나타났다. 우려와는 달리 농촌에서 증가하는 산업 다수는 국가적으로 성장 추세에 있는 산업이며, 기술적으로도 다양한 층위의 산업 모두 포함한다.

미분양 농공 단지를 활용하여 농식품 가공과 체험, 휴양을 위한 복합 단지를 조성하고 일자리 창출과 지역 활성화에 기여한 전남 구례의 자연드림파크, 원격 지역이라는 지리적 불리함을 역으로 활용하여 농생명 바이오산업과 백신 산업을 동시에 육성하고 있는 안동 및 경상북도 북부 지역, 그리고 수산물 가공업으로 시작하여 해양바이오 의료 산업을 육성해 오고 있는 강릉 및 주변 지역 모두 농

촌을 비롯한 주변부의 잠재력을 보여 주는 사례들이다.[3]

② 40년째 이어진 고령 · 공동화에 단비 더 늘어날 것

"역도시화는 선진국에서 이미 오래전부터 나타난 현상"이라며 "현 상황을 단순히 경기 악화에 따른 일시적 현상이 아니라 사회적 이주의 출발점으로 이해하고 관련 정책을 마련해야 할 시점이 됐다."고 마상진 KREI농정연구센터장은 말했다.

'농어촌 취업 1년 새 10만 명 급증 왜 고용절벽+워라밸'을 발표한 eNew에 의하면 일자리를 찾아 농어촌으로 떠나는 청년들이 늘고 있다.

농림어업 취업자는 1년 새 10만 명 넘게 늘었다. 1970년대 이후 급속한 도시화로 40년째 고령 · 공동화로 시름을 앓던 농업 농촌에 가뭄 속 단비 같은 소식이다. 경기 불황에 따른 일시적 현상이 아니라 워라밸(일과 삶의 균형)을 찾는 사회적 이슈가 시작된 것이란 분석이 나온다. 반면 아직 갈 길이 멀다는 지적도 많다. -중략- 통계청 고용 동향 조사에 따르면 올 1월 농림어업 취업자 수는 2017년 6월 증가세로 돌아선 이후 20개월 연속 증가 추세다. 2017년에는 농림어업 취업자 수(127만 9,000명)가 늘었다. 지난해에는 134만 명

3 정도체, "농촌에서 농사만 짓는다? 농촌의 진짜 잠재력" 농촌경제연구원, 2020. 12. 16.

으로 1년 새 4.8%(6만 2,000명) 증가했다. 작년 우리나라 전체 취업자 수 증가분(9만 7,000명)의 3분의 2에 육박한다. 농림어업 취업자 수가 앞으로 더 늘어날 것으로 보인다. -중략- 농촌 취업자 수 증가는 40년 만에 찾아온 변화다.

우리나라 농림어업 취업자 수가 지난해보다 1.5%(2만 명) 늘어난 136만 명을 정점으로 매년 줄어 왔다. 외환 위기가 닥친 1998년 11만 2,000명으로 늘어나기는 했으나 일시적 현상에 그쳤다.

통계청 귀농어귀농인 통계에 따르면 지난해 처음으로 귀농 귀촌인이 50만 명을 넘어섰다. 대다수는 귀촌 49만 7,187명이지만 귀농어민도 2만 989명(귀농만 9,630명 귀어 1,359명)을 넘었다. 매년 2만 명 이상이 새로운 평생직장을 옮겨 온다는 것이다. 특히 20대 귀농 귀촌인 증가가 두드러진다. 지난 한해만 1만 1,600명이 늘었다. 농촌에서 태어나 도시로 진학해서 취업한다. 수십 년간 이어온 불변의 공식이 깨지기 시작한 것이다. 대량 실업 실직으로 귀농한 외환 위기 때와도 다른 양상이다. 단순히 경제적 이유 때문이 워라밸, 즉 삶의 질을 찾는 모습이 나타나고 있다. KREI가 귀농 귀촌 원인을 분석한 결과 2009년 이후부터 생계형보다 새로운 대안적 삶이나 또 다른 경제적 기회를 찾는다는 응답이 두드러지게 늘었다[4].

---

4   김형욱 기자, "농어촌 취업 1년 새 10만 명 급증 왜?…'고용절벽+워라밸'" 이데일리 2021. 2. 14.

6) 왜 역도시화 현상이 왔나

40년째 고령 공동화된 농촌에 웬 단비냐 할 만큼 많은 사람이 농촌으로 이동하였다. 우리가 예상하지 못했던 어떤 변수가 작용했기에 이러한 많은 젊은이들이 몰락 직전의 농촌 구제의 갈증을 풀어 주려는가! 우리는 조국 이래, 처음 부딪쳐 본 이촌 향도에 의한 도시팽창으로 신음한 지 반세기 만에 탈도시화의 역사를 쓰고 있다.

'역도시화(逆 都市化)를 위한 조건'에 의하면 농림축수산부는 농업이 규모화하면서 농업 법인 수가 늘고 상용 근로자를 채용하는 곳이 늘었기 때문이라고 설명했다. 귀농 인구가 늘어난 것도 하나의 이유로 꼽으며 베이붐 세대와 청년층의 귀농, 그리고 '청년농 영농 정착 지원 사업' 등 정부의 지원도 보탬이 됐다는 평가를 내놓았다. 이른바 역도시화가 본격화됐다는 얘기다.(윤배경, "역도시화(逆 都市化)를 위한 조건", 농민신문, 2019. 1. 30.)

서구 도시인들이 이미 1970년대에 경험한 오염의 증대, 가용 토지의 부족, 주택난, 교통 체증, 범죄 등으로 도시의 상주인구가 줄어들었다. 이에 더하여 할리데이와 쿰베스(Halliday and Coonmbes.1995)는 생활 양식과 경관 이외에 다섯 가지의 이주 동기(은퇴, 가족과의 근접, 주택 비용, 주택 수요의 변화, 건강)가 역도시화와 관련될 수 있다고 주장했다.

40년 만에 쏟아진 소낙비는 분명 농촌 부활을 축복하는 단비다. 우리나라 5000년 농업사에 처음 닥친 기적 같은 역도시화 현상이다. 이제 우리의 목표는 농업 선진국이다. 그동안 정부의 철농 내지 경농 했던 피해 의식으로부터 과감하게 탈피해 새로운 결의와 다짐으로 동북아의 선진 농업국으로 바꾸는 대역사의 장을 마련하여야 한다. 그러려면 유능한 청년의 유입을 위한 희망 넘치는 대책을 세워 농촌 재건의 기틀을 마련하여야 한다. 그러면서 농민은 물론 국민 모두는 활기 넘치는 21세기 농업관을 바탕으로 새로운 농업국 '동양의 네덜란드'라 불리는 금자탑을 세워야 한다.

제17장

농촌 공간 새로운 가치 확인

1) 농업 농촌의 새로운 평가

농업 농촌의 새로운 가치 발견은 최근 영국 농촌지리학자 폴 클록 (1992)에 의해서 농촌 공간의 상품화가 진행된 배경을 대처 시대의 농촌 정책에서 찾았다. 구체적으로는 '거주 지역, 농촌커뮤니티, 농촌의 생활 양식, 농촌 문화. 농촌 경관 그리고 새롭게 상품화된 식품만이 아니라 도시에서 유입된 공업 제품을 포함하는 생산물 등 다양한 상품을 위해 시장이 열렸다.'[1]는 데서 거론되기 시작하였다. 농촌 공간에는 사람이 활동한 결과로, 또는 진행되고 있는 상태로 경관, 토지 이용,

---

1   다바야시 아키라, 『농촌 변화의 지리학』, 정암 옮김, 도서출판 한울, 2015. 10. 30.

건물, 거주 패턴, 생활 양식, 생산 조직이나 관리 조직, 커뮤니티 등 다양한 문화를 남기고 있다.

이와 같은 농촌이 20세기 후반 들어 농촌과 도시의 역할에 커다란 변화를 가져왔다. 농촌에서 생산 공급되는 농산물이 도시민의 고품질, 안전성을 찾는 기호에 맞추어 생산하는 추세로 바뀌고, 환경을 중시하면서 유기 식품이나 무농약 식품인지 확인을 위하여 추적 가능 식품의 관심도가 높아졌다. 또한. 도시인들이 거주지를 시골에 두고 출퇴근하는 사람도 많아졌다. 최근 코로나 19로 인하여 재택근무하면서 인터넷이나, 팩스, 스마트폰 등을 이용하여 작업하는 사람도 늘고 있다.

또한 레크레이션이나 관광의 기회를 농촌 공간을 소비하면서 즐긴다. 유럽과 미국에서는 제2차 대전 이전에는 레크리에이션이나 관광 비율이 낮아 농촌에 미치는 사회적 경제적 영향이 적었지만 20세기 후반에는 레크리에이션과 관광이 농촌 경제의 중심이 되었고 농촌의 사회나 문화에도 적지 않은 영향을 미치게 되었다는 평가다. 이것이 관광객을 끌어들이는 생산의 장, 농촌의 유산, 농촌이라는 브랜드를 이용한 생산물 판매를 이야기하게 된다.

2) 농촌 공간 수요 늘어

① 농촌 관광의 확대

도시는 온갖 스트레스를 양산한다. 출퇴근 길 복잡한 교통에 가뜩이나 바쁜데 앞길을 막는 사람들, 일상이 된 대기오염 · 빛 공해 · 소음 공해 복잡한 인간관계까지 신경을 거슬리게 하는 문제가 하나, 둘이 아니다. 시민들은 이른바 '사회적 안테나'를 세우고 지나치게 많은 자극에 노출돼 예민해진다. 여기에 인간관계는 어떤가. 도시에는 이웃이 없다. 끈끈한 인간미 없는 군상일 뿐이다. 그래서 팍팍한 도시의 삶에 지쳐 정적이 멈추는 고요, 산간의 계곡의 물소리에 생기를 느끼는 편안한 농촌 생활을 꿈꾼다. 풍부한 자연, 아름다운 경관, 품격 높은 전통이 머물러 있는 문화적 자원에 이끌려 찾는 체재형, 거주형 당일형, 귀농, 귀촌 대열 등 관광 대열이 이어지고 있다.

농촌 공간은 현대 도시 주민에게는 외부 효과(外部效果)에 지나지 않는 농촌 경관에서 교환 가치를 찾아내고 녹색 관광(green tourism)으로서 소비되는 공간이 되고 있다. 한국농촌경제연구원(2007)에서 농업 부문 비전 2030 중장기 지표 개발에 의한 농촌관광 수요 전망을 다음 표13과 같이 발표하였다.

<표10> 농촌 관광 수요 전망

년도 구분	국내 여행 인구 총량(A)	넓은 의미의 농촌 관광(B)	비중(B/A)	좁은 의미의 농촌 관광(C)	비중(C/A)
2005	25,779	3,867	15.0	464	1.8
2010	27,848	5,708	20.5	801	2.9
2015	29,414	8,426	28.6	1,308	4.4
2020	31,067	12,438	40.0	2,136	6.9
2030	59,468	27,102	45.6	5,692	9.6

농업 부문 비전 2030 중장기 지표개발, 한국농촌경제연구원(2007), p.78.

■ 넓은 의미의 농촌 관광이란 자연휴양림, 펜션 등 농촌의 각종 휴양 시설 방문, 농촌 지역 축제 참가 등을 포괄하는 관광을 말한다.
■ 좁은 의미의 농촌 관광이란 농촌관광마을 방문, 농촌 체험 활동 참가 등에 국한한 개념이다.

농촌의 소비에서 가장 특징적인 현상은 관광이다. 탈생산주의의 견지에서 농업 생산 활동 이외의 기능에 주목하면서 소비자가 농촌에 요구하는 것으로 관광이나 아름다운 경치, 치유의 대상 등을 거론하고 있다. 향후 농촌의 자연, 문화 등에 대한 관광 수요는 확연하게 증가할 것이며 넓은 의미의 농촌 관광 수요는 2005년 15%에서 계속 늘어 2030년에는 소득 수준의 증가로 국민의 과반 이상으로 확대될 것으로 전망되고 있다. 농업 선진국 프랑스의 경우 국내 관광이 절반을 넘고 있는 사실에 주목한다.

② 저밀도 경제 지역의 새로운 부상

한편 OECD에서 저밀도 경제 지역이 코로나 19 확산으로 저밀도 시골 생활 방식이 확산되고 있어 주목하였다. 기존 상업 부문과 도시의 고용 충격을 완화할 필요성이 증가하면서 그 대안적 공간으로 농촌의 수요가 증가할 것으로 예상한바 우리나라의 농촌 공간의 주변부 지역에도 산업 시설이 들어서고 있다. OECD는 2000년대 중반 금융 위기 이후 각국들의 경제 회복을 견인한 지역은 대도시나 첨단 산업집적지와 같은 기존의 핵심 지역이 아니라 농촌을 비롯한 주변부 지역이라는 사실을 확인하고 저밀도 경제(low-density economy)논의를 새롭게 부각시켰다.

전남 구례군은 농식품 가공과 체험, 휴양을 위한 복합 단지를 농공단지를 활용하여 일자리 창출과 지역 활성화에 기여하고 있는 자연드림파크가 있다. 또 원격 지역이라는 지리적 불리함을 역으로 활용하여 농생명 바이오산업과 백신 산업을 동시에 육성하고 있는 안동 및 경상북도 북부지역, 수산물 가공업으로 시작하여 해양바이오 의료 사업을 육성하고 있는 강릉 등 이들 모두 농촌의 주변부 지역을 활용한 잠재력을 보여주는 사례라 하겠다.[2]

---

2   정도체, "농촌에서 농사만 짓는다? 농촌의 진짜 잠재력" 농촌경제연구원, 2020. 12. 16.

3) 활발한 농촌공간 활성화로 농가 소득 높여

① 농촌 공간 자원이 어떻게 매매되는가?

농촌 공간의 다양한 소비 형태에 대해 우즈(Woods, 2005)는 "농촌 공간의 상품화란 예를 들어 관광 활동이나 외지인의 부동산 투자, 공예품이나 상품의 마케팅, 농촌의 이미지를 통해 농촌의 자원이 매매되는 것이다.[3]"라고 했다. 농촌의 소비에는 다양한 형태가 있는데 예를 들면 풍경을 감상하는 사람은 농촌 경관을 시각으로 소비한다. 구릉지를 하이킹하는 사람은 신선한 공기와 고요한 분위기를 소비한다. 자연을 관찰하는 사람은 야생을 시각적으로 소비한다. 산악자전거를 타는 사람은 자신 앞에 놓인 지형적 장애물을 소비한다. 농업 축제나 농촌의 제례를 방문하는 사람은 농촌의 문화를 소비한다. 식사를 하는 사람은 농촌의 먹거리나 음료를 소비한다.

어느 경우에도 소비의 대상이 되는 농촌이라는 속성, 즉 풍경이나 자연, 고요한 문화 등이 매매되는 상품으로 전환된다.

이와 같이 농촌 상품이 매매되는 농촌 관광은 농촌의 풍성하고 깨끗한 자연환경과 지역의 전통문화를 보고 즐기는 농촌성(農村性)을 체험하면서 자연스럽게 도시민과 농촌 주민 간의 물적, 인적 교류 활동으로 이어져야 한다. 그러므로 농촌에는 농산물 판매(1차 산업), 가공 특산

---

3 다바야시 아키라, 『농촌 변화의 지리학』, 정암 옮김, 도서출판 한울, 2015. 10. 30.

품의 생산(2차 산업), 관광 음식물 판매(3차 산업)로 소득을 높이는 한편 전통 문화재의 전통미를 매매하면서 보호 관리에 주력하는 등 도시민과 접촉 기회가 많아지도록 하는 농촌 공간의 활성화 전략이 필요하다.

4) 농업 선진국의 농촌 공간의 활성화

농업 선진국의 농촌 공간의 활성화에 어떻게 주력하고 있는지 그 실상을 살펴본다. 영국, 프랑스, 이탈리아 등 유럽에서는 이미 1960년대부터, 일본은 1990년대 초반부터 농가 소득 증대 및 농촌 환경 보전을 위해 정부 차원에서 그린 투어리즘 정책을 펴 왔다. 최근에는 이에 참여하는 농가들이 전국 조직을 만드는 등 성공을 거두고 있다. 이를 위해 일본은 농산어촌 휴가법, 이탈리아는 농촌휴가 법을 정했다. 프랑스의 민박 지트(Gtes), 영국의 팜 할러데이(Farm Holiday), 일본의 팜인(Farm Inn) 등이 그린 투어리즘의 대표적 제도이다.

독일은 기존의 생산 기능에 더해 각종 체험과 볼거리를 도시 소비자들에게 보여 주어 농촌으로 끌어들이고 있다. 체험과 관광을 위해 농촌을 찾는 도시 소비자들은 머무는 동안 숙식은 물론 농산물을 구매함으로써 농촌의 새로운 소득 창출에 기여하고 있다. 농촌 지자체는 농어촌 체험 마을과 관광 농업, 그린 투어리즘 등의 활성화 정책을 통해 도시 소비자의 발길을 이끌고자 농촌 가꾸기에 심혈을 기울이고 있다.

유럽 연합은 한 해 예산이 1,400억 유로(한화 약 179조 5천억 원) 중 40% 가까이 농업과 농촌에 지원하고 있다. 농업을 통해 자연을 보호하고 문화 경관을 유지 보전하는 것이 유럽 농정의 기본 목표이다. 독일의 농부들은 아름다운 문화 경관에 대한 자부심이 크다. 조상이 심어 놓은 나무 한 그루도 함부로 배지 않는다. 당장 농사일에 방해가 될지언정 나무의 생태적 가치와 그 안에 깃든 시간을 소중하게 여기기 때문이다.

EU 회원 국가의 농정 당국이 농업 농촌과 농민을 보호하는 이유는 다음 '농업의 10가지 기능' 때문이다. '돈 버는 농업'이 아니라 '사람 사는 농촌'을 만드는 데 초점을 맞추고 있음을 여실히 보여 주고 있다.

⑴ 농업은 우리 인간과 국민의 안정적인 식량을 보장한다.

⑵ 농업은 국민 산업, 지역 산업의 기반이 된다.

⑶ 농업은 국민이 필요할 때 언제든지 고품질의 농축산물을 공급해 줌으로써 삶의 질과 가계비 원활화에 기여한다.

⑷ 농업은 우리 사회의 아름답고 살기 좋은 자연, 문화 경관을 보호 한다.

⑸ 농업은 농촌 공간을 유지해 준다.

⑹ 농업은 환경 생태계를 책임감 있게 다루어 보존해 준다.

⑺ 농업은 국민의 휴양 공간을 만들어 준다.

⑻ 농업은 값비싼 공업 원료 작물을 생산한다.

⑼ 농업은 에너지 문제 해결에 기여한다.

⑽ 농업은 다양한 연령 계층에게 흥미로운 직종을 제공한다.[4]

---

4   "농부의 삶과 닮아 있는 독일의 경관 농업". 경주신문. 2018,

5) 농촌 공간의 기능을 어떻게 활성화 하나

농촌 공간의 활성화에 앞서 반드시 선행되어야 할 사안을 지적하면 다음과 같다. 산업화 이후 이촌 향도로 농촌이 공동화되어 황촌이 된 데다가 곳곳에 자리 잡은 축사, 폐기물 업체, 최근 급속도로 설치되는 구능지(邱陵地)의 태양광 시설 등 각종 유해 시설이 멋대로 설치되어 평온한 농촌의 옛 모습을 찾아보기 어렵다. 게다가 들판의 흩어져 버려진 폐비닐, 정적을 깨는 차량들의 굉음, 역겨운 냄새, 사람 맡기 어려운 텅 빈 농촌, 누가 잠시나마 힐링이라도 하러 오겠나 싶어 적적하다. 저 속에 유물 유적이 있다면 누가 보호하고 관리하겠나 싶어 안타깝다. 이제라도 관계 당국의 사전 감독이 필요하다. 그 이유는 한번 훼손된 유물 유적은 재생이 불가능하기 때문이다.

우리가 살고 있는 농촌 공간에는 수려한 자연 경관, 선조들의 혼이 서려 있는 유물 유적, 우리들의 활동으로 만들어진 결과물들, 이 시대의 모두가 소중하게 간직하고 보존하여야 할 역사물이다. 이는 오직 이 세상 어디에도 없는 단 하나뿐인 존재들이다. 그중에는 세계 중요 농업 유산도 있다. 이와 같은 유물 유적은 혁명적 사회 변화, 유구한 5000년사를 이어오면서 농민의 세금으로 꾸려 온 나라임에도 존경과 보호는커녕 핍박과 질곡을 이겨 내면서 농민의 정영을 쏟아 이루어 낸 한국적 정신문화의 정수(精髓)들이기 때문이다. 이것은 우리가 소중히 관리 보전하여야 할 관광 자원이다. 관광 자원은 돈을 벌어들이는 화수분이다.

유럽이 관광에 얼마나 노력하는지 알아보자. 유럽의회에 따르면

2018년 관광 및 관련 산업은 유럽 연합(EU) 국내 총생산액(GDP)의 10.3%, 총 고용의 11.7%를 차지했다. 크로아티아 같은 나라는 GDP 25%에 달한다. 이탈리아에서는 기여도가 13.2%였다. 관광 없는 이탈리아는 삼성 없는 한국과 같다고 했다. 조상 유물 유적 덕택에 사는 나라들이다.(조선일보, 2020.12.29.)

이제 우리도 유물 유적이던 우리 활동으로 만들어진 결과물이던 우리 '다음'의 상실은 아픔으로 귀착된다. 돈을 손에 쥐어야 한다. 돈 있으면 귀신도 부릴 수 있다(有錢使鬼神)고 했다.

6) 농촌 공간의 자원 승화를 위한 종합 관리

① '나의 고향 농촌'을 사랑하여야 한다

고향

고향은 마음속 한구석의 작은 마을 기억이 가물가물한 곳, 언제 가도 반갑게 맞아주는 곳, 송아지 울음소리 귀엽게 다가오는 외양간,

고드름 녹아내리는 추녀 끝, 나를 언제나 따뜻하게 대해주는 곳 그래서 내가 한 번쯤은 가고 싶은 곳, 따뜻한 정이 있는 곳, 마음이 편안해지는 곳이다.

영국 일간 가디언과 CNN 등은 영국의 화물 배달 회사인 마이 베기지가 코로나 19 마케팅의 일환으로 잉글랜드, 스코트랜드, 북아일랜

드, 웨일스 등 주요 지역의 공기를 담은 '공기병' 상품을 출시했다고 보도했다. 후각은 감정적인 기억과 관련이 있고 올해는 (코로나 19 때문에) 해외 거주 영국인들이 예전보다 덜 귀국하고 있다며 "우리는 그들에게 고향을 떠올리게 해줄 새로운 것을 제공하고자 한다."고 말했다."고 한다(이세형 기자, "고향의 그 공기 마시고 싶죠?", 동아일보 2019. 12. 24.)

지난 2015년 배우 원빈과 이나영이 결혼 발표를 하며 세상을 깜짝 놀라게 했고 그보다 큰 화제를 모은 것은 '결혼식 장소였다. 화려함이 가득한 도시나 호텔이 아닌 원빈의 고향 강원도 정선의 밀밭이었다. 농촌의 자연 경관을 배경 삼아 푸르른 밀밭을 걸어 나오는 두 사람의 결혼식으로 인해 팜웨딩이 인기를 끌었다. 그리고 도시 사람에 의해 농촌 공간의 재해석이 이루어졌고 다양한 문화 사업이 농업 농촌에 접목되기 시작했다. 원빈의 고향 정선을 크로스업 시키고자 농촌 공간의 짙푸른 밀밭을 걸어오는 팜웨딩이다.

〈미생〉, 〈택시운전사〉까지 다양한 영화, 드라마에 출연한 배우 최귀화 역시 영광군 홍보대사로 있으면서 고향을 사랑하고 활동하고 있다. 산업 사회 이후 온 나라가 도시 공간에 쏠려 살아 고향을 잊어 가고 있다. 서울 젊은이의 40%는 서울 태생이다. 이들이 부모가 되고 나면 농촌과는 탯줄이 끊어진다. 그러므로 이들의 '마음속 한구석의 작은 마을' 농촌의 정서를 심어 주어야 한다. 일본의 어린이는 어려서부터 사제동행(師弟同行)이라는 이름으로 자연을 심어 주기 위해 농촌을 심어 준다. 고향을 사랑하는 마음으로 자녀들과 귀향동행(歸鄕同行)하는 애향심을 키워 주는 일이다. 다가오는 미래에는 굳이 도시와 농촌이 구분되는 것이 아닌 독일처럼(농민 2%, 60% 국민이 농촌에 산다) 반도반농(半都半農)으로 도농 간 같은 생활이 이루어지는 세상을 그려 본다.

② 농촌 공간의 관광 자원 전수 파악

우리 민족이 유구한 역사를 이어오면서 남긴 생활의 흔적이 사라졌을 때 족보 없는 가문처럼 수치스럽기도 하지만 역사도 갖추지 못한 야만인으로 멸시를 받을 것이 분명하다. 그러므로 없어진 것은 도리가 없지만 숨은 관광 자원을 찾아내면서 기존의 유물 유적을 전수 조사하고 보전 관리가 절실하다.

이어서 오랜 세월 선인들의 발자취가 스미고 애환이 깃들어 구석 구석마다 어느 순간엔가 이름이 붙여지고 입에서 입으로 전해져 오늘까지 이르고 있는 지명은 역사와 문화 그 자체다. 그러나 이 역사물도 산업 사회로 발전하면서 지형지물이 옛 모습이 지워지고 정겹게 부르던 이름마저 하나, 둘씩 사라지고 있다. 이 모두 선조들의 호흡이 서려 있고 우리 삶의 태반이었던 역사물이다. 세월이 흐르고 세대가 바뀌면서 더 사라지기 전에 영원히 전하기 위해 지역 단위로 00지명지리지를 만들어 보전할 일이다.

여기엔 그 고장마다 지리적 특징, 출신 인물, 관광 명소, 특산 농축산물, 전설. 설화, 구비전승(口碑傳承), 특별 자연의 풍광, 지정 문화재가 아닌 근대 문화유산 중 보존 및 활용 가치가 큰 문화유산(소유자의 자발적인 보존 의지를 바탕으로) 등을 수록하여 당해 행정 구역의 역사로 전승하고 아울러 관광을 위한 홍보 자료로 활용한다.

제18장

한국의 3농(농민, 농업, 농촌)시리즈를 만들자

대한민국 70년사를 보면 농에 대한 기록은 어떤 존재였는지 어떤 의미와 비중을 가졌는지 찾아보기가 어렵다. 그마저도 농에 대한 몰이해로 사실 파악이 제대로 안 되어 있을 뿐만 아니라 역사적 왜곡도 여기저기 눈에 띈다. 대한민국 70년사는 3농의 관점에서 보면 그 자체가 탈농화(脫農化)의 역사이며 수난사이기도 하다. 다시 말하면 농경 국가였던 한국이 어떻게 도시산업 국가, 통상 무역 국가, 자유 민주 국가, 지식 정보 국가가 되었던가를 기록한 것이 대한민국 현대사라고 한다면 농경사는 화려한 현대사에 가려 잘 보이지 않지만, 질풍노도와 같이 밀려온 문명 전환의 충격과 역사의 수레바퀴에 깔려 붕괴되고 해체되고 재편되어 온 또 하나의 아픈 3농의 역사이다.

우리나라는 1970년대 후반부터 무역의 딜레마에 빠졌다. 이러다간 머지않아 남들이 만든 규칙에 따라 한국의 국익을 눈뜨고 희생해야 할

때가 닥친다는 우려를 많이 들으면서 경제 성장 지상주의 논리대로 지금까지 이끌어 왔다

이렇게 이어온 한국 농촌 마을은 마침내 65세 이상 농촌 인구가 70%가 넘는 한계 마을이 되었고 국민 인구 10명 중 9명은 국토의 17% 정도의 도시 지역에 몰려 살게 되니 농촌은 텅 비게 되었다. 모든 권력이 도시로 모이고 중요 기관과 인구, 소비와 배출이 모두 도시에 집중되었다. 그 결과 우리의 정신적 고향 '한국의 농촌 · 농업은 사라져 가고 있다.

농업은 5,000년 역사와 함께 우리의 얼과 삶이 담아져 있는 역사의 보고다. 그 속엔 헤아릴 수 없을 만큼의 누거만(累巨萬)의 조상 흔적이 쌓여 있어 우리 후손들이 배워야 할 교훈이 서려 있기 우리는 이를 소중히 담아 기록으로 남겨야 할 책임이 있다.

1) 농촌의 모두를 시리즈에 담아 후세에 전하자

우리는 경제 지상주의 정책 시행으로 30년 만에 근대 국가로 발전했다. 그 결과 우리 농업은 어떻게 희생되면서 그 땅을 삶의 터전으로 삼고 살아온 사람들의 생활은 어떻게 바뀌어 왔는지 기록도 없고, 스스로도 모른 채 떠밀려 살아왔다. 이러한 사실을 확인코자 하는 실행은 단군 조국 이래 처음 시도해 보는 역사적 과업이므로 전국 구석구석을 정밀하게 살펴 한국 농업의 옛 모습, 역사적 우수성, 흥미로운 사료, 조상 전래의 교훈, 우리가 그동안 모르고 숨겨진 값진 역사적 사실 등을 숨김없이 찾아내 멋진 시리즈로 엮어 국민 모두에게 알려 우리 농

업의 자존감을 키우고자 이 '한국 농업 시리즈'를 만들어 보자는 충정이다.

① 농업 시리즈 제작에 착안할 농촌 경관

그 진행 절차는 2015년 12월 농촌진흥청에서 발표한 '찾아가고 싶은 농촌 아름다운 경관 가꾸기'[1]를 부분 참작하여 다음과 같이 정리하였다.

1. 농촌의 범위

농촌은 일반적으로 주민의 대부분이 농업을 생업으로 삼는 지역이나 마을을 말하며 토지 이용상에서 볼 때 취락을 중심으로 농지, 산림, 하천, 도로 등이 공존하는 하나의 영역으로 정의할 수 있다.

「농어업 · 농어촌 및 식품산업 기본법」 제3조에 의하면 농촌은 면 지역 혹은 농업, 농업 관련 산업, 농업 인구 및 생활 여건 등을 고려하여 농림축산식품부장관이 고시하는 지역으로 정하고 있다.

즉 농촌 경관의 주 범위는 전형적인 농촌 마을을 형성하고 있는 취락 지구, 농업 시설, 농업 토지 이용을 포함하는 공간이라고 할 수 있다.

2. 농촌 경관의 정의

경관은 자연환경 위에 인간의 문화가 도입되고 자리 잡으면서 변화

---

1   농촌진흥청 국립농업과학관1,『찾아가고 싶은 농촌 아름다운 경관 가꾸기』, 농촌진흥청 국립농업과학관1, 2015. 12. 농촌진흥청

하여 왔다는 특징을 가지고 있다. 지리적 조건 등에 따라 나타나는 자연환경과 농업 생산 환경의 차이 때문에 농촌 경관은 자연 경관, 도시 경관 등과는 확연하게 구별되는 특징을 가지고 있다.

농촌의 경관은 인간이 자연과 더불어 긴 세월 동안 농지를 기본으로 기후, 기상, 토양, 식생, 수질 등 주변 환경에 적응하여 농업 활동, 생활 및 전통문화의 요소로 일구어 나간 결과이다.

다시 말하자면 농촌 경관은 인간이 자연과 경쟁 및 조화를 이루며 오랜 기간에 걸쳐 일구어 낸 경지 형태, 영농 형태, 취락 구조. 생활 양식 등의 여러 가지 요소가 서로 긴밀한 관계를 이루고 누적되어 나타난 생활 속의 모습이라 할 수 있다.

농촌은 아름다운 자연환경을 배경으로 도시민들에게 전원생활의 여유와 심리적 안락함을 제공하고 농촌 주민들에게는 삶의 휴식과 농업 생산의 기쁨을 제공하는 공간이다.

따라서 농촌 경관은 자연을 배경으로 인간의 활동이 구체적으로 나타난 모습이며 자연과 문화가 어우러져 느껴지는 지역 특성이 시각적으로 나타난 결과라고 할 수 있다.

농촌 경관의 범위는 명확하게 정의되어 있지는 않지만, 마을 중심으로 농업 활동과 생활이 이루어지는 취락 공간과 이를 둘러싸고 있는 농지, 산림, 하천, 도로 등이 하나의 영역으로 연계되는 것처럼 인식된 공간을 포함한다.

이러한 농촌 경관의 인식 범위를 나무, 하천, 산 등의 농촌 구성 요소에 대한 이미지와 시각적 거리를 고려하여 다음과 같이 농촌 경관의 인식 범위를 나타낼 수 있다.

3. 농촌 경관의 구조와 구성 요소

일반적으로 우리나라의 전통 마을은 대부분 배산임수(背山臨水) 형태로 마을 앞편에는 하천과 논밭이 있고, 마을 입구에는 정자목이나 마을 숲, 돌탑, 장승, 솟대 등이 있으며 뒤편과 좌우에는 산으로 둘러싸여 있어 위요되고 앞으로는 트인 전망을 조망할 수 있는 구조를 지니고 있다.

또한 외부에서 보는 농촌의 모습은 근거리에서는 경관 구성 요소가 개개의 요소로 보이다가 거리가 멀어짐에 따라 집합체 또는 군(群)으로 보이게 되는 특성을 지니고 있다.

전통적인 농촌 마을에서는 경관을 구성하는 요소들의 배치나 면적(규모)은 마을의 역사와 생산 구조를 반영하여 결정하였으며, 마을의 전통과 특성은 이러한 농촌 경관의 변화와 함께 변화하고 유지되어 왔다.

자연으로 둘러싸인 공간으로서 농촌 경관은 여러 가지 변화의 요소를 가지고 있고 시간의 흐름에 따라 끊임없이 변천하고 있다. 이러한 농촌 공간의 변화와 변천을 알 수 있는 시각적 요소들을 살펴보면 표 11과 같이 자연 요소, 농업 생산 요소, 구조물 요소로 나누어 정리할 수 있다.

〈표11〉 농촌 경관의 시각적인 요소

구분	자연 요소	농업 생산 요소	구조물 요소
구성 요소	-삼림	-논, 밭, 과수원, 초지	-농가 주택, 한옥
	-산, 구릉지	-농작업 · 산물(볏집)	-담장, 지붕
	-가로수, 정자목	-비닐하우스	-전신주, 통신탑
	-들판	-농로, 논, 밭두렁	-도로, 교량, 철교
	-하늘(스카이라인)	-울타리, 말뚝	-학교, 폐교
	-하천, 개울	-방풍림, 마을 숲	-제방, 농수로 저수지
	-눈, 안개, 미기후	-축사(사육사)	-간판, 안내판
	-(일시적 요소)	-농업 창고, 정미소	-체험관, 전시관

4. 농촌 경관의 유형

농촌 경관, 자연 경관, 생활 경관으로 유형 분류할 수 있다.

〈표12〉 농촌 경관의 유형 분류

분류	유형	내용
농업 경관	경작지 경관	논, 밭. 과수원 등 경작지에 관한 경관
	농업 생산 시설 경관	용수로, 배수로, 농로 비닐하우스. 저수지 축사 등의 인공 시설로 농업 생산하는 시설
자연 경관	산림 경관	휴식, 유희 활동과 관련되어 형성된 경관으로 숲, 녹지 등을 바탕으로 형성되는 경관
	수경관	물의 사용과 관련되어 형성되는 경관
생활 경관	공공 건축 및 주거지 경관	주거 및 공공 공간의 건축물과 주변이 포함하는 경관
	가로 경관	공간과 공간을 이어 주는 매개 역할로 유지 · 형성되는 경관

분류	유형	내용
생활 경관	기타 시설물 경관	안내 시설, 조형물 등 영농, 생활과 직접적 영향은 없지만 안내, 강조, 미관상의 목적으로 형성되는 경관
	역사 · 문화 경관	농촌 지역 내에 과거로부터 유지 · 보전되어 본래의 원형을 유지하고 있거나 일부 복원하여 지속적으로 보전하고 있는 경관

2) 왜 농업 시리즈인가

일찍이 한반도에서도 인문 지리 상황을 기록으로 남기려는 움직임이 있었다. 사람들 삶의 인문 자연에 대한 기록은 국가 차원에서 1481년 ~1530년간에 '신증 동국여지승람(新增 輿地輿地勝覽)로 제작하였으며 조선 후기 실학자 이중환(1690~1756)의 택리지(擇里志)는 지리뿐만 아니라 18세기 후반의 정치 · 역사 · 경제 · 문화 · 산수 등 인문과 사회 다방면으로 두루 담고 있다. 그 뒤 1983년에 출판한 『한국의 발견-한반도와 한국사람』 시리즈가 있다. 그러나 농업에 관하여는 농업국이면서 전국 규모로 기록된 유의미한 자료가 보이지 않아 아쉽다.

이와 유사한 인문지리 문화 사업은 일본에서 진행되고 있다. 사회 구성원의 인식 전환, 향수 어린 감각의 전수를 위해 일본의 농촌, 어촌, 산촌 그리고 도시까지를 20년간(1963년~1982년)을 일본 전국을 다니며 그 시점의 자연과 사람들이 살아가는 모습을 〈신 日本紀行〉이라는 다큐멘터리로 방영했다. 또다시 〈일본기행 또다시〉라는 프로그램이 이어진다.(김시덕 서울대 규장각 한국학연구원 교수, "[터치! 코리아] 2020

년대 '한국의 발견' 시리즈를 만들자", 조선일보, 2021. 4. 17.) 이와 같은 선행 경험으로 봐 호소력이 있기에 장기 방영되고도 또다시 제작되고 있다는 사실은 국민의 호응이 매우 업그레이드되고 있다는 증거다.

이제 처음 시작하는 '한국 농업 시리즈'는 쇠망해가는 한국 농업의 기사회생을 이끈 불후의 명작물이 되어야 한다. 몇 가지 주목되는 점에 유의하면 의미 있는 농업시리즈로 클로즈업되어 성공적인 작품이 될 것으로 예상된다.

농촌 드라마의 명작이라면 MBC에서 방영된 '전원일기(1980년 ~2002년)'라는 평가에는 이견이 없다는 평론이다. 무려 20년간 장수를 누렸다는 데 작품의 가치를 이해한다. 그런데도 농촌 사람들의 처지나 현실을 잘 반영하지 못했다는 비판이 있고 보면 드라마가 현실을 반영한다는 이른바 리얼리즘 관점에서의 제작 방향에 어려움이 있었다 하겠다.

우리나라 인구의 90%가 도시 인구다. 특히 서울의 경우 15세 이상 시민 중에서 서울 토박이는 40.3%로 절반에 못 미치지만, 출생지와 상관없이 서울을 고향으로 느끼는 시민은 78%나 되는 것으로 나타났다.[2] 농촌 드라마나 시리즈 시청자는 농촌에 거주하는 사람보다는 농촌을 이미 떠난 도시민들이 대부분이다. 게다가 디지털 환경에 매우 익숙하고, 최신 트렌드를 추구하고 남과 다른 이색적인 경험을 추구하는 경향을 가진 MZ세대와 함께 하기 위해서는 시리즈 제작에 특별한

2 통계웹지 e −서울통계 제52호, 2010년

관심이 필요할 것으로 보인다.

일본은 역사물의 시청률이 밀리는 추세라고 하는데 역사물과 공통적인 정적의 유사성은 아무래도 농촌 역시 공동체적인 잔영으로 비치는 시리즈의 경관이 무관심으로 이어지게 될 우려가 있어 관심을 가져야 할 것이다.

3) 시리즈 제작에 다음과 같은 주문을 담아 본다

(1) 시리즈에는 반드시 농업, 농민에 대하여 보호와 존경할 만한 개인 또는 기관 단체를 찾아 주제로 삼을 것.

(2) 시대에 앞서가는 농민상을 세운 농민 발굴.

    (ㄱ) 앞서가는 디지털 농가.

    (ㄴ) 친환경 작물 및 유기농 농법, 향상된 영농기술 등을 참여한 농가에 적극 지원.

    (ㄷ) 고품질 농산물을 생산하여 수출 경쟁력을 확대.

    (ㄹ) 농가 수익증대 기여.

(3) 한국 농민의 DNA인 농심을 바탕으로 농민의 위상을 높여 온 실행자.

(4) 한국 농업 유산 현황 및 지리적 표시제 등록 현황(108호) 확인.

(5) 농수산식품의 브랜드화의 우수 사례. 발굴 방영.

(6) 창조적인 스토리 텔링이 가능한 농촌 경관을 플롯이라는 구조 속에 이야기 형식으로 만들어 방영할 것.

⑺ 이미 발굴된 문화재나 경관보다 아직 발굴되지 않은 모르고 숨겨
진 문화재를 찾아 방영할 것.

⑻ 구비 전승 및 민요, 전설, 설화 등을 수집 발굴.

⑼ 한국 농업 변천사 작성에 필요한 자료 수집.

　㈀ 식량 작물의 재배 연혁, 재배 변천 기록.

　㈁ 농업 고문서 사진. 기타 농업 관련 기록 문서.

⑽ 멸종 위기에 몰려 있는 토종 발굴.

시리즈 방영 기간은 제작부터~필요시까지.

　■ 명칭은 '한국 농업 시리즈'–가칭.

제19장

글로벌 경제 변동을 주도할
인공지능(AI)

초등학교 교편을 잡아 근무하고 있는 손서(정현웅)가 '수학 인공지능'
이라는 제목으로 교과서를 발행했다기에 내용을 보니 유치원·초등학
생용으로 흥미롭게 편찬되어 있었다. 2025년부터는 초·중·고까지
확대 실시한다는 교육 계획으로 보아 이제 우리나라도 본격적인 AI 강
국이 되어 가는 국운융성의 낭보로 보고 칭찬의 말을 건넸다.

최근 인공지능에 대한 열기가 상상을 뛰어넘어 어떤 임계점에 다가
온 듯한 화두다. 그러면 인공지능이란 무엇인지 알아보자.

1) 인공지능이란?

인공지능(AI)이란 인간의 지능으로 할 수 있는 사고, 학습, 자기 개
발 등을 컴퓨터가 할 수 있도록 하는 방법을 연구하는 컴퓨터 공학 및

정보기술의 한 분야다. 컴퓨터가 인간의 지능적인 행동을 모방할 수 있도록 하는 것이라 말할 수 있다. 즉 인공지능(AI)은 인간이 가지는 지능적인 활동을 컴퓨터가 스스로 시행할 수 있도록 능력을 부여하는 것을 의미한다. [1]

OpenA1에 다음과 같은 질문을 했다.

수고가 많습니다. 농업에 대한 가장 정확한 정의는?
농업은 생산적인 목적으로 과학적인 접근을 통해 작물, 동물, 그리고 자원의 생산, 양육, 개량, 및 처리 등을 개시하는 활동을 말합니다.

2) AI는 글로벌 경제 변동을 주도할 것이다

AI 교육의 필요성을 주장하면서 백년대계이니 상전벽해와 같은 격변의 표현을 동원 강조한다. 세계 경제 변동을 주도한다는 인공지능은 인간의 문제 풀이, 능력 가운데 상당 부분을 자동화하는 데 성공했다. 앞으로 수십 년 동안 글로벌 경제 변동을 주도할 것으로 기대되는

[1] "혁신을 불러일으킨 인공지능(AI)교육의 중요성", 대한민국 교육부. 2022. 3. 22.

기술이다. 역동적인 자본주의 시장 경제 체제에서 살아가는 개인으로서는 미래의 기회를 잡기 위해서라도 인공지능을 학습할 필요가 있다. 이른바 좋은 일자리 중의 상당수가 데이터를 처리해 분석하고 머신러닝 모델을 설계하며 여기서 발견한 패턴으로 기업이나 사회적 문제의 해법을 발견하고, 이를 실행할 로봇을 설계하는 직종에서 나올 것이다.

3) 세계는 AI 교육 혁명 중 뒤처지면 미래 어둡다

이주호KDI 국제 정책대학원 교수는 "세계는 AI 교육 혁명 중…, 뒤지면 우리 교육의 미래 어두울 것"이라는 주제로 교육계 현안과 교육 개혁 방향을 다음과 같이 말했다.

미국, 중국, 싱가포르 등은 새로운 교육의 틀을 짜고 있다. 교육 분야에서 무엇을 어떻게, 누가 배우는지 등과 관련해 상전벽해가 일어나고 있다. AI 교육 혁명이 바로 그것이다. 하지만 우리나라는 입시 제도만 바뀌었지 100여 년 동안 교육 제도의 기본적인 틀이 바뀌지 않고 있다. 최근 코로나 사태로 온라인 교육이 활성화되는 등 교육 환경이 급변하고 있다. 미국 등은 이미 7, 8년 전부터 온라인 교육이 활성화됐는데 우리나라는 코로나 사태를 계기로 비대면 온라인 교육을 앞당기게 되었다. 하지만 학부모들은 동영상만 틀어 주는 한 방향 온라인 교육은 제대로 된 교육이 아니라고 불만이 많다. 우리의 온라인 교육이 글로벌 수준을 따라가지 못해 생긴 일이다. 선진국의 온라인 교육

에는 AI, 메타버스 등 4차 산업 혁명의 첨단 기술이 도입돼 학생들이
게임하듯 즐겁게 학습하고 있다.[2]

4) 세계 각국의 AI 관련 정책 및 교육 관련 주요 내용

세계는 이미 AI에 관한 교육과 실용화에 박차를 가하고 있다. 상황을
전하기 위하여 부산광역시 교육청(2019:37-38)자료를 전기하였다.
관계 부처 합동(2019. 12. 17, p.7.), 삼정 KPMG 경제연구원
(2019. 7. 9, p.21.)의 내용을 발췌, 재구성하였다.

미국

AI 이니셔티브 행정 명령(2019. 2) : 인공지능 인재 양성을 위한 교
육 혁신 이니셔티브 추진.

▶ 인재 조기 양성으로 인공지능 선도 국가로 자리매김하고자 노력.

▶ 국립학술원(NAP)은 미래의 데이터 과학자 양성을 위한 교육 정책
  권고안 제시.

▶ 미국국립과학재단(NSF)은 민관 협력을 기반으로 교육의 질과 유
  연성 제고 정책 추진.

2 최광숙 기자, "세계는 AI교육혁명 중… 뒤처지면 우리 교육의 미래 어두울
  것", 서울신문, 2022. 8. 17.

일본

AI 전략 2019 발표(2019. 3) : 과학 기술 인력 육성과 산업 융합을 통한 미래 경쟁력 확보.

▶ '경제 회생'과 '교육 재생'을 국가 최우선 과제로 상정하고 국가 재건을 위한 전략 추진.

▶ '4차 산업 혁명을 향한 인재 육성 종합 이니셔티브'를 통해 전 학령에 걸친 단계별 교육 혁신 추진.

영국

AI Sector Deal 발표(2018. 4) : AI 관련 분야별 정책 제안.

▶ 산업 생산성을 높이기 위한 AI 글로벌 기업 유치, AI 환경 구축, 인력 양성 등 AI 관련 5개 분야별 정책을 제안.

▶ 민간과의 협력을 기반으로 AI 인재 양성 및 비즈니스 환경 조성에 투자 집중.

영국

EdTech Framework for Change : 영국 교육부(DfE, 2019)

▶ 학교 교육에서의 AI 및 에듀테크 활용을 통해 교사의 교수(敎授) 업무 부담 감소 및 교육적 효율성 제고, 모든 학생의 교육적 접근성 및 궁극적인 교육성과 향상에 대한 비전 제안.

중국

차세대 인공지능 발전 규획 발표 (2017. 7) : 정부주도의 AI 정책 추진.

▸ 정부 주도의 데이터, AI 분야 대규모 투자 · 인력 양성을 추진하고,
　선도 기업을 지정하여 산업별 특화 플랫폼 육성.

▸ 정부 주도하에 산업별 플랫폼 구축, 막대한 데이터 축적을 통해 AI
　경쟁력 확보.

프랑스

AI 권고안 발표(2018. 3) : 노동시장의 변화에 대응한 인공지능 생
태계 구축.

▸ 고등교육연구혁신부는 약 50여 개의 정책 권고안을 담은 미래 전
　략 보고서 발간.

▸ 교육 관련 예산 230억 유로(40.4%)를 계획하며 교육 혁신 강조.

▸ 산업 경쟁력 확보, 사회 문제 해결과 더불어 일자리 변화 대응을
　포함.

5) 우리가 인공지능을 알아야 하는 진짜 이유

인공지능에 관심을 가진 대학원 진학을 앞둔 독자가 인공지능 전문
가 레이 커즈의 저서 『마음의 탄생』을 읽고 '앞으로 어떤 세상이 펼쳐질
것이냐' 대한 저자의 예측, '인공지능을 알아야 하는 진짜 이유'를 찾았
다는 설명을 다음과 같이 요약 정리하였다.

① 앞으로 어떠한 세상이 펼쳐질 것이냐에 대한 저자의 예측

첫째, 인간보다 우월한 지능을 가진 인공지능이 출현한다. 인간은 더 큰 신피질을 갖기 위해 이마의 확장이라는 진화 과정을 거쳤다. 그러나 현재보다 인간이 더 큰 신피질을 확보하기 위해 물리적 공간을 (즉 더 넓은 이마라든지) 구축할 수는 없다.. 하지만 인공지능은 물리적 한계가 존재하지 않아 인간보다 훨씬 큰 신피질을 가질 수 있다. 즉 인간이 가진 3억 개의 패턴 인식보다 훨씬 많은 패턴 인식기를 가지게 될 것이며 이는 인간의 지능을 훨씬 더 능가하는 지능의 출현을 의미한다.

둘째, 인공 신피질은 클라우드 형태로 존재하게 되는데 기술 발전으로 인공 신피질과 나의 뇌를 연결할 수 있는 칩 같은 것이 개발될 것이고 우리 몸속에 침투 가능할 것이다. 우리는 이 칩을 통해 나의 물리적 뇌 이외에도 클라우드에 있는 나의 인공 신피질, 즉 인공뇌를 가지게 된다. 따라서 인간의 지능은 지금과는 비교할 수 없을 정도로 폭발할 것이다.

셋째, 마음과 의식을 가진 인공지능이 나타난다.

② 공부를 게을리할 수 없는 포인트

나는 기술 개발이 여기서 더 이상 이루어지지 않아도 좋을 것 같다는 생각이 든다. 이것은 순전히 개인적인 생각이다. 나는 따라 잡을 수 없는 속도로 발전하는 기술을 보고 있노라면 마치 내가 도태되는 것 같아 두렵고 이러한 상황은 나에게 적지 않은 스트레스를 유발한다. 또한, 기술이 개발되어 살기가 편해졌다는 데 왜 여전히 사람들은 행복해 보이지 않는지, 오히려 옛날보다 더 불행해 보이는 이유는 무엇인지 궁금하다. 내가 미래에 대해 가장 염려 하는 것은 디지털 격차로 인한 새로운 식민지와 노예 계급이 탄생하지 않을까 하는 점이다. 폭발적인 지능을 선점하게 되는 것은 우선적으로 소수에 한할 것이다. 그들이 폭발적인 지능을 무기로 우리를 조롱하려 들면 과연 우리들의 보통 지능으로 그들을 당해 낼 수 있을까.

나는 이점이 바로 우리들이 인공지능 공부를 게을리할 수 없는 포인트가 아닌가 한다. 디지털 상위 계층에게 지배당하지 않도록 그들이 인공지능이라는 강력한 무기를 악용하는 것을 바라만 보고 당하지 않도록, 인공지능을 부디 선한 곳에 사용하여 인류를 위한 무기가 아닌 어마어마한 도구가 될 수 있도록 그래서 인공지능 공부는 꼭 해야 한다고 믿는다.

인공지능의 발전 속도가 심상치 않다 '알파고 쇼크' 이후 전 인류가 인공지능의 발전에 관심을 갖게 됐다. 인공지능 기술은 로봇, 자율 주행차, 가상 현실 등 미래 산업을 이끌 핵심 기술이다. 한편 인공지능의 위험성과 일자리 대체에 대한 불안한 전망도 거세다. 이의 찬반론을 네이버 블로그 윤일경의 '사는 이야기'(2018. 5. 3.)를 통하여 발표하였다. 찬반 맺는 요지를 정리하여 본다.

찬성론
우리 팀은 〈인공지능의 발전은 인간을 행복하게 할 것이다〉라 는 주제에 대해 '새 일자리로 대체', '새 패러다임의 삶', '통제 가능성'의 3가지 논거를 들어 찬성했다. 어떤 기술도 오로지 친구이거나 오로지 적일 수는 없다. 우리가 친구로 대하느냐, 적으로 대하느냐에 의해 결정된다. 기술을 대하는 우리의 태도가 긍정적이냐, 부정적이냐에 달려 있다. 인공지능을 품고 인간성을 늘리는 방향으로 세상은 나아질 것이다. 인간이니까. 그런 의미에서 우리 팀은 인공지능의 발전이 행복하게 할 것이라고 확신한다.

반대론

우리 팀은 〈인공지능의 발전은 행복하게 할 것이다〉라는 주제에 대해 '속도의 문제', '인간의 가치상실', '방법론적 비현실성'의 3가지 논거를 들어 반대했다.

앞으로 인간은 폭발적 지능을 가진 인공지능과 함께 살아가야 할 것이다. 게다가 안전하게 준비할 수 있는 기간이 얼마일지도 불확실하다. 마지막으로 인공지능이 인간을 행복하게 하려면 개인의 가치가 살아 있어야 할 것이다. 인간의 행복감은 주관적 감정이며 주관적 감정을 잃을 경우 인간은 존재의 의미를 찾지 못할 것이다.

찬성론자의 주장은 마음먹기에 달렸으니 만사형통(萬事亨通)론이다. 반대론자의 주장은 불안한 문명론이다. 인공지능 전문가 레이 커즈는 그의 저서에 "인간보다 우월한 지능을 가진 인공지능이 출현한다. 마음과 의식을 가진 인공지능이 나타난다." 라고 썼다.

제20장

국가 중요 농업 유산의 보존

『나의 문화유산 답사기』를 쓴 유홍준이 "우리나라 전 국토가 박물관이다."라고 했듯 우리 농촌은 '한국적 농업박물관으로 대표'한다. 우리 선대들의 마음, 지혜 그리고 미의식이 잠겨 있어 신비감을 자아내며 천년의 시간이 읽힌다.

그러나 개항(開港) 이후 서구 문명이 유입되면서부터 문명의 이기 이용이 보편화되고 그에 따라 의식주가 현대화되면서 생활 전반에 커다란 변화를 맞게 되었다. 이에 우리의 전통문화는 적지 않은 충격을 받아 소외, 무관심, 단절 등 회복하기 어려운 상태에 몰렸다. 이로써 조상 전래의 얼이 밴 고유한 멋과 아름다움이 시대의 달라진 풍속 변화에 따라 변형되거나 심지어 자취를 감추기도 했다.

『한국인의 마음』의 저자 신중신은 "우리 민족의 살아온 생활의 흔적과 뿌리가 사라져 버렸을 땐 세계 속에서 고아처럼 버려질 것이며 〈상

것〉으로 멸시의 대상이 되고 말 터이다."라고 경고했다.[1]

1) 국가 중요 농업유산제도의 도입

중요성을 인식한 FAO에서는 2002년 세계환경자금(Giobal Environment Fund)의 지원을 받아 차세대에 계승해야 할 세계적으로 중요한 농업이나 생물 다양성 등을 가진 농업 유산을 보전할 목적으로 세계중요농업유산제도(GIAHS, Globally Impoitant Agricultural Henniage System)를 도입하였다. 이에 우리나라는 2012년 3월 농림수산식품부에서 국가 농어업 유산 제도를 도입하였다.

국내 농어촌 자원의 다원적 가치를 국가 차원에서 보전 · 관리하려는 목적이다. 보전 · 전수 활용이 필요한 농어촌의 자원을 농어업 유산으로 지정하여 지역부 랜드 및 관광 자원으로 활용할 수 있도록 하겠다는 것이다. 나아가 세계 농업 유산으로 등재하는 시도도 함께 하고 있다.[2]

2) 우리 '다음'의 상실(유물, 유적) 복원되고 창조해야

언어학자이며 사회 운동가인 헬레나 노르베지 호지(Helena Norberg

---

1   신중신, 『한국인의 마음』, 도서출판 윤문 1990. 4. 10. P. 2.
2   정기석 · 송정기. 『농촌마을 공동체를 살리는 100가지 방법』, 전북대학교 출판문화원, 2016, P. 148.

Hodge, 미국, 1947~)는 "전통문화는 그 지역의 자원으로 의식주의 구조를 형성하면서 특정한 환경의 모습을 반영한다. 그런데 자급하는 사람들은 의식주를 해결하기 위하여 고유의 문화와 독립성을 포기하도록 강요받고 있으며 그것은 인류의 삶의 질이라는 측면에서 중대한 손실을 초래하는 것이다."라고 말했다.

크고 작고 불문하고 유물은 우리 '다움'의 상징이다. 조상의 지혜와 손때가 묻어 있기 때문이다. 훼손되거나 손실되었다면 중대한 정신적 물질적 손실이다. 복원이 불가능하기 때문이다. 농업에 관한 유물은 거의 농촌에 있다. 이젠 농민이 앞장서서 찾고 가꾸고 관리하여야 한다. 조금이라도 남아 있는 것을 추스르고 모으고 해서 망각에 묻혀 가기 전에 원형을 되살려 후대에 전승하는 것, 별스럽지 않지만 우연찮게 오랜 세월 대대로 전해 내려온 별난 농업 유산에 숨겨진 밑씨를 찾아 재창조하여야 한다.

3) 새로운 농업 유산의 발견

농경의 오랜 풍습으로 재배하여 온 조롱박의 재배 경관이 두뇌 산골 벽촌에서 세계조롱박축제로 우화등선하여 세계적인 관광 축제로 발전하여 전국적으로 주목을 받고 있다.

'조롱박'은 술이나 물을 담아 일상 용기로 이용하려고 마당 이곳저곳에 심어 이용했던 한해살이 재배 식물이다. 충청남도 청양군 정산면 천장리 알프스 마을 주민들은 전해 오는 풍습에 따라 3월~5월 사이 심는다.

조롱박의 상징성이 흥미롭다. 신비, 수명, 형제의 우애, 액을 물리치고 병을 고치는 것으로 상징하고 있다. 컬렉터 장택상(이승만 정부 국무총리)은 수집한 명품에 신품(神品)이라는 조롱박 인장을 찍어 두기도 했다.

2011년 8월 13일부터 9월 4일 제1회를 '알프스 마을 세상호박나라'를 주제로 하여 관상용 조롱박 110종과 해바라기 등을 1.7km의 터널에 설치 운영하여 성황을 이루었다. 뜻밖으로 호응이 높아 매년 실시하였고 2019년 7월 26부터 8월 18일까지 제9회 행사가 이어졌다.

9회에는 2.4km의 터널로 확대하여 세계 각국의 60여 종의 조롱박이 주렁주렁 매달려 볼거리를 제공하면서 볼거리, 놀 거리, 즐길 거리, 먹거리, 주변 구경거리를 마련하였다. 인구 3만 명 남짓한 청양군이 여름 '조롱박 축제', 겨울 '얼음축제'를 통하여 연간 30만 명의 관람객을 끌어드리는 농촌 공간의 새로운 관광 명소로 바뀌었다. 그 씨앗은 아주 작은 알프스 마을의 농경 풍습 속에 감춰져 있던 황금알의 꿈을 찾아낸 농업 유산의 재창조라 하겠다.

최원철 한양대 특임교수는 "6차 산업화는 농업 농촌 창조 경제의 대표적인 체계"라며 "이를 통해 기존에는 없었던 새로운 일자리를 창출, 생산적 복지를 실현하고 지역 경제를 활성화하는 기틀을 마련할 수 있다."고 강조했다. 그는 대표적인 사례로 충남 청양의 알프스 마을을 꼽았다.

알프스 마을은 농촌 지역의 일상적인 자원에 상상력을 더해 정부 지원 없이 순수 자립형 축제를 만들었다. 여름과 겨울에 각각 여름철 세계조롱박 축제와 겨울철 칠갑산 얼음축제 등을 통해 지역민의 흥미로운 볼거리와 먹거리 등을 만들어 6차 산업을 선도하고 있다는 평가를 받고 있다고 했다.[3]

4) 국가 중요 농업 유산 등록 현황

2012년 4월 27일부터 5월 31일까지 국가 농어업 유산 지정 신청을 받아 64건이 접수되었고 소정 절차를 거쳐 2013년 2건의 지정을 시작으로 2019년까지 15건이 선정되었다. 그중에서 제1호 제2호, 제5호, 제6호는 세계중요농업유산으로 지정되었다.

특히 네 곳의 농업 유산이 국제기구에 등재되었다는 사실은 '한국 농민의 정신적 자산의 우수성을 처음으로 국제기구로부터 인정받은 고무적인 쾌사라고 평가된다. 농업 유산 지정에 추가 지정이 이어지도록 숨은 유산을 찾아 거듭 지정하여 농민의 자부심을 키워주는 계기가 되어 주었으면 한다. 한편 관광 진흥을 위해서도 홍보 활동이 필요하다. 모르는 사람에게 처음 듣는 신비성 때문에 매력 요소로 작용하여 농촌 관광에 붐이 될 수도 있다.

3　최원철, 「4차 산업혁명 시대 농업 농촌의 발전방안 세미나」, 2018. 1. 22.

〈표13〉국가 중요 농업 유산 지정 현황

지정 번호	명칭	지정 범위	
*제1호('13)	청산도 구들장 논	완도 청산도 전역 (5.0ha)	급경사로 돌이 많고 물 빠짐이 심하여 논 농업이 불리한 자연환경에 적응하기 위해 전통 온돌 방식을 도입, 독특한 구들 방식의 통수로 논 조성
*제2호('13)	제주 밭담	제주도 전역 (542ha, 22,108km)	돌, 바람이 많은 척박한 자연환경을 극복하기 위해 밭담을 쌓아 바람과 토양 유실 방지, 논 다양성, 수려한 농업 경관 형성
제3호('14)	구례 산수유 농업	구례군 산동면 (228ha)	생계유지를 위해 집과 농경지 주변 등에 산수유를 심어 주변 경관과 어우러지는 아름다운 경관 형성, 다양한 생물 서식지 시비와 씨 제거 등 전통 농법
제4호('14)	담양 대나무밭	담양읍 삼다리 (56.2ha)	다양한 생물의 서식지이며 대나무숲은 독특한 농업 경관 형성 죽초액과 대나무숲을 활용하여 병충해 방제 및 토양 개량 등 전통 농법
*제5호('15)	금산 인삼 농업	금산군 일원 (297ha)	인삼 재배의 최적지 재배지 선정, 관리, 재배, 채굴, 가공 등 전통 농법 유지, 주변 산과 하천이 어우러지는 경관 형성
*제6호('15)	하동 전통 차농업	하동군 화개면 일대 (597.8ha)	생계유지를 위해 1,200년 동안 전승된 전통적인 농업, 풀비배 등 전통방식 차 재배 유지, 차밭 주변의 산림과 바위가 어우러지는 독특한 경관 형성
제7호('16)	울진 금강송 산지 농업	울진군 금강송면 북면 일대 (14.188ha)	왕실에서 황장봉산으로 지정 관리, 산림을 보호하기 위해 송계와 산림계를 조직하여 관리, 주변 계곡과 기암괴석이 어우러져 아름다운 경관 형성
제8호('17)	부안 유유동 양잠 농업	부안군 변산면 유유동 일대 (58.9ha)	뽕 재배에서 누에 사육 등 일괄 시스템이 보존·관리되고 친환경적 뽕나무 재배, 생물다양성, 주변 산림과 뽕나무 밭이 조화된 우수한 경관
제9호('17)	울릉 화산섬 밭 농업	울릉군 일대 (7,286ha)	급경사지 밭을 일구면서 띠 녹지를 조성하여 토양 유실을 방지하고 주변 산림 지역의 유기물을 활용하였으며 산림과 해안이 어우러지는 패치 형태의 독특한 경관
제10호('18)	의성 전통수리 농업 시스템	의성군 금성면 등 4개 면 일원	금성면 일대 약 1,500개의 제언을 축조, 각각의 제언은 서로 이어져 농업용수를 저장, 활용함으로써 이모작 전환 시스템 구축
제11호('18)	보성 전통차 농업 시스템	보성 일원	새끼줄을 기준 삼아 경사지 등고선에 따라 간격과 수평을 맞추는 계단식 차밭 조성 기술과 경관 형성

지정 번호	명칭	지정 범위	
제12호('18)	장흥 발효차 청태전 농업 시스템	장흥군 일원	■반음 반양의 차 재배 환경 조성 및 친환경 농법, 발효차 전통 제다 지식 체계, 굽는 과정이 추가되는 독특한 청태전 음다법 등 구축■전송
제13호('19)	완주 생강 전통 농업 시스템	완주군 일원	■겨울철 생강 종자 보관을 위해 토굴을 활용한 저장 시스템으로 농가의 아궁이 열을 이용한 온돌 방식, 수직 강하 방식 등이 있음
제14호('19)	고성 해안 지역 둠벙 관개 시스템	고성군 일원	■농업용수 공급을 위해 둠벙을 조성하고 활용하여 빗물이 바다로 빠져나가는 해안 지역의 자연적 특성 극복
제15호('19)	상주 전통 곶감	상주시 일원	■'상주 둥시' 전통 품종 보전을 통한 감 재배 적지 선정, 관리, 가공 등 곶감의 전통적 방식 계승

(*표는 세계 중요 농업 유산 등재)

제21장

농민당 창당은 시대적 요청이다

우리나라에는 아직 정부에 등록되어 활동하는 농민당이 없다. 다만 뜻 있는 농민들이 농업에 대한 사회 경제적 위상을 높이기 위하여 자발적으로 참여한 결사체라고 할 만한 크고 작은 35개 농민 단체가 활동하고 있다.

농민 단체 활동 상황은 (사)한국농업경영인중앙연합회에서 '세계 주요국의 농민 단체 현황 및 활동 상황에 대한 연구문'을 농림부장관에게 제출한 문안 일부분과[1] 농민당 발족을 위한 태동 현황 등을 요약 정리하였다.

---

[1] 한국농업경영인 중앙연합회, 책임연구원 이헌목 외 4명, 「세계 주요국의 농민 단체 현황 및 활동 상황에 대한 연구」, 농림부, 2012.

1) 우리나라 농민 단체 현황

① 한농연의 출범

가장 대표적인 농민 단체는 1981년 정부의 농민 후계자 육성 정책에 따라 양성되기 시작한 농민 후계자들이 만든 '한국농업경영인중앙연합회(한농연)'다. 1980년대 후반기 총 인원이 5만 명에 육박하면서 농어민 후계자는 도·시군·읍면별로 다양한 모임을 구성하기 시작했다. 이 같은 후계자들의 활발한 초기 활동이 이뤄지던 1987년 여당 정치권에서 농어민 후계자 조직의 구성에 적극적인 관심을 갖게 되었다. 정치권의 관심과 지원 아래 지역별 후계자 조직과 한국농축수산유통연구원 등의 관계자들이 본격적인 후계자 조직 구성에 착수하여 1987년 12월 9일 한농연이 출범하게 된 것이다. 한농연은 모든 품목과 지역을 포괄하는 전국적인 조직일 뿐만 아니라, 구성원들의 자질도 높은 대한민국의 대표 농민 단체라 할 수 있다. 왜냐하면, 후계자 육성 사업이 실시된 이후 상당 기간 젊고 유능한 농민들이 후계자로 지정되기 위해 경쟁을 했고, 현재 '12만 한농연 회원'은 농업·농촌 인력의 주축을 이루고 있기 때문이다. 현재 10개의 시도연합회와 175개의 시군연합회, 1,700개의 읍면 연합회가 결성되어 지역 단위 활동을 하고 있다.

② 한여농 출범

여성 농업인을 대표하는 농민 단체로는 한국여성농업인중앙연합회

(한여농)를 들 수 있다. 한여농은 여성 후계 농업인과 남성 후계 농업인의 배우자가 중심이 되어 전국 여성 농업인의 자주적인 협동체로서 회원 상호 간의 친목을 도모하고 여성 농업인의 권익 보호와 지위 향상을 위해 노력하며 농촌의 제반 문제 해결 및 향토 문화의 계승 발전을 목표로 1996년 9월 1일 창립된 단체이다.

③ 전농의 출범

한농연과 '경쟁적 위치'에 있는 전국농민회총연맹(전농)은 시장 개방과 세계화에 반대하는 이념성이 상대적으로 강한 농민 단체라고 할 수 있다. 1980년대 농민 계몽 운동으로 가톨릭농민회, 기독교농민회가 생겨나면서 농민 스스로 자주적인 농민 조직을 결성하기에 이른다. 이후 정부의 가속화되는 농업 개방 정책에 맞서 소, 마늘, 고추 값이 폭락하는 사태들이 벌어지고 탈농 현상은 지역을 막론하고 더욱 극심하게 진행되었다. 이에 어느 특정 지역이나 특정 작목을 뛰어넘어 하나의 조직으로 묶이는 과정에서 수세 투쟁, 고추 투쟁, 213 여의도 투쟁을 겪으면서 단일한 농민 운동 조직인 전국농민회총연맹이 1987년 7월 8일에 결성되었다. 전국의 9개 도 연맹과 100개 시군 지역의 농민회가 활동하고 있다. 전농은 한농연에 비해 회원 수에서는 크게 열세지만, 회원들의 참여 강도가 상대적으로 높아 농업계 내외에서 상당한 위치를 확보하고 있다고 해야 할 것이다.

④ 전여농의 출범

전국여성농민회총연맹(전여농)은 같은 성향의 여성 농민들이 모인 단체다. 전농과 전여농을 제외한 대부분의 농민 단체는 정부 또는 농협이 추진한 특정 사업 및 품목과 관련이 있는 농민들이 하나의 결사체를 만듦으로써 시발된 것이 특징이다.

⑤ 쌀 전업농의 출범

한농연이나, 쌀전업농중앙연합회 등은 정부의 정책 사업과 관련하여 형성되고 성장한 농민 단체라고 할 수 있다. 쌀 전업농중앙연합회는 1997년 8월 쌀 생산 전문가들이 모여 전업농중앙연합회를 출범시켰다. 그동안 정부의 수매 제안에서 안정적인 수입원을 가졌던 쌀 전업농들은 쌀시장 개방 압력과 정부의 쌀 수매제 폐지에 반대하면서 한농연, 전농 등과 연대하여 대정부 활동을 벌이기도 한다. 2004년 8월에 정부는 한-칠레 FTA 체결 대책으로 2010년까지 호당 평균 6ha 수준의 쌀 전업농 7만 호를 육성하기 위한 「쌀 전업농 육성 종합 대책」을 구체화하여 발표하고, 이 정책의 틀 안에서 비약적인 발전을 하게 된다. 정부 산하 기관인 한국농촌공사는 쌀 전업농 회원에게 저리의 농지 구입 자금과 농지 은행 제도를 통한 임대 사업의 혜택을 부여하고 있다.

⑥ 한국농촌지도자중앙연합회와 4-H 중앙연합회의 출범

농촌진흥청이 추진한 사업과 관련이 있는 농민 단체다.

한국농촌지도자 중앙연합회는 창립된 이후 농업 농촌 근대화 과정을 이끌어 왔다. 또한 새마을운동의 점화와 확산, 후계 농업인 육성, 지역 농정 활성화 등에 기여해 왔다. 1962년 농촌진흥법 공포 이후 정부의 농촌진흥청과의 상호 필요성에 의한 유대 결속, 농민 단체로 본격 성장하기 시작했다. 4-H중앙연합회는 주로 농촌에 신규로 진입하는 20~30대 초반의 젊은 층이 주된 회원으로 가입하고 있다. 이러다 보니 조직 활동에 있어 부족한 부분에 대해 농촌진흥청이 지도와 관리를 맡고 있으며, 필요할 경우에는 예산도 지원하고 있다. 또한 4-H 후원회를 통해서도 행정 및 재정적 지원들 받고 있다.

⑦ 새농민회의 출범

새농민회 등은 농협이 추진하고 있는 사업과 관련된 농민 단체다. 새농민회는 1966년 농협중앙회에서 새농민상을 수상한 회원들의 모임으로 창립하게 된다. 새농민상(賞)은 자립(自立)·과학(科學)·협동(協同)의 새농민운동 3대 정신을 앞장서 실천함으로써 농가 소득 증진과 영농과학화 및 지역 농업 발전에 기여하고 있는 선도 농업인에게 1966년부터 농협중앙회에서 선정·시상하고 있는 상이다. 새농민회는 주로 지역 농업 발전 운동(농정 활동 포함), 영농 지원 및 선진 영농 기술 보급 사업, 농협의 농업 경영 컨설팅 지원단 활동 등 농협과 긴밀한 협조 관계를 유지하며 발전하고 있다. 또한 새농민 회원 중 다수가 농협 조합장, 조합이사, 감사로 활동을 하고 있다.

⑧ 기타 조직

현재 우리나라에는 품목 관련 농민 단체로 대한양계협회, 대한양돈협회, 전국버섯생산자협회, 전국채소생산자연합회, 전국한우협회, 한국관광농원협회, 한국민속채소생산자협회, 한국양록협회, 한국양봉협회, 한국오리협회, 한국인삼경작자협의회, 한국포도회, 한국과수농협연합회, 한국단미사료협회, 한국낙농육우협회 등 15개의 품목 단체가 활동 중이다. 품목 단체는 해당 품목의 건전한 발전을 위하여 회원 상호 간의 협조를 기하고 품목별 지식과 기술을 향상시켜 생산자의 경제적, 사회적 지위 향상과 복리 증진에 기여함을 목적으로 설립되었다. 또한 생산물의 안전성 확보를 최우선 과제로 하여 국민 보건 향상에 역점을 두고 있으며, 생산성을 향상시켜 농가의 소득 향상을 도모할 수 있도록 정책 개발 및 제도 개선을 위해 노력한다. 일부 우리 품목 단체는 지속적 발전과 안정을 위해 자조금제를 도입하여 각종 홍보 활동을 적극적으로 추진하는 동시에, 정책 개발을 위한 전문 인력 양성에도 많은 노력을 기울이고 있다.

2) 우리나라 농민 단체의 연대 체제 및 활동 현황

각 농민 단체는 단체 회원들의 사회 경제적인 지위를 향상시키기 위하여 나름대로 대내외 활동을 전개하고 있다. 특히, 관련된 기관·단체와 긴밀한 협력 관계를 유지함으로써 단체의 요구 사항을 일정 부분 반영하고, 약간의 재정적인 지원도 받고 있다. 그러나 시장 개방의 확대에 따라 농민들의 불이익이 커질 것으로 예상되면서 단체들은 연대하여 보다 적극적으로 대응하게 되었다. 2000년 10월 25일 전농, 한농연 등 21개 농민 단체가 정기국회 회기 내에 농가부채특별법 제정을 위한 농민단체협의회를 구성하게 되었다. 이 단체에는 전국농민회총연맹은 물론 한국농업경영인중앙연합회, 한국여성농업인중앙연회 등 전국 규모 농민 단체가 총망라돼 있다. 이 농민단체협의회는 지역구 국회의원들을 대상으로 농가부채특별법 제정 서약서 접수 활동을 시작하여 국회의원을 압박하였다. 1999년 협동조합 개혁 과정에서 분열되었던 전농과 한농연이 힘을 합쳐 농민단체협의회를 만들고 농가 부채 해결 투쟁에 나섰다는 것은 큰 의미를 가진다. 그만큼 농민들이 위기 상황까지 내몰려 있음을 말해준다. 2000년 11월 여러 농민 단체가 집결하여 초유의 고속도로 점거 집회를 했고, 이때 구속된 농민 5명 중 한농연회원이 4명일 정도로 한농연 회원들의 분노가 두드러졌다. 이 집회를 통해 정부가 농가 부채 경감 대책을 내놓으면서 연대의 틀이 약해지기 시작했다. 2000년까지 거의 모든 농민 단체가 농민단체협의회에 가입되어 활동하였으나, 현재는 상대적으로 온건한 대응을 주장하던 품목 단체 위주의 18개 농민 단체가 구성원으로 참여하고 있

다. (표14 참조)

〈표14〉 전국농민단체협의회의 주요 사업 및 소속 단체 현황

구분	내용
조직 이념	농민 단체 간의 상호 협력을 통해 농민의 지위 향상과 농민 단체의 공동 과제 해결, 농민의 안정적 발전에 기여
주요 사업	농업 발전을 위한 대정부 건의 활동
	농민의 경제적, 사회적, 정치적 지위 향상을 위한 협동 사업
	반 농업 처사에 대응한 투쟁 활동
	회원 단체 및 개별 단체 사업에 지원 활동
	본회 목적에 부합한 단체 등과 연대 활동
	국제 농민 단체(NGO)와의 교류 및 연대 활동
	지역 조직 결성 및 활성화 추진 사업
	통일 농업에 대비한 연대 활동
	교육, 홍보, 선전 및 연구 사업
소속단체	농가주부모임전국연합회, 대한양계협회, 대한양돈협회, 생활개선중앙회, 우리마을 양파지키기전국운동본부, 전국버섯생산자협회, 전국새농민회, 전국한우협회, 한국관광농원협회, 한국농촌지도자중앙연합회, 한국민속채소생산자협회, 한국4H본부, 한국사이버농업인연합회, 한국쌀전업농중앙연합회, 한국양록협회, 한국양봉협회, 한국요리협회, 한국포도회 등 18개 단체

그 후 2003년 5월 19일 한농연을 비롯한 전농, 전국농업기술자협회, 전국여성농민회총연합회, 전국한우협회, 한국가톨릭농민회, 한국낙농육우협회, 한국여성농업인중앙연합회, 한국유기농업협회가 참여한 전국농민연대가 출범한다. 2003년 9월 멕시코 칸쿤에서 제5차 WTO

각료 회의가 예정되었으며, 또한 정부가 한-칠레 자유무역협정을 추진하고 있던 시기인 만큼 농민 단체들은 강력한 연대의 필요성을 느낀 것이다. 하지만 2004년 한·칠레 FTA 비준 안이 국회를 통과하고, 투쟁 과정에서 투쟁 일변도가 아니라 대안 중심의 농권 운동을 지향하던 한농연이 농민 연대를 탈퇴하면서 전국농민연대의 틀이 약화되었다. 2006년 3월 27일 한농연 등 주요 농민 단체가 상설적 연대체인 농민연합을 창립하고, 근본적인 농업 회생 대책 마련을 위한 구체적인 실천에 들어갔다. 한국농업경영인중앙연합회, 한국여성농업인 중앙연합회, 전국농민회총연맹, 전국여성농민회총연합, 한국가톨릭농민회, 전국농업 기술자협회, 한국낙농육우협회, 환경농업단체연합회, 한국4H본부, 농촌지도자중앙연합회, 새농민회 등 총 11개 단체가 참여한 농민연합은 농민 단체 간의 상호 협력과 단결을 바탕으로 다양한 대중 사업을 통해 농민의 정치적, 사회적, 경제적 지위를 향상시키겠다는 것이 만들게 된 배경이다. 즉, DDA(도하개발아젠다) 농업 협상과 FTA(자유무역협정) 확산 등 개방 농정의 심화, 농가 소득 감소 및 부채 증가, 농촌 인구 감소 등 농업, 농촌의 총체적 위기를 극복하기 위한 상설 기구로 농민연합을 결성한 것이다. 더구나 90년대 초 1,000만 명에 이르던 농민은 개방 농정과 농업 구조 조정 속에서 350만 명 수준으로 줄어들었고, 국내 농업 또한 축소 일로를 걷고 있다.

반면 농민 단체는 난립해 있어 1명의 농민이 2~3곳의 농업 관련 단체의 회원으로 가입해 있는 상황이다. 이에 따라 단체별로 조직을 유지하기 위한 비용이 과다하게 들어가면서도 전문적인 역량을 축적하는 데는 어려움이 있었다. 또한 한·미 FAT(자유무역협정) 등 농정 현안에 대응하는 데 있어 농민 단체 힘이 분산됐으며, 각 단체들이 독자적 활동의 한계를 극복하기 위해 쌀협상국회비준 저지비대위 등 주요 사안에 따라 대책 기구를 구성했으나, 이 또한 한시적 연대라는 한계가 있었다. 이에 한농연과 전국농민연대 소속 단체들을 중심으로 농민운동을 주도해 나갈 농민 단체의 단일대오 구성을 지속적으로 논의해 왔으며, 이를 바탕으로 상설적 연대체인 농민연합을 결성하게 된 것이다. 농촌 인구 감소 등 농업, 농촌의 총체적 위기를 극복하기 위한 상설 기구로 농민연합을 결성한 것이다.

3) 농민당 발족을 위한 태동

2014년 9월 농민 단체 연대 기구인 국민과 함께하는 '농민의 길'을 출범시켰다. 참여 단체는 가톨릭농민회, 전국여성농민회 총연합, 전국 친환경농업인 연합회. 전국 농민회총연맹은 서로 연대해 더 조직적이고 지속적인 대 정부 투쟁을 목표로 하기로 결의했다. 농민들이 정부도, 국회도 정당도 더 이상 믿을 수가 없다면 방법은 한 가지밖에 없다. 농민 스스로를 믿는 방법이다. 농민들이 정치를 하는 길이다. 국가와 사회의 주인, 권리와 책임의 주체가 되는 길이다. 농민들 스스로 농민당을 만들어 국회로 진출해 정부를 감시하고 정권을 견제하는 길이다. 그렇게 농민의, 농민에 의한 농민을 위한 정치를, 농민 스스로 나서서 하는 길이다. 그보다 더 좋은 방법은 없다. 그러나 그 후 활동 실적을 아쉽게도 확인을 못 했다.

6년이 지난 2020년 2월 18일 한국농어민신문에서 농민당 창당을 준비하는 움직임이 나타나고 있다고 보도했다. 농민의 정치 세력화 추진은 농업계의 염원 중의 하나로 제21대 국회의원 총선거를 앞두고 연대 비례제 도입 등 시대적 변화와 맞물려 실질적인 성과를 낼 수 있을지 주목된다고 보도했다.

　농업 경영인 출신의 일부 인사들을 중심으로 가칭 '한국농민당 창당 준비원원회(창당준비위)'가 꾸려져 농민당 창당을 위한 여론과 의견을 규합하고 있다. 박영준 창당 준비 위원장은 "농민과 농업을 모르는 이들이 법을 만들고 있기 때문에 농업 발전법이 아니라 농업 규제법이 양산되고 있다. 농민과 농업 문제를 풀어내기 위한 정치 세력화는 농민당 창당에서 출발할 수 있다. 농민당은 농민은 물론 농업 분야 관계자들과 관련 산업 종사자 모두를 대상으로 하고 있다."며 "창당 여론 수렴과 조직화를 위해서는 한농연이 주축이 돼 선도적인 역할을 해 주어야 한다. 많은 이들의 관심과 참여를 기다리고 있다." 고 말했다. 그러나 그 뒤의 활동 실적은 역시 확인하지 못했다.

　한편 농촌만(農村黨)이라는 기록이 있었다. 원래 소속된 정당과는 전혀 상관없이 농촌 지역 출신 국회의원들을 한데 묶어서 일컫는 말이다. 농산물 시장 개방, FTA(자유무역지대협정) 비준안 등 농촌 지역의 이해관계가 걸린 사안에선 소속 정당을 초월하여 한 목소리를 내는 게 특징이다. 주로 농촌을 이롭게 하는 정책과 관련된 주장을 펴는 당으로 국회가 '농촌당' 대 '도시당'으로 갈렸다. 29일 본회의에서 의원들 간의 이견으로 대치 상황이 전개됐다. 그러나 진영을 가르는 기준은 그동안의 여(與)와 야(野) 또는 '당대당'이 아니었다. (중앙일보, 2003.

12. 29.) 무역으로 먹고사는 우리나라는 "우리 농촌을 남에게 내줄 수 없다."라는 일부 '농촌당' 의원의 주장에 밀려 계속 국제 통상 무대에서 외톨이로 남게 됐다(중앙일보 2004. 2. 10.) 여야를 막론하고 농촌의 이익을 대변하는 그룹을 가리켜 '농촌당'이란 신조어가 만들어지기도 했다. 농업·농촌을 지키려면 국회의원이 있어야 목소리를 낼 수 있다는 사실을 보여준다. [2]

위와 같이 여러 차례 농민당 창당을 위한 모임이 있었으나 결실을 보지 못했다. 그러나 2024년 국회의원 선거를 앞두고 다시 농민당 창당 준비가 진행되고 있다는 사실이 보도되었다.(경북신문, 2023. 1. 31.)

농민당 창당준비위원회(준비 위원장 박영준)가 꾸려져 창당을 위한 여론과 의견을 규합하고 있으며 창당 일정과 관련 왕남식 창당 준비위원은 "경북, 경남, 전남, 충남, 충북, 강원, 경기, 대전, 울산 등 각 시도 당 위원장들의 선임 절차가 상당 부분 진행 중이며 300여 명의 발기인이 확보된 상태"라며 오는 "3월 창당 발기인 대회를 거쳐 올해 9월 창당을 목표로 진행하고 있다"고 밝혔다. 금차에는 농민들의 숙원인 '농민당의' 탄생을 기대하여 본다.

---

[2]   국립국어원, 『사전에 없는 말 신조어』, 태학사, 2007. 10. 5.

4) 외국 농민당의 활약

최근 각광을 받고 있는 대만, 스웨덴을 비롯하여 기타 국가의 실재한 농민당의 활약상을 알아본다.

① 각국의 농민당

농민당이 결성 운영되고 있는 국가는 그리스 농민당, 독일 농민당. 아이슬란드 농민당(1933년), 아일랜드 농민당, 자메이카 농민당, 일본 농민당(1926년~1928년) 리투아니아 농민당. 네덜란드 농민당, 부틸 농민당. 타이완 농민당, 농민당(민중연합당), 기타 라트비아 농민연합. 사냥 꾼 어민 농민당, 등이 운영되고 있다.

② 정당 활동이 돋보이는 농민당

스웨덴

'스웨덴' 하면 복지부터 떠오른다. 학교, 건강, 연금, 노인 복지, 사회 복지 사업 등을 국가가 거의 무상으로 제공한다. 50년에 걸쳐 이어진 이 같은 스웨덴 복지는 표심을 잡기 위한 선심 공약이 아니라고 스웨덴 예테보리대학교 최연혁 교수는 설명한다.

바로 정치적 상생에서 비롯되었다는 것이다. 경제 성장과 분배의 정의를 동시에 일궈 내기 위해 1938년 조우 연합, 노사 합의라는 대타협을 이루었기 때문이다. 그 정치적 상생의 두 주역인 좌파 사민당과 우파 농민당의 좌우 연정, 그리고 자본과 노동의 합작한 살트세바덴 협약은 스웨덴 역사의 물꼬를 바꾸었다는 평가를 받는다.

복지 국가 스웨덴을 일군 사민당의 장기 집권은 사민당이나 노동자들의 독단적인 힘이 아니라 농민과 연대한 이른바 '노·농 동맹'이 있었기 가능했다. 그렇다고 스웨덴의 농민당은 진보적이거나 혁신적이지 않다. 전형적인 우파로서 그저 농민의 이익 단체일 뿐이다. 하지만 좌파인 사민당은 사회 복지라는 대의를 위해 기꺼이 우파인 농민당과 힘을 합친다.

대만

대만에도 농민당이 있다. 1989년 창당한 당원 수는 6,000명의 군소 정당이다. 대만(타이완) 독립운동과 토지 균분론을 주장하는 중도 좌파인 정치적 스펙트럼을 가진다. 역시 정치 이념보다는 농민의 이익을 대변하는 게 존립 목적이다. 대만의 민주 진보당 집권기에 실행된 신자유주의 정책으로 농민들의 생계가 위협당하면서 반 국민당, 반 민주진보당 행보를 이어가고 있다. 중도파인 민주진보당에 비해 다소 진보적인 점 말고는 크게 차별화되지 않는다.

5) 선진 농업발전을 위한 농민당의 창당은 시대적 요청이다

한국에는 아직 농민당이 없어. 농민의 목소리를 대변해 줄 독자 정당을 꾸리지 못하고 있다. 그러나 농업, 농민에 대한 존농 의식을 높이고 농민 운동의 지평을 넓히려면 농민당이 절실하다. 따라서 복잡한 현대 행정 소통의 어려움, 농민과 농업을 모르면서 법을 만들어 오히려 농업 발전을 가로막는 농업 규제법이 양산되었을 때 이를 풀기 위한 정치적 해결 수단이 없다.

더욱이 한국 농업에는 우군이 없다. 고립무원이다. 문민정부 이후 각 정부의 최고 책임자의 농업관이 문제였다. 농업 문제는 귀찮다며 무관심하게 생각했기 때문에 한국 농업은 마침내 사상 초유의 존폐 위기에 몰려 있다. 이 난제를 풀기 위한 정치적 해결에 중추적 역할이 될 구원 세력의 지원이 절실하나 현실은 거의 난망한 실정이다. 이 어려운 문제 해결에 그래도 도움을 받아 농업 재건의 실마리를 찾으려면 농민의 뜻을 하나로 모아 호소할 수 있는 창구 역할을 할 농민당이 필요하다.

위 설명에 농민 단체가 35개나 난립하여 의견 종합에도 기술적인 관리 역량이 필요하고 더욱이 1명이 2~3개 조직에 적을 두었다면 조직의 힘의 분산은 물론 전문적인 역량 축적에 결코 도움이 되지 못할 것은 분명하다. 단일대오가 형성되었어도 조직적인 정부와의 대항은 거북한데 이렇게 지리멸렬된 조직에다 혹여 의견이 아무리 이론적으로 정립된 논리라 하더라도 중구난방 누구의 말을 들어 주느냐 하고 무시한다. 그러므로 농업 선진국을 바란다면 두레나 품앗이 같은 전통을 이어받은 협동 정신으로 똘똘 뭉친 농민당이 창설되어야 한다. 그러면 농민당 창당에 도움이 될 사항을 모아 본다.

① 농민당 창당을 위한 최소한의 필요조건

1. 의견 통합 문화 개발

어느 나라건 그 나라의 사회적 성격이나 문화적 특징을 규정하는 용어가 있다. 프랑스는 '톨레랑스'라 하는 다른 사람의 생각이나 행동방식에 대한 존중하는 문화가 있다. 네덜란드는 '오베를러흐'라는 이해 당사자 모두의 의견을 책상 위에 놓고 합의할 때까지 회의하는 토론 문화가 있다. 우리나라 농업 인구, 또는 농업에 관심을 가진 전문가 등의 규모로 보아 농민 단체가 많은 것은 의견 통합 기술이 프랑스나 네덜란드 같은 토론 문화 부족으로 이해하고 싶다. 그러므로 한국 농민당만의 독특하고 고급화된 '의견 통합 문화'의 개발 시행을 권하고 싶다.

2. 농민 모두는 농민당에 가입 회비를 납부한다

농민은 창당하는 농민당에 모두 당원으로 가입한다. 가입 회원은 의무적으로 월 회비 1,000원 이상을 납부한다. 회비를 납부하면 충성도가 달라진다.

대만의 농민당은 6,000명의 회원으로 유지하고 있다. 회원 확보가 많기를 희망하는 근본 이유는 세를 과시하는 데도 유익하지만, 회원이 많을수록 굳건한 팀을 이루어 중지를 모으는 데 유익하기 때문이다. '팀이 천재(天才)를 이긴다'는 말이 있다.

3. 농업 정책 전문가 양성한다

농민들의 결기를 보여주는 농민 투사들의 아스팔트 농사도 때로는 필요하지만, 그보다는 정책 대안을 가지고 정부와 맞서 싸울 정책 전문 투사가 필요하다. 펜은 칼보다 강하다 했다.

4. 무료 변호사 상주제 실시

부당한 피해는 반듯이 보상받아야 한다. '농민이니까' 하는 안일한 대처는 다음의 더 큰 피해를 받을 수 있는 구실이 될 우려가 있다. 디지털 농업, 스마트팜, 인공지능(AI), 기업농 등 교묘한 피해 사례가 많을 것으로 우려되므로 당에서 미연에 방지할 수 있도록 방파제 역할을 할 무료 변호사를 두어 농민 보호에 주력하는 데 도움을 주어야 한다.

제22장

답농방식(畓農方式) 바꿔
한국 영농사 새로 쓰자

우리나라 농업은 밭농사를 시작으로 논농사(畓農)에 주력하여 살아왔다. 장구한 영농사를 만들고 이어오면서 농사 기술은 어떠했는지 그 개요를 요약하여 살펴보기로 한다.

1) 우리나라 근세 이후 농업사

조선 시대 역시 농업을 중시한 국가이며 왕토 사상에 의한 통치 국가였다. 15세기에 세종의 농사직설(農事直說)은 농본 국가의 대표적인 농사 교본이었다. 특징은 우리나라 농사 환경에 맞는 농사 정보를 전해 주었으며 논농사의 직파법을 개량한 이앙법을 처음 소개하였다.

이 무렵 벼를 재배하는 방법과 밭에 밭작물을 재배하는 방법이 크게 두 가지로 나누는 농법이 구분되는 변화가 있었다.

벼농사의 경우 조선 전기에는 종자를 미리 발아시켜 논에 바로 뿌리는 방식이 직파법인데 이를 현재 이용되고 있는 이앙법으로 주도적인 재배법이 바뀌었다. 직파법이냐 이앙법이냐에 따라 노동력의 양, 농사의 시기 등이 달라지기 때문에 농민의 일 년 생활 또한 바뀌게 되었다.

밭농사는 면화 경작에 그 특징이 있다. 고려 말에 들어온 면화는 전국으로 확대 재배되었다. 조선 후기에는 밭농사가 발달하여 1년 2작 체계를 갖추어 농사를 지었다. 당시에는 주로 사이짓기(間種法)와 그루갈이(根耕法) 방식을 이용하였다. 이때부터 작부 체계에 따라 변화된 농사가 시작되었다.

1945년 8월 15일 해방되어 경자유전(耕者有田) 원칙에 따라 1948년 3월, 1950년 4월 2차에 걸쳐 농지 개혁을 실시하였다.

1977년 12월 20일 박정희 대통령이 녹색 혁명 성취 휘호를 내리고 1971년 이후 신품종 개발 보급으로 '보릿고개'를 극복하고 주식인 쌀을 안정적으로 생산 주곡자급 달성에 이르렀다.

2) 답농(畓農)방식 바꿔 경로 의존성 함정에서 탈출하자

경로 의존성이란 한 번 어느 발전 경로에 의존하기 시작하면 나중에 그 경로가 비효율적이라는 게 밝혀지더라도 계속 고수하려는 경향을 말한다. 대부분의 오래된 산업은 경로 의존성을 어느 정도 가지고 있다. 이는 안정감을 주기도 하고 변화를 불편하게 느끼게 하는 원인이 되기도 한다. 농업도 예외는 아니다. 어찌 보면 가장 오래된 산업인

만큼 경로 의존성이 높게 나타내는 게 당연하다.

경로 의존성을 설명할 때 가장 많이 드는 예가 영국의 '적기 조례'다. 산업 혁명 시절 자동차가 처음 개발되었을 때, 자동차로 인해 마부들이 일자리를 잃게 되자 강하게 저항했다. 정부는 '적기 조례'라는 걸 제정해서 이익 집단의 저항을 피하고자 했다. 그렇지만 자동차가 대세가 되는 걸 막을 수가 없었다. 상대적으로 저항이 없는 경쟁국에서 앞서 나가면서 결국 '적기 조례'의 시대는 막을 내린다.

이와 같이 수천 년 매너리즘에 빠져 있는 영농 방식에서 벗어나 새로운 증산을 도모하는 지혜도 찾아야 한다. 조선 후기에 밭농사가 발달하여 1년 2작 체계를 갖추어 농사를 주로 사이짓기(間種法)와 그루갈이(根耕法) 방식을 이용하여 농사를 지어왔던 선례로 보아 답농 방식도 바꾸어 경로 의존성으로부터 탈피하는 지혜가 필요하다. 특히 우리나라의 밀, 옥수수 수입량이 많은 데다가 분별없는 쌀 정책으로 과잉 생산되어 한국적 농업 정책의 미숙으로 나타나 심각한 농업·농민 문제로 이어져 있는 작금의 사정이다. 그간의 답농 방식에서 식량 자급률을 저하시키는 농작물의 영농 체계를 과감히 바꾸어 보자는 의도다.

3) 관행 작부 체계를 바꾸어 보자

이제는 우리나라 농업도 변화의 기로에 있다. 디지털 기술의 발전과 함께 탄소 중립이라는 전 지구적 어젠다를 해결해야 하기 때문이다. 농업의 미래를 논하려면 경로 의존성을 벗어나는 새로운 시각이 필요하다.

거의 고정불변에 가까운 농작물 식재 방법을 변경해 작부 체계를 바꾸어 경로 의존성 함정에서 벗어나 생산성을 높여 보자.

① 농작물 재배 종류

우리나라에서 재배되고 있는 작물의 종류는 약 3,000여 종에 달하고 있는데 그중에서 식용으로 이용되고 있는 작물은 1,070여 종에 이른다. 우리가 이용하는 중요한 작물은 약 300여 종 정도다. 이런 작물은 크게 나누어 식용 작물, 공예 작물, 원예 작물, 사료 작물 등으로 분류한다.

② 논 이용 밭작물 작부 체계(식용 작물)

농업인이 논에서 이용할 수 있는 대표적인 작물과 조합 방법

작부 체계	작물명	파종 및 정식키	수확기	품종
옥수수+콩	옥수수	3월 하순	7월 상순	미백2호
	콩	7월 상순	11월 상순	대원
옥수수+들깨	옥수수	3월 하순	7월 상순	미백2호
	들깨	7월 상순	10월 상순	다유
감자+콩	감자	3월 중순	6월 하순	수미
	콩	6월 하순	11월 상순	대원
감자+참깨+배추	감자	3월 중순	6월 하순	수미
	참깨	6월 하순	9월 상순	건배
	배추(결구)	9월 상순	11월 중순	불암3호

작부 체계	작물명	파종 및 정식키	수확기	품종
양파+참깨+배추(얼가리)	양파	10월 중순	6월 중순	케이스타
	참깨	6월 하순	9월 하순	건백
	배추(얼갈이)	9월 상순	10월 중순	금촌얼갈이
마늘+참깨+배추	마늘	11월 중순	6월 중순	단양종
	참깨	6월 하순	9월 상순	건백
	배추(결구)	9월 상순	11월 중순	불암3호

출처: 정택구 외, 「중부지방 논 이용 밭작물 작부 체계별」, 충청북도 농업기술원, 2021.

4) 가루쌀 등 작부 체계 활성화

가루쌀은 일반 쌀과 달리 6월 말 늦게 이앙이 가능하며 밀과의 재배 적합성이 좋은 품종이다.(농림축산식품부, 2022. 10. 10.)

정부는 그동안 타작물 재배 지원 요구에 선을 그으면서 전략작물직 불제 도입 의지만을 강조했지만, 만성적인 쌀 초과 생산 구조에 따른 쌀값 안정 대책 요구가 거세게 일자 타작물 재배 지원을 위한 예산 편성에 동의했다.

〈전략작물직불금 단가〉

(단위: 원/ha)

구분	작형	단가
밀 · 보리 · 호밀 · 귀리 · 감자 · 청보리 · 이타리안라이 그라스 · 유채 · 일반벼	이모작	50만 원
보리 · 콩	이모작	150만 원

구분	작형	단가
논콩 · 가루쌀	단작	100만 원
논콩 · 가루쌀+밀 · 조사료	이모작	250만 원

* 정부안으로 국회 심의 과정에서 변동될 수 있음 (자료: 농림축산식품부)

출처: 농민신문. 2022. 11. 4.

마침내 20대 윤석열 정부는 백척간두에서도 한 발 더 나가 곧바로 폐농(廢農) 직전의 한국 농업에 대한 구농정책(救農政策)을 세워 추진 중이다. 전 정부의 위기 농업의 덤터기를 이어받아 식량 주권을 되찾고자 분질미(粉質米)를 활용한 자급률 향상에 본격적으로 나섰다.

분질미는 농촌진흥청에서 개발한 쌀 종류로서 2002년부터 '남일 벼' 품종에서 분질 돌연변이 유전자를 탐색하여 '수원542', '바로미2' 등의 분질미 품종으로 개발하였다. 일반 쌀은 전분 구조가 밀착되어 단단하기 때문에 가루를 만들기 위해 습식 제분을 하는 데 반해 분질미는 밀처럼 전분 구조가 둥글고 성글게 배열되어 있어 건식제분이 가능하여 제분 비용이 상대적으로 낮고 전분 손상은 적어 일반 쌀가루보다 밀가루를 대체하는 데 상대적으로 유리하다.

이번 대책은 27년까지 분질미로 연간 밀가루 수요의 (약 200만 톤) 10%(20만 톤)를 대체하여 밀수입 의존도를 낮추고 쌀 수급 과잉 문제를 해결하는 것을 목표로 설정하였다. 이를 달성하기 위해 안정적 분질미 원료 공급 체계 마련, 산업화 지원, 쌀 가공식품 소비 확대를 3대

주요 정책과제로 설정하였다.

개방 농정 이래 처음 한국 농업에 대한 정부의 기대 섞인 관심을 느낀다. 미곡의 수급 정책에 가루쌀의 성공 여부에 역량을 쏟아 기록에 남는 역사적 금자탑을 세워지기를 기원하면서 지난 2022년 9월 23일 농업 마이스터 1호인 최남훈 장인명품 대표가 전북 김제에서 자체적으로 개최한 설명회에서 150명이 참석했고 다음은 설명 내용이다. 현재 전북 김제에서 6ha 규모의 가루쌀(바로미2) 채종포를 운영하고 있다.

가루쌀(분질미, 품종명 '바로미2'). 겉으로 보기에는 일반 벼와 다르지 않다. 다만, 이삭을 들었을 때는 일반 벼보다 가볍다.
'가루쌀(분질미)' 재배를 앞둔 농가라면 품종 특성을 충분히 숙지해 재배에 나서야 할 것으로 보인다. 재배적 특성이 일반 벼와 달라 자칫 잘못하면 한 해 농사를 망칠 수 있어서다. (김흥중 기자, "'가루쌀' 재배는 "신중 또 신중(愼重)을 요구되는 노력을", 한국농업신문, 2022. 9. 30.)

가루쌀(품종명 '바로미2')은 농촌진흥청에서 개발한 물에 불릴 필요 없이 가루가 되는 쌀이다. 가공용으로 개발된 쌀로, 일반 쌀과 달리 전분 구조가 밀처럼 둥글고 성글게 배열돼 있어 건식 제분이 가능하고, 밥으로 이용할 수 없어 밥쌀 시장에 섞일 우려가 없는 게 특징이다.

이에 농림축산식품부에서는 쌀 수급 불균형 해소 대안으로 가루쌀을 활용한 쌀 가공 산업 활성화 대책을 밀고 있다. 일반 벼 대신 가루쌀을 재배해 벼 재배 면적을 줄임으로써 쌀의 구조적 공급 과잉 문제를 풀겠다는 취지다. 사업 성공을 위해 생산된 가루쌀은 정부가 전량 수매하고, 가루쌀 재배 시 농가에 전략작물직불금을 지급하는 등 혜택이 주어진다.

다만, 가루쌀은 재배할 때 각종 인센티브가 제공돼 농가의 작목 선택 시 매력적일 수 있지만, 재배에 앞서 신중할 필요가 있다.

최남훈 대표는 가루쌀 재배에 신중해야 하는 이유로 못자리 과정의 어려움과 수발아 발생 위험성을 꼽았다.

가루쌀은 품종 특성상 6월 하순부터 7월 상순에 어린모를 이앙하게 되는데, 이때 이앙 전 못자리 과정이 쉽지 않다는 것이다. 최 대표는 "올해 채종포에 심은 가루쌀은 6월 22일 이후 못자리를 해서 6월 29일부터 이앙했다"며 "야간 기온이 25℃에 육박하는 여름철에 못자리를 만들면 어린모가 높은 기온 탓에 웃자라는 등 고온 피해에 노출될 수 있다."고 설명했다. 야간 기온이 15℃ 정도인 4월경 못자리를 하는 일반 벼와 달리 가루쌀 못자리 관리가 까다롭다는 것.

못자리 관리가 제대로 이뤄지지 않으면 농가가 입는 타격은 생각보다 크다. 이날 현장 교육을 듣기 위해 정읍에서 온 쌀 생산 농가 윤 씨는 "못자리에 실패한다는 것은 벼농사에 있어서 엄청난 위험이다. 걱정 정도에서 그칠 게 아니라 대책이 없는 수준"이라며 "4월에 못자리를 내는 일반 벼는 한 번 실패하더라도 다시 할 수 있는 여유가 있지만, 6월 중순 이후 못자리하는 가루쌀 기회가 한 번뿐이다. 이때 실패하면 한 해 농사를 포기해야 한다. 대체로 심을 작물도 마땅치 않다."

고 설명했다.

또한, 가루쌀 수확기에 비가 잦을 경우 벼가 선 채로 이삭에서 싹이 나는 수발아 피해가 심한 단점도 있다. 교육 현장에서는 못자리 과정의 어려움과 수발아 피해의 단점이 농가가 가루쌀 재배를 고심하게 되는 이유라고 입을 모았다.

이외 가루쌀의 수확 후 특성도 문제점으로 언급됐다. 가루쌀 수확 직후 바로 수분 14% 수준 이내로 건조해야 한다. 통상 수확 후 3일 이내에는 건조해야 한다는 게 최 대표의 설명이다. 건조기 사용이 원활하지 못하면 애써 키운 가루쌀 품질을 장담할 수 없게 된다.

최 대표는 "가루쌀은 품종 특성을 숙지하지 않고 재배할 경우 농가에선 큰 피해를 볼 수 있다."며 "농가 피해를 조금이라도 최소화하는 데 도움을 주기 위해 이번 교육을 열게 됐다."고 설명했다.

이어 최 대표는 가루쌀 재배를 신중하게 따져 봐야 한다고 거듭 강조했다. 그는 "가루쌀 재배 시 제공되는 혜택이 많아 농가에서 분명히 관심을 많이 두고 있을 것"이라며 "재배 과정의 특징을 충분히 숙지하고, 신중하게 재배에 나서야 한다."고 말했다.

제23장

해외 농업 자원 개발,
이젠 우리도 땅을 사서 자영하자

우리나라 경지 면적은 178만 1,600ha로 현재 4,800여만 명이 한 사람당 면적은 100평(0.036ha)을 가지고 있다. 이 경지 면적은 세계 최하위 수준이다. 미국은 국민 한 사람당 1.5ha의 농경지에서 식량 자급률이 138%, 캐나다는 2.3ha에 185%를 내고 있다. 이는 자국민이 먹고도 미국은 38%, 캐나다는 85%가 남아 수출할 수 있다. 자급률이 100%가 되기 위해서는 미국은 1.1ha, 캐나다는 1.2ha 농경지가 필요하다. 즉 한사람이 일 년 동안 먹고 사는 데 1.1~1.2ha가 있어야 한다는 결론이다. 그런데 우리는 그것의 1/30인 0.036ha에 불과하니 이 경지 면적으로는 자급 100%를 달성한다는 것은 기대하기 어렵다는 설명이다. 그에 따라 정부에서는 부족한 식량 자원의 확보를 위해 다음과 같이 해외 자원 개발 사업을 해왔다.

1) 해외 농업 개발 추진 상황

1960년대부터 해외 농업 개발을 추진하였다. 1960~70년대에는 「해외이주법」에 따라 정부 주도로 남미 농장 개발을 추진하였으나 사업 부지 선정의 부적합, 영농 의지 부족 등으로 사업을 지속하지 못했다. 1980년대 이후에는 민간 기업을 중심으로 해외 농업 개발을 추진하였으나 영농 경험 부족과 수익성 악화, 1990년대 들어서는 외환 위기에 따른 자금 조달의 어려워 철수했다.

2000년 후반에 국제 곡물 가격 급등 현상이 빈번하자 해외 농업 개발이 다시 논의되기 시작했다. 우리나라 농산업의 외연 확대를 위한 해외 농업 개발 종합 계획 수립이 요구되자, 2009년 '제1차 해외농업개발 10개년 계획(2009~2019)'이 수립되었다. 3년 후인 2012년에 '제2차 해외농업개발종합계획(2012~2021)'이 수립되었는데 2021년까지 국내 곡물 소비량의 35%에 해당하는 물량 확보를 목표로 하여 해외 농업 개발 진출 지역 다변화, 확보 물량의 국내 반입의 활성화 세계 식량 안보를 위한 국제 사회와의 공조 강화 등 주요 추진 과제로 선정하였다.

2018년에는 '제3차 해외농업자원개발종합계획(2018~2022)'이 수립되었는데 농식품 산업의 해외 진출 확대를 통한 우리 농업의 국제 경쟁력 확보 및 미래 식량 공급 기반 마련을 목표로, 식량 안보 대응 체계 강화 및 정책 내실화, 해외 농업 진출 분야 확대 및 산업 간 연계 강화, 민간의 해외 농업 진출 및 정착 지원 등 5개의 주요 추진 과제를 선정하였다. 제3차 해외농업자원개발종합계획(2018~2022)에 따라 그간의 추진 현황 및 평가 결과를 보면 진출 기업 수는 2008년 이후

2016년 말까지 총 169개 기업이 해외 농업 개발 신고를 하였으나 현재
는 이 중 38개 기업이 활동 중이며 러시아(연해주)는 기업 간 정보 교
류 및 기술 축적으로 안정화되었으며 중국 및 동남아는 현지 리스크에
대한 충분한 대비책이 없이 의욕적으로 진출하였으나 중도 포기하는
등 신고 대비 활동 기업은 적다.[1]

러시아를 비롯하여 캄보디아, 인도네시아, 중국 등 29개국에
76.726ha를 개발하여 농축산물 426.141톤을 확보하고 그중에서 27.735
톤은 반입되었다는 보고서가 다음 표와 같이 발표되었다.(표15 참조)

⟨표15⟩ 농기업 해외 진출 현황

국가	신고 기업 수 (08~16)	2016년 말 현재 활동 현황				
		활동 기업 수	비중(%)	개발 면적 (ha)	확보량 (톤)	반입량 (톤)
29개국	169	38	100.0	76.726	426,141	27,735
러시아	13	9	23.7	24.795	66,983	9,643
캄보디아	30	5	13.2	12.932	218,950	15,182
인도네시아	20	4	10.5	36.256	123.302	–
중국	24	3	7.9	97	7	–
몽골	11	3	7.9	1.035	771	40
베트남	10	2	5.3	90	2,030	2,000
브라질	4	2	5.3	575	1,001	–
기타	57	10	26.3	946	13.097	870

1 코로나 19를 통해 바라본 우리나라 해외 곡물 도입 정책 진단 (1)2022. 10. 5.
dmzzang.

2) 해외 농업 개발 사업 문제점

첫째, 8년간(2009~2016) 38개 기업이 1,552억 8,200만 원을 융자 받아 러시아(연해주), 캄보디아 등 12개국에 진출해 해외 농업 개발 사업을 추진하여 개발 면적과 확보량은 증가했으나 반입량은 9.1%인 2만 7,735톤에 불과 안전적인 식량 공급 기지라 하기에는 적절치 않다.

둘째, 개발 면적도 규모화 · 집중화되지 않아 식량 위기에 국내 반입을 하더라도 유통 비용을 감안할 때 반입 실효성이 낮을 우려가 있다.

셋째, 최근 진출 기업은 곡물보다는 카사바, 팜오일 등 현지 환경에 맞춰 생산성이 높고 경쟁력 있는 품목으로 다양화하는 경향이 있다.

넷째, 전통적인 곡물 중심의 농지 개발 · 영농을 통한 식량 확보 방식은 시간 비용이 많이 들고 규모화도 어려워 식량 공급 기반 구축에 한계가 있다.

넷째 해당 국가가 거부 시 국내 반입이 어려워 안정적인 곡물 확보를 못 할 수도 있다. 정부는 비상시 국내 곡물 수급 안정을 위해 해외 농업 · 산림 자원 개발 협력법에 근거해 융자 기업에 대해 생산물을 국내에 반입할 것을 명할 수 있다.

하지만 융자 기업이 진출한 국가에서 자국의 식량 확보, 가격 안정 등을 이유로 2007년~2011년 세계 각지에서 취해진 것과 같은 곡물 수출 규제 조치가 단행될 경우 현실적으로 정부의 반입 명령은 실효를 거두기 어렵게 된다.

다섯째, 반입 명령 기준이 애매모호한 점도 개선할 덕목이다. 반입 명령은 국내외의 농산물 및 축산물 수급에 중대한 차질이 생기거나 생길 우려가 있을 때 명령을 할 수 있지만, 발령 기준이 구체적이지 않고 명확하지 않아 반입 명령을 둘러싸고 경영 이익을 최우선으로 하는 기업과 정부 간에 해석상 문제가 발생할 여지가 있다.

3) 식량 확보를 위해 선진국들의 스파크

강대국들은 식량 전쟁에 대비한 농지 확보를 위해 나라 밖의 우량 농지에 눈독을 들여 개발도상국들의 땅을 사들이는 데 혈안이 되고 있다. 미국은 수단에서 40만ha, 일본은 브라질에서 20만ha를 확보하고 있다. 특히 중국은 잠비아에서 200만ha 농지를 확보한 것으로 알려졌다. 2007년까지 식량 자급률이 95~100%에 달했지만 2008년 이후 수입량이 수출량보다 많아져 수입국으로 전락하자 비상이 걸렸다. 지난해 중국 정부는 전국 5,000만 톤 식량 증산 계획을 통해 식량 생산 능력을 현재 5억 톤에서 5억 5,000만 톤으로 늘리고 경지 면적도 2억 2,000만 ha를 더 확보하겠다고 밝혔다. 러시아 역시 9,000만 톤에서 2억 5,000만 톤으로 곡물 생산량을 늘리고 농경지 관리에 특별히 신경을 쓰고 있다.[2] 작지만 농업에 강한 나라, 농업 선진국으로 대우받는 나라를 살펴본다.

2 허성배 칼럼니스트, "강대국 식량 대비 농지 확보에 초비상", 전북연합신문, 2013. 9. 26.

이스라엘

인구 610만 명에 총 국토 면적은 2,077,000ha이고 1인당 국토 면적은 1,020평이며 1인당 농지 면적은 172평이다. 이스라엘은 사막의 나라이고 해외 식량 기지가 없는 데도 농업 선진국이 된 것은 전 세계 금융권을 장악하고 다국적 곡물 메이저인 카길·ADM·콘티·몬산토·번지·콘아그라 등과 과일 메이저인 선키스트·델몬트·돌 등에게 자금을 투자하고 한편으로는 이자 대신 이들 농산물을 공급받고 있다.

네덜란드

인구 1,640만 명에 총 국토 면적은 4,153,000ha이고 1인당 국토 면적은 760평이며 1인당 농지 면적은 166평이다. 네덜란드는 아프리카의 케냐·에티오피아, 중남미 지역의 에콰도르·콜롬비아·베네수엘라 등에 농지를 구입하여 화훼를 주로 재배하는 데 해외 농지 확보 면적은 국민 1인당 3,000여 평이 된다. 물론 곡물도 재배하고 다국적 곡물 메이저도 거느리고 있다.

덴마크

인구 540만 명에 총 국토 면적은 4,300,000ha이고 1인당 국토 면적은 2,390여 평이며 1인당 농지 면적은 1,260평이다. 자국 영토로 충분한 자급이 되지만 해외 농지가 국민 1인당 300평이다. 주로 아프리카와 중동의 모로코에 있다. 열대 과일과 사료 작물만 재배하고 지구촌 육가공 공장에 주로 투자를 하고 공동으로 경영에도 참여하고 있다.

스위스

인구 730만 명에 국토 넓이는 네덜란드와 덴마크와 비슷한 4,100,000ha이고 1인당 국토 면적은 1,684평이며, 1인당 농지 면적은 616평이다. 스위스는 농지가 약간 부족하나 알프스의 자연 방목지가 많아 겨우 자급자족하고 있다. 그러나 전 세계의 종자·농약·농식품 산업에 출자하고 있으며 자국 내 아그로프롬사 등 다국적 곡물 메이저도 많이 있으며 한국에도 깊이 침투해 있다. 스위스는 뉴질랜드와 호주, 남미의 아르헨티나에 해외 식량 기지를 국민 1인당 1,500평 확보해 두고 있다.

일본

미래 국가경영의 꿈을 실현하기 위하여 해외 농업 자원 확대 개발은 물론 야심찬 식민대국회(植民 大國化)를 꿈꾼다. 브라질에 농장을 갖고 있다.('제14장 아시아 3국 중국, 일본은 식량 자급률 국가, 한국은 왜 못 했나' 참조)

4) 땅을 사서 자영하자

농업계도 힘깨나 쓰는 선진국 대열에 있는 국가들이 남의 나라 땅에 농사짓고 싶어 할 때 임대차는 없다. 오로지 매입이다. 미국을 비롯하여 중국, 일본, 네덜란드, 덴마크, 스위스 등 모두 땅을 사서 운영한다. 일반적으로 임차보다는 자기 소유가 분명한 소정의 절차를 거쳐 구입 절차를 끝내는 것이 심리적 안정감을 주기 때문에 사업 수행에도 심리적 도움을 준다. 최근 빌 게이츠도 세계 제일의 부호임에도 2,400만 평을 임차가 아닌 소정의 구입 절차를 거쳤다 한다.

이스라엘, 스위스, 네덜란드, 덴마크 등은 우리나라보다 인구도 적고 경지 면적도 좁다. 그럼에도 불구하고 그러한 불리한 조건을 극복하기 위해 해외 기지를 만들어 농업 선진국이 되어 명성을 떨치고 있다. 우리나라는 해외 식량 기지 면적이 국민 1인당 면적이 15.3평이다. 우위론자의 강세에 짓눌린 농업 포기론의 결과인가.

국가 간 곡물 조달 시스템 구축에는 대규모 자본 투자가 수반되는 고위험이 따르는 사업임으로 충분한 지식과 경험이 있어야 하며 단기간에 성과를 기대하여서는 안 된다. 곡물 메이저의 존재로 인한 진입 장벽에도 주의를 쏟아야 한다. 혹여 있을 수 있는 부족한 자금 조달 능력에 따른 협상력 부재, 장기적 관점의 투자 여건 부족, 단기적 성과를 중시하는 여론 등이 복합적으로 작용하는 데도 관심을 기울여야 한다. 이외도 공급자와 국내 실수요자 업체 간 가격 결정 방법의 차이로 인해 발생하는 손해, 국내 도착 지연 시의 위약금과 반품 배상 책임에 대한 문제 등이다.

제24장

'기업농'을 검토하자

1) 우리나라 농업, 농촌의 몰락 직전의 실상

최근 우리나라 농촌의 생생한 몰락 직전의 실상과 그에 대한 대안으로 일본의 실태를 발표한 기사를 살펴본다.(정순우 기자, "투기 잡으려다 농촌도 잡는다… 논밭 팔 길 막혀 '랜드푸어'", 조선일보, 2023. 10. 4.)

정부가 2021년 한국토지공사(LH)의 땅 투기 사태를 계기로 개정한 농지법이 농지 거래를 막아 농촌 고령층을 랜드푸어(땅이 있지만 가난한 사람)로 전락시키고 농촌 소멸 현상을 부추긴다는 비판이 나오고 있다. 이어 농업 진흥 지역 내에선 주말농장 목적의 농지취득을 금지하고 그 외 지역에서 주말농장을 하려 해도 직업과 영농 경력 등을 포함한 영농 계획서를 내야 한다. 농사짓기 위해 귀농을 하려면 지역 농지위원회의 심의를 통과해야 한다. -중략- 한국부동산원의 토지 거래 통계를 분석한 결과 올해 1~8월 매매 거래된 농지(전답)는 15만 7,739필지로 전년 동기(22만 6,828필지) 대비 30.4% 급감했다. 농지법 개정 이전인 2021년 같은 기간 29만 1,456 필지와 비교하면 반토막 수준이다. 농지를 사겠다고 나서는 사람이 없어지자 노후 자금의 전부나 마찬가지인 농촌 고령층은 현금을 마련할 길이 막막해졌다. 농지를 못 팔아 금융권에 담보를 잡히고 대출받는 경우까지 있다. 전문가들은 "농촌 인구 고령화가 심각해 도시민의 유입 없이는 농지를 받아 줄 사람이 없는 상황"이라며 "해외에서는 농지 취득 자격을 완화하는 추세인데 우리는 정반대"라고 지적하고 있다.

땅 투기 막으려다 주말농장, 귀농까지 차단되어 농촌이 다 망할 판이라고 결론지었다.

2) 일본 농촌 황폐화에 2000년대 들어 농지 규제 '확' 풀어

한국보다 앞서 농촌 고령화를 겪고 있는 일본은 농지 문제를 어떻게 풀고 있을까? 일본 역시 농가가 소유한 농지를 직접 경작하는 경자유전(耕者有田)을 원칙으로 하고 있다. 그러나 급속한 고령화로 농업 종사자 수가 감소하면서 휴경지가 늘고 농촌이 황폐화하자 2000년대 들어 농지 취득 관련 규제를 풀기 시작했다. 큰 방향은 기업의 농지 소유와 활용을 확대하는 것이다. 일본 정부는 2009년 외부 자본의 농업 진입을 촉진하기 위해 농지의 소유보다는 효율적인 이용을 강조하는 내용으로 농지법을 개정했다. 우선 개인이 농지를 취득할 때 적용하던 하한 면적을 없앴다. 또 농지를 소유할 수 있는 농업 법인이 아니라 일반 법인도 전국적으로 농지를 쉽게 임차해 경작할 수 있도록 했다. 2015년에는 농업 법인의 구성원이나 임원 출자 비율 요건을 크게 완화해 농업 법인 설립을 수월하게 했다. 이에 따라 2015년 1만 5,106개였던 일본의 농업 법인은 지난해 2만 750개로 37% 늘었다. 기업이 농지를 취득할 수 있는 문은 더 넓어지고 있다. 일본은 2016년 국가 전략 특구인 효고현 야부시에 한해 농업 법인이 아닌 일반 기업도 농지를 취득할 수 있는 특례를 실시했다. 그 결과 황폐하던 농지가 일반 기업에 의해 다시 경작 가능한 농지로 회복되고 일자리도 창출되자, 일본 정부는 지난달부터 이를 전국 단위로 확대하는 개정법을 도입했다. 유휴 농지가 늘어날 것으로 예상되거나 농업 종사자가 부족한 지자체가 중앙 정부에 신청하면 '구조개혁특구'로 지정해 일반 기업도 농지를 소유할 수 있게 한 것이다. 기업이 부적절하게 농지를 이용할 경우 지자체에 환매하도록 하는 등 불법 전용을 방지할 장치도 마련했다.

3) 주요국의 농업 경영 실태

주요국의 농업 운영 형태는 국가마다 다르며 지역과 국가의 특성에 따라 다양하다. 또한 농업 형태는 시간이 지남에 따라 변할 수 있으며 기술과 정책 변화에도 영향을 미친다. 일반적으로 농업 운영 형태를 가족농과 기업농으로 다음과 같이 분류한다.

가족농

중국은 소규모 가족 농업이 주류를 이루고 있다. 많은 가족들이 작은 땅을 가지고 직접 농사를 짓고 있으며 가족 구성원 모두가 농업에 참여한다.

인도는 소규모 가족농이 주류를 이루고 있다. 인구 밀도가 높고 작은 땅 조각이 흔하기 때문에 가족들이 농업을 경영한다.

기업농

미국은 대규모 상업 농업이 주류를 이루고 있다. 큰 농지를 보유한 기업체나 대규모 농장이 대량의 작물과 가축을 생산하며 첨단 기술과 자동화를 활용하는 경우가 많다.

브라질도 대규모 상업농이 주류를 이룬다. 특히 대규모 대두와 소고기 생산이 큰 비중을 차지하며 대규모 농지와 첨단 기술을 활용하고 있다.

4) 농업 운영 체제(가족농, 기업농)의 추세

농업 운영 체제의 추세는 국가와 지역에 따라 다를 수 있으며, 다양한 요인에 의해 영향을 받는다. 그러나 일반적인 추세로 다음과 같은 특징이 나타난다.

① 기업농의 증가

현대 농업은 농업 경영의 효율성을 높이기 위해 기술과 자동화를 적극적으로 도입하고 있다. 대규모 농지를 보유하고 있는 기업농이 생산량을 증가시키는 경향이 있다.

첨단 기술과 데이터 분석을 활용하여 농작물 생산 및 가축 사육을 최적화하려는 노력이 있다.

② 가족농의 현대화

가족농도 현대화를 통해 효율성을 높이고 생산성을 개선하고 있다. 가족농은 새로운 기술 및 농업 관리 방법을 도입하고 있다. 일부 가족농은 유기농 또는 고부가가치 작물의 생산에 중점을 두어 경쟁력을 강화하고 있다.

그러나 우리나라는 농업 정책의 실패로 농업 운영이 가능한 청년 인력의 도시 유출되었고 고령 농민만이 남아 있어 가족농 역할 기능이 상실되어 가족농의 현대화는 기대하기 어렵다.(〈우리나라 농업 인력 현황〉 참조)

우리나라 농업 인력 현황[1]

농가 인구수 10년간 24% 감소, 농가 고령화율 47%(전국 평균 17%)

통계청 농림 어업 조사에 따르면 농가 수와 농가 인구 감소세에 따른 위기 상황은 여전히 심각하다. 우리나라 농가 수와 농가 인구수는 지난 10년간 지속적으로 감소하고 있으며 고령화가 심화되고 있다.

2021년 농가 수는 103만 1천 가구, 농가 인구수는 221만 5천 명으로, 10년 전인 2012년 대비 각각 10.4%, 23.9% 감소했다. 2021년 농가 경영주의 평균 연령은 67.2세이고, 농가 인구의 고령화율은 전국 평균 고령화율 17.1%보다 2.7배가량 높은 46.8%로 나타났다.

이로 인해 농업은 고질적인 인력 부족 문제에 시달리고 있고 농촌은 지방 소멸 위기를 겪는 지역이 급격히 증가하고 있다. 농가의 60% 이상이 인력 부족을 경험하고 있고, 현재 '소멸 고위험' 지역 45개 기초 지자체 중 44개가 농어촌 지역인 '군'으로 나타났다.

5) 가족농, 기업농의 장단점

가족농과 기업농은 농업 활동을 수행하는 농장의 소유와 운영 방식에 대한 두 가지 주요 접근 방식이다. 각각의 방식은 다음과 같은 장단점이 있다. AI에게 물었다.

---

1   김남기 기자, "농촌 인구 감소··고령화 대응 방향…청년 농업인, 귀농·귀촌, 농촌공간 개선", 이모작뉴스, 2022. 7. 6.

① 가족농 (Family Farming)

장점

문화적 연속성과 지역 사회 지원: 종종 세대 간의 전통을 계승하며 지역 사회에 근거를 두고 있다. 이는 지역 사회와 문화적인 연속성을 유지하고 지역 사회에 기여할 수 있는 기회를 제공한다.

지속 가능성과 생태학적 측면: 종종 지속 가능한 농업 방식을 채택하고 생태학적 신뢰성을 유지하는 데 관심이 많다.

관리적 유연성: 소유자가 농장을 소유하고 운영하기 때문에 관리적인 결정에 대한 유연성이 높을 수 있다.

단점

한정된 자원: 자원이 제한적일 수 있으며, 규모 경제와 경쟁력 부족으로 인해 수익성이 낮을 수 있다.

기술 및 혁신의 한계: 기술 혁신에 대한 투자가 제한될 수 있어 생산성이나 수익성이 제한될 수 있다.

② 기업농 (Corporate Farming)

장점

규모의 경제와 효율성: 대규모로 운영되며, 더 높은 생산성과 효율성을 얻을 수 있다. 대규모 구매와 생산 혜택을 누릴 수 있다.

기술 및 혁신 투자: 보다 많은 자금을 투자하고 최신 기술과 혁신을

도입할 수 있어 더 높은 이익을 얻을 수 있다.

시장 접근성: 기업농은 국제 시장에 쉽게 접근할 수 있으며, 수출 및 다양한 시장으로 판매할 기회가 더 많을 수 있다.

단점

지역 사회와의 연관성 부족: 종종 지역 사회와의 연결성이 부족하며, 이로 인해 지역 경제와 사회에 부정적인 영향을 미칠 수 있다.

환경 문제: 대규모 농업 생산은 환경 문제를 유발할 수 있으며, 지속 가능성 문제를 야기할 수 있다.

규모 확장의 난제: 너무 빠른 규모 확장은 관리적 문제와 리스크를 증가시킬 수 있다.

따라서 농업을 위한 최적의 접근 방식은 지역 문제, 자원, 목표 등에 따라 다를 수 있으며, 가족농과 기업농은 각각 장점과 단점을 고려하여 선택되어야 한다.(출처.:openAI,,HHTPS ■ www.openal.com)

6) 농업 운영 체제에 대한 다양한 논의

① 기업농을 촉발한 LG

친기업 정책을 주도했던 이명박 정부는 경자유전 원칙의 훼손에도 불구하고 기업이 농업에 참여하는 데 제약이 되었던 빗장을 과감하게 풀었다. 이런 흐름은 2012년 동부팜한농에서 380억 원을 투자해 15ha 규모의 토마토 재배 온실을 신축하는 데까지 이어졌다. 그러나 동팜한농은 농민의 반대에 부딪혀 좌절되었다. 이후 동부팜한농은 LG에 인수되었다. LG의 농업에 대한 사랑은 유별했다. LG그룹의 창업주인 구인회 회장은 "나라의 백년대계"를 위해 1974년 연암축산기술학교를 열었다. -중략- 한 걸음 더 나가 3,800억 원을 투자해 새만금 간척지에 여의도 면적의 1/4에 해당하는 규모의 스마트 온실을 짓겠다고 발표한 것이다. LG는 예전에 동부팜한농이 그랬던 것처럼 농업 신기술에 대한 연구 개발이 주목적이고 농장에서 생산되는 토마토·파프리카 등 농산물은 모두 수출하겠다고 밝혔다. 농민의 반발을 의식한 조치였다.

그런데도 LG의 발표는 사회적인 논란을 촉발하였다. 전농(전국농민총연맹)은 전경련 앞에서 LG그룹의 농업 진출을 저지하기 위한 기자 회견을 열었다. 이번에도 반대 입장을 분명히 밝혔다. 여론은 명확하게 둘로 갈라졌다. 농업 전문지 등 친농업 측에서는 LG의 농업 진출을 골목 상권을 침해하는 대형 마트로 묘사하며 반대했다. 반면에 대부분의 주류 언론은 이제 기업농에게 길을 터 줘야 할 때라는 입장을 보였다. 기업 투자가 첨단 농업으로 가는 데 반드시 필요하다는 주장과 함께 침체된 농촌 경제를 대기업의 참여를 통해 개선할 수 있을 것이라는 희망도 드러냈다.[2]

---

2 남재작, "LG는 왜 '돈 안 되는' 농사에 투자할까", 오마이뉴스, 2016. 7. 14.

② 이계임 한국농촌경제연구원 선임연구위원의 기업농 주장

2015년 11월 12일 농식품부 주최로 열린 아그로-비즈포럼에서 '외
국에선 다 하는 기업농을 한국은 왜 못하나.' 하면서 우리나라에선 기
업의 농업 진출이 사실상 막혀 있는 현실을 토로했다.

아예 기업이 들어오지 못하게 막은 법안도 여러 개 발의되어 있
다. 지난해에는 동부팜한농의 수출 전용 토마토 사업이 '골목 상권'
을 침해한다는 주장에 좌초하는 일까지 벌어졌다.
하지만 선진 각국에선 기업들의 농업 분야 참여가 활발하다.
ITC(정보 통신 기술) 기업은 물론 유통 업체와 자동차 업체까지
농업에 집중 투자하고 있다. 구글은 토양 데이터 등을 분석해 생산
성 개선을 돕는 사업에 1,500억 달러를 투자한 바 있다. 일본에선 소
프트뱅크나 후지쓰 도시바 등 ITC 기업은 물론 도요타까지도 '작물
공장'에 참여하고 있다 [3]

③ '농업의 힘' 저자 박현출의 기업농 주장

기업의 참여를 허용해서 한국 농업의 규모를 지금보다 두 배, 세
배 키울 수 있다면 이 방법이 농업인에게 더 이익이 될 것이라는 생

---

3 이계임, 「외국에서 다 하는 기업농 한국은 왜 못 하나」, 농촌경제연구원, 2015.
11. 13.

각이다. -중략- 미래 농업의 중심은 어차피 기업이 감당하게 될 것이라고 예상한다. 농업도 이제 산업의 한 분야로서 과학적 지식과 데이터를 바탕으로 전문적인 경영을 하지 않으면 경쟁에서 살아남을 수 없는 시대에 와 있다. 또 상당한 자본 투자를 해야 하고 고도의 시장 관리 능력과 위험 관리 능력도 필요한데 이러한 일들은 개인이 전부 감당하기는 어려워 결국 기업적 경영 체제를 요구하게 될 전망이다. 우리 주변에서 흔히 보는 영농조합법인이나 농업회사법인도 기업인이기는 마찬가지다. 다만 규모가 작은 기업일 뿐이다. 시간이 조금 지나면 전문 경영인이 활약하는 중소기업 수준의 농업 법인이 많이 출현할 것이다.[4]

④ 김병률 농경연 선임연구원의 조건부 기업농

최근 기업의 농업 진입 관련 쟁점과 과세를 쓴 김병률 농경연 선임연구원은 영농자재신문(2017. 8. 11.) 테마기획 '기업의 농업 진출 장벽 갈등 관리로 넘는다.'에서 기업의 농업 진입에 대한 찬반양론을 실었다. 찬성은 농업의 경쟁력을 강화하는 수단으로 자본력을 갖춘 대규모 기업농 창설이 필요하고 농업 내부 자본으로는 충분하지 않아 비농업 부분의 농외 자본 출자가 이뤄져야 한다는 입장이다.

---

4   박현출, 『농업의 힘』. 에치엔컴(주). 2020. 8. 20.

반대 주장은 기업의 농업 투자 및 생산이 여러 부작용을 산출하는 등 많은 문제를 안고 있기 때문에 농업 경영 주체는 가족농이어야 하고 협업·기업적 농업 법인을 설립하더라도 가족농이 중심이 되는 농업 법인 형태가 되어야 한다는 의견을 제시하였다.

김병률 연구원 등은 이번 보고서에서 기업의 농업 진입에 대한 찬반은 '기업의 농업 진입을 허용하되 어느 규모 이상의 참여를 제한할 것인가와 출자 자본의 지분 비율은 어느 정도로 제한할 것인가'의 쟁점을 내포하고 있다고 강조했다. 또한 정부가 '농업 경영체의 한 유형으로서의 가족농을 어느 정도로 보호 육성할 것인가' 사이에서 찾는 균형점에서 정책 방향이 설정될 것이라고 덧붙였다.

⑤ 2008 정부가 농업 경쟁력 제고를 위해 기업형 농업 위주로 체질을 개선해야(당시 농수산식품부 관계자의 말)

2008 정부가 농업 경쟁력 제고를 위해 들역별로 따로따로 경작하는 것보다 법인화를 통해 공동 경영하는 것이 효율성이 높은 것은 자명한 일이라며 우리 농가의 경영 마인드를 기업형 농업 위주로 체질 개선해야 한다고 농림수산식품부 관계자가 말을 했다.

⑥ 공동 농장 법인인 '동송 고품질 기능성 쌀 생산 단지' 설립

창원 연합뉴스 임형섭 기자의 기사에 의하면 강원도 철원군에서 벼

농사를 짓는 신명철 씨(40)는 지난해 농사 비용을 예년에 비해 10%나 줄였다. 2007년까지 10ha 남짓한 땅을 경작하던 신 씨는 2008년 마을 주민들과 함께 공동 농장 법인인 '동송 고품질 기능성 쌀 생산 단지'를 설립했다.

이 생산 단지에는 52농가 참여해 120ha를 함께 경작하고 있다. 신 씨는 병충해 방제 작업을 공동으로 하다 보니 비용이 10%가량 줄었고 일손에도 여유가 생겼다며 "마을 주민들 중 참여자를 계속 늘릴 생각" 이라고 말을 했다.

7) 무너진 가족농, 대안은 기업농

5천 년을 이어온 가족농 영농 체제가 무너졌다. 우리나라 청년 농업 인구의 도시 유출로 인한 노동 인력 감소, 남은 농업 인구의 고령 인구 증가는 사실상 농업 농촌의 기능 상실이다. 그 결과는 가족농의 와해다. 이와 같이 농촌이 해체되는 데는 리소스(Resource) 할당이다. 개방 농정에 의한 수출 산업에 집중한 나머지 농업 투자에는 리소스의 축소가 아니라 차단에 가깝다. 이와 같은 농업 천시 정책으로 농업 경영 구조가 와해되어 마침내 가족농이 무너졌다. 그러나 농업은 생명 산업이며 우리나라 제일의 기간산업이다. 고로 농업을 살려야 나라가 산다.

위에서 각계각층의 의견은 '기업농'이다 기업농으로 의견이 모아져 시행하게 되면 주도면밀한 최선의 대책을 찾아야 한다. 이동규의 두줄 칼럼(조선일보, 2023. 10. 6.)에 전략적 사고에 대하여 "한국 공무원들이 가장 부족한 것이 전략적 사고 (strategic thinking)다. 일부 정책이 원래 의도와 180도 다른 결과를 초래하는 주된 이유다."라고 했다.

8) 기업농 정책 첫 시행에 따른 대처 방안

AI에게 물었다. 다음과 같은 회신이기에 참고로 전재한다.

가족농이 무너지고 기업농을 주장하는 상황에서는 다양한 이해관계자와의 협력과 상호 이해가 필요하다. 이러한 상황에 대한 대응 방법의 요점은 다음과 같을 수 있다.

대화와 협상

농업 정책과 전략을 개발하는 과정에서 가족농과 기업농 간의 대화와 협상을 촉진해야 한다. 이를 통해 양측의 우려와 목표를 이해하고 해결책을 찾을 수 있다.

지원 및 교육

가족농은 종종 기술 및 자금 부족으로 인해 어려움을 겪을 수 있다. 정부나 농업 단체는 가족농에게 기술 지원, 자금 지원, 교육 및 훈련 기회를 제공하는 방법을 개발해야 한다.

기업농의 사회적 책임

기업농은 환경 보호, 지역 사회 지원 및 고용 기회 제공과 같은 사회적 책임을 다해야 합니다. 이러한 활동은 기업농과 지역 사회 간의 긍정적 관계를 유지하고 형성할 수 있습니다.

농촌 개발 정책 개편

현재의 농촌 개발 정책을 재평가하고 개선해야 한다. 이를 통해 더욱 공정한 조건에서 가족농과 기업농이 경쟁할 수 있도록 해야 한다.

지역 협력

지역 사회와 협력하여 지역 농업 생태계를 강화하고 발전시키는 방법을 모색해야 한다. 지역 협력은 자원 공유, 지식 공유 및 경험 교환을 통해 모든 농업 경영주에게 혜택을 제공할 수 있다.

장기적 비전 개발

농업의 장기적 비전을 개발하고 이를 모든 이해 관계자에게 공개해야 한다. 이 비전은 미래 농업의 지속 가능성과 발전 방향에 대한 지침을 제공해야 한다.

이러한 대응 방법들은 가족농과 기업농 간의 갈등을 완화하고 지속 가능한 농업 시스템을 구축하는 데 도움을 줄 수 있다. 이러한 변화는 시간이 걸릴 수 있으므로 지속적인 노력과 협력이 필요하다.(출처.:openAI,,HHTPS■www.openal.com)

제25장

GMO 완전표시제 시행하라

김성훈 전 농림부장관이 GMO에 대하여 우려의 글을 '농은 생명이요 밥이 민주주의다'에 올렸다.

박근혜를 대체한 문재인 농정은 장관만 바뀌었을 뿐 자본, 반생명, GMO 장학생 관료들은 여전하고 몬산토, 신젠타, 듀퐁 등 농약 세력들은 여전히 농림축산식품부와 식약처, 농촌진흥청에 뿌리 깊이 똬리를 틀어 죽음의 농정을 주도하고 있다. 세계 제1의 식용, GMO 수입국인 우리나라가 바야흐로 유전자 조작 콩과 옥수수, 카놀라는 물론 아스파탐, 올리고당, 성장 촉진제 등 첨가제의 공세 앞에서 꼼짝 못한 증거가 있다. 올 초여름 친환경 농업의 메카인 강원도 홍성과 태백산 유채꽃 축제에서 밀수한 유전자 조작 유채꽃이 만발해 중도에 무산되는 난장판이 벌어졌다. 광화문에 우뚝 솟은 몬산토사와 CJ를 주축으로 하는 식품산업협회, 작물보호 · 인체 비보호의 다국적 농약 회사

의 로비로 농림축산식품부와 농진청, 식약처 그리고 국회 및 언론들이 무릎 꿇은 결과다. [1]

1) GMO 식품의 상용화 경과

유전자 조작 식품을 주도한 곳은 몬산토(Monsato)이다. 몬산토는 1901년에 약제사였던 존 퀴니가 미국 미주리의 세인트루이스에 설립한 회사로 1982년에 몬산토는 세계 최초로 식물 세포의 유전자 변형에 성공하였으며 이로부터 5년 후에는 유전자 변형 식물을 생산하기 시작하였다. 이에 내추럴 뉴스(Natural News) 과학자들이 현재의 기술은 전혀 신뢰할 수도 없고, 통제할 수도 없으며 예측이 불가능하다. 수백, 수천의 원치 않는 돌연변이가 유전 공학에서 비롯되는 것이다. 유전자 변형 작물은 일반 작물에 비해 생산량이 낮고, 질병에 대한 내성이 낮은 것으로 전해졌다. 이에 인구 감축론까지 거론되고 있다.

GMO가 상용화된 첫 작물은 '감자'였다. 연구자들은 이 감자에 문제가 없는지 분석했다. 1998년 영국 스코틀랜드 작물시험장 로웻(Rowett) 연구소와 두햄(Durham) 생물학 대학이 3년 동안 농수산 환경부의 용역 의뢰로 GMO가 생체에 미치는 동물 실험 연구 결과를 세계에 최초로 내놨다. 유전자 조작 감자를 실험실 쥐들에게 계

---

1   김성훈, 『農은 생명이고 밥이 민주주의다』. 따비 출판사, 2018. 6. 23.

속 먹였더니 면역력이 떨어졌고 간과 췌장 등이 작아졌다. 암 발생 확률도 높아졌다.

이 같은 결과가 발표되자 GMO 논쟁은 일파만파로 커졌다. 쥐 실험 결과는 사람에도 마찬가지일 테니 사람이 먹어서는 안 된다는 여론이 급증한 것이다.

그러자 GMO를 상용화해 재래식 농업을 밀어내고 그 자리를 대체하려는 세력, 즉 글로벌 농산 복합체들이 당장 반격하고 나섰다. 그들은 자본력을 바탕으로 연구자와 언론을 동원해 해당 연구 결과를 반박했고 일부 국가들에 GMO의 안전성에 대해 증명하도록 요구하기도 했다.

이런 GMO 작물을 한정된 지역에서만 기르고 제한적으로 이용하면 괜찮은 것일까? 그렇지 않다. GMO 작물을 재배하면 인근으로 종자들이 퍼지는 경우가 상당수 있는 것으로 보고되고 있다. 이것이 주변 생태계를 교란할 것이란 우려가 높다.

현재 글로벌 농산 복합체들은 자신들의 GMO 옥수수나 콩을 키우기 위해 남아메리카의 드넓은 밀림에 불을 지르고 있다. 숲을 태우면 이산화탄소를 가두는 기능이 떨어져 탄소 배출량이 늘어난다. 해당 작물을 기르는 것이 환경 파괴에도 일조하는 셈이다.

GMO 옥수수나 콩은 제초제에 견디는 유전적 특징을 가지고 있다. 밭에 제초제를 뿌리면 풀은 죽고 콩과 옥수수만 살아남는 식이다. 이런 작물들엔 제초제의 주성분인 글리포세이트(Glyphosate)가 잔류하게 된다. 소나 사람이 섭취했을 때 2A급 발암물질(2015년 WTO 산하 국제암연구소 IARC 발표)인 글리포세이트가 몸 안에 축적될 가능성이 높다. 또한 제초제는 땅에 남아 토양의 유익균을 무차별적으로 죽여 비옥도를 떨어뜨리고 지하수를 오염시킬 가능성도 있다. 그 땅에서 일하는 사람, 그 수계의 물을 마시는 사람의 안전이 위협받게 되는 것이다.

이런 사례들을 보면 글로벌 농산 복합체 몬산토나 신젠타, 바이엘 등이 자신들의 이익을 위해 지구를 해치고 농사를 죽이고 사람의 생명을 위협하는 '배드 사이언스(bad Science)'를 밀어붙이고 있다고밖에 볼 수 없다. [2]

2) 나는 통곡한다, 'GMO 천국' 한국

『한국의 GMO 재앙을 보고 통곡한다』(명지사)를 펴낸 오로지 돌세네(미국명 Orogee Dolsenhe) 씨는 한국이 GMO(유전자 변형 작물) 농산물 수입 세계 1위인 점을 지적하면서 세계 자살률 1위라는 불명예를 얻게 된 원인에는 GMO 작물 제초제에 포함된 글리포세이트(Glyphosate) 성분도 연관됐다고 설명했다. 해당 성분이 우울증을 유발한다는 것이다.

지난해 WHO가 2A등급 발암 물질로 지정한 이 글리포세이트는 세계 최대의 유전자 변형 작물 연구 개발 회사이자 세계 최대 종자 회사

---

2 한도숙, "[농사의 종말] GMO에 포위된 한국 농업의 미래", 민중의 소리, 2021. 5. 24.

인 몬산토가 개발한 '라운드업' 제초제 성분 중 하나라고 말했다.

그는 글리포세이트가 인체에 들어가면 장에서 몸속의 독소 제거와 면역 시스템 강화, 세로토닌 생성에 도움을 주는 세균들(Microbiota, 미생물총)을 죽인다며 결국 '행복 호르몬'으로 불리는 세로토닌의 감소가 한국인의 우울증 발병과 자살 증가라는 도미노 효과를 일으켰다고 설명했다. 또 골수에 축적되면 면역력을 떨어뜨려 질병 증가로 나타난다고 했다.

오로지돌세네와 일문일답[3]

문1 : 한국에 언제부터 GMO 수입이 폭발적으로 증가하게 되었나요?

답 : 1990년대 중반부터 GMO가 계속 들어오기 시작했다. 한국의 식약청이 세계 GMO 옥수수의 80%와 GMO 콩의 93%를 장악한 몬산토가 원하는 대로 다 해주는 것 같다. 별다른 제제도 없고 원료에 GMO 표시도 안 돼 있다.

문2 : GMO가 수확량이 좋고, 농약도 적게 사용한다는 말이 정설처럼 받아들여지고 있는데요.

답 : 처음 몬산토는 식량을 증산할 획기적인 방법이고 농약도 적게 사용할 수 있다고 했지요. 실제 나온 데이터를 보면 그렇지 않다. 2002년 미국 농무부가 발표한 보고서에 따르면 GMO의

---

3   고승은 기자, "나는 통곡한다, 'GMO 천국' 한국", 팩트TV, 2016. 3. 22.(일부 발췌)

수확이 증가하지 않았다고 한다. 또 2014년에는 때때로 수확이 줄었다고 발표했다. 역으로 농약 사용량은 대폭 증가했다. 여기에는 몬산토가 만든 라운드업이라는 제초제인데 제초제를 뿌려도 죽지 않는 작물을 함께 만든 것이다. 종자와 제초제를 동시에 독점적으로 팔기 위한 것으로 보인다.

문3 : 각종 질병의 원인으로 라운드업 제초제를 지목하셨는데 어떤 성분이 문제의 원인일까요.

답 : 라운드업 제초제의 주성분은 글리포세이트다. 지난해 3월 WTO의 세계암연구소는 글리포세이트를 2A등급 발암 물질로 공식 발표했다. 글리포세이트는 효소를 만드는 데 필수적인 망간을 억제해 식물을 죽인다. 라운드업은 일주일이면 잡초를 바싹 마르게 할 정도로 효과가 강력하다. 우리는 이런 독성 물질인 글리포세이트를 매일 섭취하고 있는 셈이다.

문4 : 그렇다면 글리세포인트가 인체에 흡수될 경우 어떤 영향을 끼치게 되나요.

답 : 사람의 장에 있는 세균들(미생물층)을 죽인다. 2010년 항생제로 특허를 받은 사실을 보게 되면 글리포세이트가 세균을 죽이는 점은 의심의 여지가 없다고 본다. 이 세균들은 몸에 독을 제거하거나 면역 시스템이 적절하게 작동할 수 있도록 도움을 주는 데 이런 세균들마저 죽는다. 특히 장에 있는 세균들이 만드는 효소 중에는 뇌의 신경 전달 물질인 세로토닌이 있다. 세로토닌이 줄어들면 우울증을 유발하게 되고 자살 위험이 높아진다. 한국이 세계 자살률 1위인 것과 식용 GMO 수입 1위라

는 것이 결코 우연이 아니라고 생각한다.

또 글리포세이트는 골수에 들어가서 축적된다. 골수는 면역 체계를 만들어 병과 싸우고 암세포를 제거하는 역할도 하는데 이를 방해하면서 암이 급증했다는 생각을 할 수밖에 없다. 라운드업 제초제에 들어 있는 글리포세이트는 DDT보다 위험한 물질이라고 생각한다. 사용 금지된 DDT도 역시 몬산토가 개발한 것인데 안전하다고 우기지 않았나.

얼마 전 몬산토만 비밀리에 보는 자료가 세상에 알려진 게 있다. 몬산토는 이미 지난 79년에 글리포세이트가 골수에 침투해 암을 유발한다는 증거를 찾아냈으나 이를 감춰 놓고 외부에 안전하다는 주장을 하는 것으로 보인다.

결국 GMO는 독을 우리에게 총으로 쏘는 것과 마찬가지일 수 있다고 본다.

문5 : GMO가 든 식품은 어떤 것들이 있을까요?

답 : 피해야 할 음식 1위는 식용유다. 특히 콩기름, 카놀라유는 GMO로 만든 것이다. 다만 포도씨유나 올리브유 중에는 아직 GMO는 없다.

또 한국에서 만들어지는 대부분의 가공식품에 들어가는 액당, 과당도 유전자 조작 옥수수로 만들어진다. 과자나 콜라 같은 음료수 등 웬만한 가공식품에 다 들어간다고 보면 된다.

3) GMO 규제, 반 몬산토 활동

① 외국의 GMO 의무표시제 시행 및 수입 금지

미국의 작은 주 버몬트의 민주당 대선 경선 과정에서 바람을 일으킨 샌더스 상원의원은 미국이 GMO 표시제가 가장 허술한 국가 중 하나라고 했다. 식품업계와 종자업계의 힘도 있겠지만, 농산물 수출국이 GMO 의무표시제를 도입할 경우 수출에 부정적인 영향을 미칠 수 있다는 것을 염두에 두고 있다. 그래서 하원은 버몬트 같은 개별주가 식품 표시 방법을 달리하지 않도록 법안을 만들어 통과시켰으나 상원에서 DARK(Deny Americans the right to Know · 미국인의 알 권리를 부정하는 법)에 제동을 걸어 48대 49로 부결시켰다. 버몬트의 소비자 단체는 소비자의 또 다른 승리라고 평하고 식품업체들도 버몬트주의 법안을 따르겠다고 밝혔다. 미국 식품업계에서 시장 점유율이 가장 높은 3개 회사가 GMO 표기를 시작하겠다고 밝혔다.

러시아는 GMO는 수입이나 재배를 할 수 없다. 중국도 유전자 조작 옥수수를 수입하다가 중단시켰다. 인도의 세계적으로 유명한 GMO 반대 운동가 반다나 시바가 이끄는 나브다냐는 2000년부터 GMO 프리생물민주주의운동을 전개하고 있으며 EU에서는 GMO 작물이 환경에 노출되어 퍼져 나가는 것을 금지할 것을 요구하며 GMO와 Non-GMO의 공존은 불가능하다. 생명체에 대한 어떠한 특허도 금지되어야 한다.

② GMO 표시제 강력 시행해야, 그러나 물가 인상, 통상 마찰 우려

우리나라는 2007년 10월 3일 카르타헤나 의정서에 가입했다. 의정서에 가입한 나라는 의정서 이행과 관련된 내용의 국내법을 만들어야 하기에 우리나라는 GMO법을 제정해 2008년 1월 1일 시행하고 있다.

GMO법 자체는 GMO 관련 규제·관리 강화, GMO의 야생 방출 방지 등의 목적에 따라야 하는데 국내 일부 산업계와 학계는 오히려 GMO법의 원래 취지를 거스른다며 생명공학 산업 발전에 맞추어야 한다고 주장했다.

GMO 표시제에 대한 처방은 이미 내려졌다. 문재인 대통령은 후보 시절 GMO 표시 강화를 공약으로 밝혔다. 그러나 공약 사항이 이행되지 않아 취임 1주년이 지난 2018년 3월 12일 57개 시민 단체로 구성된 'GMO 완전표시제' 시민청원단은 첫째로 GMO 사용 상품에 대한 예외 없는 GMO 표시, 둘째로 공공 급식, 학교 급식에 GMO 사용 금지, 셋째로 Non-GMO 표시가 불가능한 현행 식약처 관련 고시 제정 등을 촉구했다. 이 청원은 21만 6,886명의 동의를 얻어 청와대에 청원을 제출하였다. 그러나 청와대는 GMO 표시를 하게 되면 물가 인상, 통상 마찰이 등이 우려되어 사실상 거절하였다.

국가 정책의 바른 결정은 한두 사람의 직관이나 고집이 아닌 더욱 엄격하고 표준화된 프로세스에 따라 이루어져야 한다. 인류의 생명을 앗아가는 GMO의 제작이 강대국의 돈벌이에 제물 잔치로 시행되어서는 안 된다.

GMO에 대한 표시제는 세계 각국이 시행하고 있다. 일본은 EU와 같이 GMO를 사용한 모든 식품 전부를 표시 대상으로 의무화하고 있다. 유전자를 변형시켜 인류를 죽음에 몰아넣는 병원체를 만들어 국가의 힘을 얻고 돈을 벌겠다는 무역 행위는 하느님도 용서하지 않을 것이다.

우리나라는 2021년 8월 2일 선진국으로 올라섰다. 이제는 추격자가 아니라 선도자가 되어야 한다. 그렇게 해서 우리의 갈 길을 찾아야 한다. 위정자에게 강력히 당부한다. GMO는 수입 중단하거나 아니면 표시제는 반듯이 시행되어야 한다. 선진국이라면서 GMO로 인하여 세계 자살률 1위라는 지적을 받고 있으며 그뿐 아니라 OECD로부터 OECD 국가 중 식량 위기가 제일 심각하다는 권고를 받고 있다는 데 유의하여야 한다. 진정한 선진국은 국방력, 식량 자급력, 국민 행복이라 한다.

제26장

청년농 3만 명 육성,
한국 농업 성패의 마지막 기회

1) 농사지을 인력 고갈된 현실과 전망

농업 현장에서 고질적인 문제 중 하나가 심각한 과제로 꼽는 것이 극심한 노동력 부족이다. 농촌 인력의 노령화, 청년농 감소, 부녀화 현상이다. 이제 우리 농업은 외국인 근로자가 없으면 농사를 포기해야 할 지경에 내몰리고 있다. 이 결과가 몰고 온 심각한 현상은 우리 모두의 고향 '농촌의 소멸 위험'이다.

한국농촌경제연구원은 2023년 1월 18일 '농업전망 2023'에서 2020년 976만 명인 농촌(읍·면) 인구가 2030년 943만 명, 2040년 900만 명, 2050년 845만 명으로 계속해서 줄어들 것으로 예측했다. 2030년엔 40세 미만 농가 경영주가 6,311명으로 감소할 것이라는 암울한 전망도 내놓았다. 요컨대 농업·농촌 소멸 위험을 막아 농촌 부활을 위해서는 농촌에 터를 잡아 생활하며 영농할 청년농 유입과 육성이 시급하다는 절규다.

2) 청년농 3만 명 육성 계획 발표

정부에서는 이와 같은 절망의 늪에 빠진 농업·농촌을 구제하기 위해 지난 2022년 10월 5일 청년농 3만 명을 한국 농업의 미래 산업화를 선도할 것을 목표로 '제1차 후계·청년농 육성 기본 계획'을 발표하였다. 그에 따라 2022년 12월 31일 '2023년 청년 농업인 4,000명 선발 계획을 공고했다.

이 청년농 3만 명 육성 여부는 사실상 한국 농업의 흥망을 가를 마지막 결정판이다. 그동안 1970년대 농고·농대 등 농업계 학교 육성 정책, 1980년대 후계 농업 경영인 육성 정책, 1990년대 한국농수산대학 설립·운영. 그리고 2000년대 후반 귀농·귀촌 사업까지 그동안 다양한 청년 농업인 육성 대책이 추진돼 왔지만 청년 농업인은 제대로 육성되지 못했다. 사실상 반세기의 청년농 육성 정책은 실패했다는 결론이다. 이것이 선진국 한국의 자화상이다. 그러므로 금차 청년농 육성 정책은 기어코 성공하여 한국 농업의 새로운 발전상을 가져온 20대 정부의 기념비적인 청사진으로 그려져야 한다.

시류의 변천인지 농업 정책 환경이 선순환되어가는 듯 바뀌어 가고 있다. 그동안 시장 개방은 이미 '상수가 되었다'고 하면서 농업 정책에 관심도 없던 정권과는 달리 20대 윤석열 정부에서는 농업에 대한 정책관이 달라 대통령이 농업 현장에 직접 나가 상황을 살피는 등 어느 정부에서도 볼 수 없었던 동정이 이채로워 반가웠다.(윤 대통령이 2022년 10월 5일 경북 상주시 스마트팜 혁신밸리를 방문해 딸기 온실에서 청년 농업인 신나라 씨의 안내에 따라 태블릿PC를 조작하여 분무기와 냉풍기를 작동했다.)

또한, 최근 우리나라 농업 환경을 보면 성공이 기대되는 요인이 나타나고 있다. 첫째, 초창기이지만 디지털 농업 시대에 진입해 있어 머지않아 흥미로운 무인 농업 시대를 맞을 것이며, 두 번째, 도시 시대는 서서히 종언을 고하고 농촌 시대의 도래를 주장하는 추세다.

"미래 산업으로서의 '농'"을 기고한 하라 켄야는 다음과 같이 주장하였다.

젊은이들은 풍요로운 농촌으로 이주해 어떻게 자신들의 미래를 행복하게 가꾸어 갈지 고민하기 시작했다. 옛날에는 농촌 젊은이들이 도시에 사는 자신을 상상하며 설레는 마음을 가졌지만, 오늘날에는 반대로 도시에 사는 젊은이가 지방으로 이주해 사는 미래를 그리면서 심장이 두근두근 뛰는 경험을 한다고 했다.(하라 켄야, "[특별기고] 미래산업으로서의 '농'", 농민신문, 2023. 1. 1.)

도시청년들의 고용 사정 악화, 워라밸을 중시하는 사회 풍조 확산 그리고 코로나 19로 인해 저밀도 농촌 지역 거주에 대한 관심이 높아지는 요즘은 농업 인력 확보 차원에서 기회로 보이기도 한다.

이와 같은 사회 환경의 변화는 청년농 육성의 기회로 보여 영농 희망 당사자들과 정부가 약속을 지켜만 주면 농업계 일부의 회의론에도 성공하리라 전망된다.

3) 성공적인 청년농 육성하려면

① 한국적 대 농업 · 농촌 의식 획기적 전환

농업, 농민에 대한 인식을 확 바꾸어야 한다. 아직도 한국에는 농업 · 농민이라면 조선 시대 농민의 잔상이 남아 있다. 금세기 선진국 중에 한국만이 유일하게 지니고 있는 후진성이다. 세상을 존비(尊卑)로만 바라봤던 옛 시대 시선이 아직 남아 있기 때문이다. 서구 사회는 이러한 구태는 사라진 지 이미 오래다. 대통령이나 농민이나 인격은 똑같다. 폐허가 되어 버린 우리들의 한국 농업을 나를 대신하여 재기시키려는 농민들의 고생에 경의를 표하는 선진 국민이 되어야 한다.

② 생산된 농산물은 희망량 전량 판매 시스템 구성

1차 지원 청년농이 생산한 농산물은 우선 금차에 한하여 정부가 희망량 전량을 처분해 주는 시스템을 가능한 한 구축해서 안심하고 농업에 종사할 수 있는 환경이 조성되어야 한다. 방법은 온라인 직거래다. 정보 통신 발달로 전 지구는 이미 촘촘한 그물처럼 기밀하게 묶여 있다. 세상 어느 지역도 고립된 지역이 아니다. 이 세상 모두는 동시성(synchronicity)의 원리로 의미 있게 연결되어 있다.

③ 쉬운 농지 확보

구입 자금 지원에서부터 임차농 계약 후 손쉬운 농지 확보 문제에 이르기까지 어려움이 없어야 한다. 이참에 부재자 지주 문제를 비롯하여 50%가 넘는 임차농 문제 등도 정리하는 기회가 되어야 한다.

④ 대인 관계 접촉 기술의 향상

귀농자와 원주민 간의 정신적 거리를 좁히는 것이 슬기로운 인간관계 형성이다.

4) 장기적 대책으로 청년농 유입의 '풀'을 확보

청년농 유입의 풀을 확보하려는 장기적 대책이 마련되어야 한다. 농업에 관심을 가지는 청년은 쉽게 만들어지지 않는다. 청소년 시절부터 농업·농촌에 대한 다양한 경험을 통해 영농에 대한 심리적 장벽이 해소되도록 해야 한다. 초·중·고 교과 교육 및 창의적 체험 활동을 통한 체계적 농어업 교양 교육 체계를 갖추고, 개별 기관에서 진행되는 관련 교육(식생활 교육, 학교 텃밭, 농어촌인성학교, 농촌교육농장 등)

을 전문화, 체계화하며 학생 4-H와 같은 청소년 학생 동아리 활동을 강화하고, 지역 특성에 맞게 농업·농촌에 관심이 있는 청년들에게 단기적으로 숙소와 일을 제공하여 농촌의 삶을 경험할 수 있는 베이스캠프를 제공할 필요가 있다. 점차 농업이 생활과 멀어지는 요즘과 같은 디지털 시대에, 어린 시절부터 농업·농촌에 대해 아는 국민이 많아진다면 잠재적 농업인 풀의 확대와 더불어 농업의 중요성을 아는 든든한 정책 지지자가 좀 더 많이 확보될 것이다.[1]

5) 청년농 나이 기준 완화 문제

농민신문(2023년 4월 19일)은 '농촌 현실 고려해 청년농 나이 완화해야' 라는 기사에서 정부의 청년농 관련 사업이 탄력을 받기 위해서는 적어도 나이 기준 정도는 지자체와 보조를 맞추는 게 맞다고 보도하였다.

청년기본법은 2016년 7월 1일에 시행된 법률로 동법 제3조 1항에 "청년이란 19세 이상 34세 이하인 사람을 말한다. 다만 다른 법령과 조례에서 청년에 대한 연령을 다르게 적용하는 경우에는 그에 따를 수 있다."라고 정의되어 있다.

2023년 4월 14일 전남도의회가 청년 나이 상한을 45세로 올리는 「전

---

1   한국농촌경제연구원 마상진 선임연구원 2023. 2. 24.

남도 청년기본조례」일부 개정 조례안을 가결했다. 청년 유출로 인해 이미 48곳의 기초지방자치단체가 40대도 청년에 포함하는 조례를 두고 있다. 이중엔 만 49세까지를 청년으로 하는 곳도 26곳이나 된다. 농촌 고령화로 읍·면 청년회장의 대부분이 40~50대인 데다 청년취업자 주거비 지원 등 각종 청년 정책을 시행하려 해도 대상자가 적다 보니 기준을 손보지 않을 수가 없었다. 이 지원 사업의 대상자를 40대로 완화한다면 '돌아오는 농촌' 구현과 지역 활성화에도 큰 도움이 될 것이라고 동 신문은 주장하면서 '정부의 청년농 관련 사업이 탄력을 받기 위해서는 적어도 나이 기준 정도는 지자체와 보조를 맞춰야 한다고 결론을 맺었다.

전남도를 비롯하여 지방자치단체가 조례 개정으로 수혜자가 늘어 농민에게 도움이 되고 또한 2023년 모집 인원 4,000명 확보에도 보탬이 될 것으로 예상하기에 지자체의 청년 기준 변경에 동의하는 것이 '돌아오는 농촌' 구현에 도움이 될 것으로 본다.

제27장

융복합 농업 선진 농업의 길로

산업의 융합화란?

21세기 세계 경제는 6T(IT, BT, ET, NT, ST, CT)의 첨단 기술과 1차, 2차, 3차 산업 간의 창조적 결합을 통해 융복합 시대로 급속히 전환되고 있다. 산업의 융합화란 기술과 산업의 융합화가 진행되어 산업 구분이 모호해지고, 가치 사슬의 변화 및 새로운 융합 서비스가 제공되는 현상이다.

1) 4차 산업 혁명에 의한 재조업의 혁신적 실현

우리나라는 갑자기 '신농업 시대'를 맞이하게 되었다. 농산물의 생산, 유통, 소비, 수출입 등 거의 모든 영역에서 지난날에는 상상하기 어려운 놀라운 변화가 일어나고 있다. 땅에 종자를 뿌리고 싹이 트면

햇빛과 물을 이용하여 농작물을 생산하는 1차 산업에서 이제는 산업 사회를 넘어 디지털 혁명에 기반을 두어 물리적 공간, 디지털 공간과 생물학적 공간의 경계가 희석되는 기술 융합의 시대로 들어와 있다.

이에 4차 산업 혁명에 의해 제조업의 혁신이 실현되고 있으며 그 파도는 계속해서 농업에 닥쳐오고 있다. 농업에 대한 융·복합 기술은 선진국보다 늦게 도입되었으나 2008년 11월「국가 융합기술발전 기본계획(2009~2013)」을 수립하였고 2011년 11월에는「산업융합촉진법」을 제정하여 산업 고도화와 차별화를 추구하고 융합 제품 수요에 대해 적극 대응하고 있으며, 기존 시장 확산, 신시장 창출을 목적으로 새로운 융·복합 시대에 맞는 법률과 제도를 정비하였다.

뒤따라 도입한 '디지털 농업'을 추진하기 위한 계획은 지난 2021년 3월 23일 시작하여 2025년까지 실시할 3개 분야 10대 과제를 선정 진행 중이다.

농업 선진국에서 디지털 농업은 당연하겠지만, 특히 '융·복합 기술'은 21세기 선진 농업을 이끌어 낼 신산업으로 선정되어 창조 전략으로 추진하고 있다.

미국은 2002년도에 NBIC(NT·BT·IT·CS(인지)) 계획 수립을 통해서 15개의 융합 신산업 육성 계획을 발표했고, EU는 융합기술발전 전략(CTEKS, 2004)을 통해서 9개의 융합 신산업을 육성하였다. 일본도 Focus 21(2004)을 통해서 14개 융·복합 신산업 육성 계획을 수립하였으며, NT·BT·IT 등 신기술 간 융합을 통해 연료 전지, 로봇 등 7대 신성장 산업을 집중 지원하는 신산업 창조 전략을 수립해 시행하고 있다.

우리나라는 선진국보다 뒤늦은 2008년 11월에 실시하였으나 이미 선진 농업국은 신산업 창조 전략에 관심이 집중되고 있는 점에 주목하여 그 실태를 확인코자 지난 2022년 3월 16일 농림수산식품부에서 '2021년 농촌 융·복합 산업 기초 실태 조사' 결과를 다음과 같이 발표하였다.

2) 농촌 융·복합 산업 기초 실태 조사 결과

첫째, 농촌 융·복합 산업을 영위하고 있는 경영체는 총 10만 4,067개이며 이중 농가가 89,525개로 전체의 86%, 법인은 14,542개(14%)이다. 농촌 융·복합 산업 인증을 받은 경영체는 1,805개(농가 553, 법인 1.252)이며 대표자가 귀농 귀촌한 경우는 전체의 17.2% 수준이었다.

둘째, 농촌 융·복합 산업에 종사하는 인력은 327,645명으로 경영체당 평균 3.1명을 고용한 것으로 조사되었다. 경영체 유형별 평균 고용 인원은 법인이 7.8명, 농가 2.4명, 인증 경영체가 7.8명, 미인증 경영체는 3.1명으로 법인, 농촌 융·복합 산업 인증 경영체의 평균 고용 인원이 많았다.

셋째, 농촌 융·복합 산업 경영체의 전체 매출액은 23조 2,564억 원으로 1차 매출액이 8조 8,761억 원으로 가장 많았고 다음으로 3차(7조 3,106억 원), 2차(7조 697억 원) 순으로 나타났다. 경영체당 평균 매출액은 2억 3,850만 원이며 인증 경영체의 평균 매출액은 14억 5,540만

원, 미인증 경영체의 평균 매출액은 2억 1,560만 원이다.

넷째, 업종별 현황을 살펴보면 1차×3차 산업이 47.6%로 가장 많았으며, 1차×2차×3차 산업 29.8%, 1차×2차 산업 22.6% 순으로 많았다. 2차 산업영위업체는 대부분 식품 가공업체에 종사하고 있었으며 3차 산업 영위 업체의 세부 부업종은 직매장(70.3%), 체험 관광(7.7%), 식음료점(3.3%) 순이었다.

다섯째, 소비자의 농촌 융·복합 산업 제품 또는 서비스 이용 경험은 52.2%로 조사되었으며 상품 구매자의 87.3% 체험(관광) 경험자의 82.3%가 만족한다고 응답했다.

여섯째, 상품의 구매에 대한 정보 접근 방법은 방문·구매 등 직접 경험이 46.8%로 가장 많았고 인터넷 소통방·누리소통방(SNS)·블로그 39.5%, 친구·동료·지인 31.0%, 가족 친지 17.8% 순으로 많았다. 반면 농촌 체험과 관광 정보를 획득하는 경로는 인터넷 소통·방·누리소통방(SNS)·블로그가 60.5%로 가장 많았고, 친구·동료·지인 46.8%, 방문·구매 등 직접 경험 30.9% 순이다.

3) 시범 조사 결과 발표

이와 같은 농림축산식품부의 시범 조사한 결과 발표 내용에 대하여 농민신문 김소영 기자의 보도 내용(2022. 3. 18.)을 요약 정리하였다.

◆ 농촌 융·복합 산업에 대한 국가적 관심이 절실하다는 지적을 했

다. 경영체가 10만 4,000여 개로 이 가운데 대표자의 17.2%가 귀농·귀촌이다.

◈ 종사자는 32만 7,645명으로 4인 가구 기준으로 우리 국민 130만 명 이상이 관련 산업으로 먹고산다고 파악됐다.

◈ 정부 조사로는 이 사업이 국민 경제에 적지 않게 기여한다.

◈ 종사자 32만 764명으로 농촌 융·복합 산업의 고용 창출 효과가 상당한 것도 밝혀졌다.

◈ 산업 규모가 적지 않다.

◈ 소비자 만족도 80% 이상=산업 확장성도 감지됐다. 농촌 융·복합 산업 제품 또는 서비스를 이용해 봤던 소비자는 52.2%였다. 상품 구매자의 87.3%인 체험(관광) 경험자의 82.3%가 만족한다고 응답했다.

4) 우리 농업, 농촌에 융·복합이 절실하게 요구되는 시대

우리나라 농업의 경쟁력은 1차 생산물만으로는 이미 한계에 와 있다. 이제 우리 농업의 지속 성장을 위해서는 전통적인 생산 방식에서 탈피하여 1차(작물 생산, 가축 사육 등)+2차(가공·유통)+3차(체험·관광)=6차 산업으로 농업의 범위가 확대되어야 하며 더 나가 +a까지 고려하여야 한다.

농업 부문에 +a를 수용하여 경쟁력 제고 전략을 수립할 필요가 있다. 즉 농업 생산물이 보다 많은 부가 가치를 가질 수 있도록 IT(정보

통신 기술), BT(생명 공학 기술), GT(녹색 기술), NT(나노 기술) 등 첨단 과학 기술이 함께 융합되어야 한다.

전통 산업으로 여겨지는 농업 분야에서도 현재 이러한 산업의 융합화가 영향을 미쳐서 큰 변화가 초래되고 있다. 즉 농업 분야에서 IT 기술, 바이오 기술 등이 활용되고 있으며, 이제는 활용을 넘어 양 산업 간의 융합이 가속화되고 있다. 기존의 전통 산업이었던 농업 분야에 첨단 기술 활용도가 증가함에 따라서 농업 분야에 새로운 패러다임이 도래하고 있다.(Dickson, 2010)

이제 우리 농업이 국제적으로 경쟁력을 확보하기 위해서는 첨단 과학 기술을 얼마나 확보할 수 있는 지가 매우 중요하다. 선진국과 비교해 영농 규모가 작고 노동력이 열약한 국내 농업의 여건을 제대로 극복하기 위해서는 IT, BT 등 첨단 기술을 농업 분야에 접목시켜 최첨단 기술로 승부를 걸어야 하기 때문이다.

모든 분야에서 융·복합은 이제 시대의 트렌드다. 전통 산업 분야로 여겨지는 농업과 농촌 분야에서도 산업의 융합화는 이제 선택이 아닌 필수가 되고 있다.

우리나라는 국가 융합 기술 발전 기본 계획을 수립한 이래 융·복합 활발하게 진행되고 있으며 이에 대해 지난해(2021년)에 농림수산식품부에서 실태 조사를 한 결과 뜻밖에 활발하다는 사실이 확인되었다. 우리나라는 선진국보다 4년 늦게 도입하였음에도 이와 같은 활발한 결과를 가져온 사실은 비록 초보적인 실적임을 감안하더라도 더욱 분발을 촉구하여야 할 필요성이 절실하다.

제28장

미래 농업 역군의 산실 교육 현황

개방 농정 이래 거의 반세기 가까운 40년을 넘기면서 한국 농업은 국가로부터 철저하게 외면받아 이제는 백척간두에 내몰려 마지막 숨을 몰아쉬고 있다. 그 끝자락에 매달려 있는 명색 선진국 한국에 식량 위기가 오면 "제일 먼저 기아에 허덕일 것이다."고 세계 식량 관계자들이 태산 같은 우려를 보낸다. 이와 같은 천애절벽에 내몰린 이 참경을 본 농업 후예들이 유업(遺業)을 마다하고 이농 대열에 합류하는 가 하면 미래 농업 역군들이 될 예비 학생들이 농업 교육 현장을 떠나 농업 교육이 무너져 문을 닫는가 하면 남아 있는 잔류 학생마저 개명개과(改名改課)해 떠나고 있다.

그야말로 한국 농업은 황성 옛터의 낙조 햇살이 비추는 들녘에 애수의 그늘에 덮여 개방 농정을 원망하듯 전무후무한 흑역사(黑歷史)의 지속이다.

그러나 '죽을 약 곁에 살 약이 있다.'고 하듯 한국 농업의 패러다임을 확 바꾸어 '선진 농업'을 이룩할 천재일우의 기회가 왔다.

그 첫째는 디지털 농업이다.

선진국은 이미 80년대부터 디지털 기술에 의한 농업 발전을 이루고 있다. 한국은 2021년 3월 23일 농촌진흥청에서 '디지털 농업 기본 계획'을 발표 한국 농업의 현대화를 위해 총력을 쏟고 있다. 지난 2022년 12월 14일 전국 4곳의 스마트팜 혁신밸리 마지막 주자인 경남 밀양 등 4개의 스마트밸리가 완전 개장되기도 했다. 침몰해 가는 한국 농업도 아시아의 농업 강국을 이룩하기 위한 야심만만한 꿈을 키우고 있다.

두 번째는 윤석열 정부의 출현이다. 농업 재기를 위한 각종 시책이 전 정권과는 달리 힘을 얻고 있다. 주요 정책 중 하나가 2022년 10월 5일 한국 농업의 미래 산업화를 선도할 산업 역군 청년농 30,000명을 제1차로 모집하는 정책을 발표 시행하고 있어서다.

그러나 이 정책 시행에 우려되는 것은 인적 자원이다. 기왕의 실패한 농업 정책의 영향으로 영농 가능한 인력의 과도한 이농 또는 농고 또는 농과대학의 희망 인력의 과소 등이 우려된다. 그러나 예측건대 향후 수년 내에 디지털 전환에 의한 스마트팜의 붐을 예상한다. 아직은 미풍 같지만 도시, 농촌 구분하지 않고 디지털 농업에 의한 사회 구조 변화가 일고 있다. 반농반사(半農半事). 무인농업(無人農業) 등 잔불이지만 일고 있어 그 흐름에 따라 3만 명 청년농 모집은 가능할 것으로 내다봤다. 일부 우려의 목소리도 있지만, 성공적인 농업의 미래를 기대하여 본다.

이와 같이 디지털 농업의 기대되는 희망과 청년농 육성의 주력에도 불구하고 충분한 지원이 우려되는 현 교육 부문 현황에 대하여 알아본다.

1) 교육 현황

① 초·중등학교 교양 농업 교육

교육은 백년대계라는 말이 있다. 필자는 교육 전문가가 아니기 때문에 「한국실과교육학회지」에 발표한 '초·중등학교 교양농업교육을 위한 발전 전략'(교신저자 방기혁)을 참작해 설명한다.[1]

② 중등학교 교양 농업 교육의 운영 문제

(1) 교양 농업 교육 내용 부족 및 교육과정의 비정상적 운영

(2) 교양 농업 교육 전담기구의 부재

(3) 교양 농업 교육 운영 기관 및 단체 간 관련 사업의 중복

(4) 교양 농업 교육 프로그램의 다양성 부족

(5) 국가 수준과 지역 수준의 플랫폼(platform) 운영의 미흡

(6) 교양 농업 교육을 위한 전문 교육 인력 부족

(7) 초·중등학교 교양 농업 교육을 위한 조직 간의 연계 부족

---

[1] 방기혁(광주교육대학교 교수), "초,중등학교 교양농업교육을 위한 발전 전략", 2022. 3. 15.(장문을 요약설명을 양해 바람)

2) 초·중등학교 교양 농업 교육을 위한 발전 전략

초·중등학교 교양 농업 교육을 위하여 농업 관련 조직의 교육 과정 외 프로그램을 연계하는 것은 모든 학생들에게 농업 농촌에 대한 교양을 증진시키고, 궁극적으로는 농업·농촌의 가치와 중요성을 공감하는 미래 농업 인재를 양성할 수 있는 밑바탕을 제공한다는 측면에서 상당한 교육적 의미를 갖는다.

이를 위해서는 농업 관련 조직이 교양 농업 교육을 위한 인프라 구축, 소요 예산의 충분한 확보, 다양한 교육 과정 프로그램의 개발, 초·중등학교 연계 시스템 구축 등의 추진이 필요하다. 초·중등학교 교양 농업 교육의 운영 현황 분석을 비롯하여, 이를 토대로 분석된 문제, 그리고 관련된 연구(방기혁, 2003, 2008, 2010, 2017a. 2017b. 2019b, 2020., .2021) 내용을 토대로 발전 전략을 단계별로 비교하여 다음과 표16과 같이 제시하였다.

〈표16〉 초·중등학교 교양 농업 교육을 위한 발전 전략의 비교

구분/전략	1단계-단기	2단계-중기	3단계-장기
공통점	• 초·중등학교 교양 농업 교육을 위한 업무 추진의 일원화		
	• 국가와 지역 수준으로 구분하여 추진 부서 (기구)의 위계적 조직화		
	• 교육 관련 조직과 농업 관련 조직의 상호 협력		
	• 교육 과정과 교육 과정 외 프로그램의 유기적 연계		
	• 지역의 농업계 고등학교 및 대학(교) 농업 관련 기관 및 단체, 농업인 등과 협력		

구분/전략	1단계-단기	2단계-중기	3단계-장기
차이점	• 기존 조직 내 담당 부서 신설	• 전담 기구 신설	• 관련법에 근거한 전담 기구 신설
	• 제한된 프로그램 추진	• 일반직 프로그램 추진	• 다양한 프로그램 추진
	• 기존 조직 내의 관리 및 지원	• 해당 기관의 포털을 이용한 관리 및 지원	• 플랫폼(Platform)을 통한 종합 관리 및 지원
	• 교육 과정 연계 미흡	• 교육 과정 연계 보통	• 적극적인 교육 과정 연계
	• 기존 조직 활용	• 조직 개편(거점 기구)	• 조직 개편 (거점 기구)
	• 기존 인력 활용	• 추가 인력 보충	• 추가 전문 인력 보충
	• 기존 업무에 추가 업무 가중	• 교양 농업 교육 업무 추진	• 교양 농업 교육 단일 업무 추진
	• 조직 운영을 위한 추가 예산 불필요	• 조직 운영을 위한 추진 예산 필요	• 조직 운영을 위한 추가 예산 절대 필요
	• 예산 확보 곤란	• 예산 확보 보통	• 예산 확보 용이

3) 전국 농업계 고교 현황(2022년)

현재 농업계 고교는 개설 학과 및 관련 부처의 교육 지원 사업 여부에 따라 순수 농고, 특성화고, 마이스터고 등으로 나뉜다. 2022년 기준 FFK(한국영농학생연합회)의 자료에 의하면 전국 고교 현황은 표17과 같다.

〈표217〉 전국 농업계 고교 현황(2022)

도별/구분	학교수	학교 형태별					
		실업고	미래농업선도학교	종합고	순수농업고	마이스터고	고등기술학교
강원도	6	5	1				
경기도	12	3		5	4		
경상남도	6	4			2		
경상북도	7	1			5	1	
전라남도	9	5	1		2	1	
전라북도	9	3		1	3	2	
제주도	2	2					
충청남도	8	2		2	2	1	1
충청북도	4	1	1		1	1	
광주광역시	1				1		
대구광역시	1					1	
대전광역시	1	1					
부산광역시	2	1			1		
울산광역시	1	1					
합계	69	29	3	8	21	7	1

① 고교 학생 수의 변천(2022)

학생 수 집계는 FFK의 자료에 의한다.

〈표18〉 고교 학생 수의 변천(2010~2022)

년도/구분	학교 수	학생 수
2010	72	21.621
2011	72	22.088
2012	74	22.307
2013	74	21.588
2016	63	20.148
2017	63	19,010
2018	64	17,677
2019	66	16,288
2020	67	15,118
2021	67	14,478
2022	69	14,061

고교 현황은 전국 69개교가 운영되고 있으며 학생 수는 2010년 2만명이 넘었던 학생 수가 2022년은 14,000여 명 수준으로 줄어 65%로 떨어졌다.

② 농과 대학 현황(2022.12.18.)

〈표19〉 농과 대학 현황(2022)

설립 구분	학교 수
국립대학교	15
사립대학교	13
계	28

4) 교육 단계별 개선 방향

정진철 서울대 농산업교육과 교수는 2022년 7월 7일 강원도 평창에서 개최된 '2022 한국농업경제학회 연례학술대회'에서 "초등학교 실과와 중학교 기술·가정·과목에서 농업 관련 내용이 대폭 축소되거나 배제된 것을 하루빨리 시정해야 한다"고 지적하였다. 그만큼 농업 교육은 적극성이 없다는 지적이다.

초·중등학교의 교양 농업 교육은 가장 기본이 되는 국가 수준의 교육 과정에 의해 정상적으로 운영될 수 있도록 하고, 농업 관련 조직에 의한 교육 과정 외 프로그램을 다양하게 개발하여 교육 관련 조직의 교양 농업 교육과 상호 연계 운영될 수 있도록 교육 관련 조직과 농업 관련 조직의 현재 운영 현황과 실태를 토대로 실현 가능한 점진적인 전략을 구축하는 것이 무엇보다 필요하다.

즉 현재 농업 관련 조직인 농림축산식품부, 농촌진흥청, 농촌진흥청 산하의 지방 농촌 진흥 기관인 시·도 농업기술(원)센터와 시군농업 기술센터 등에 교양 농업 교육 담당 부서를 조직하고 교육 관련 조직과 협력하는 전략(1단계 단기 전략)을 세운다. 현재의 농업 관련 조직에 교양 농업 교육을 위한 새로운 전담 기구를 국가 수준에서는 농림수산식품부의 외청인 농촌진흥청, 지역 수준에서는 거점 역할을 하는 17개 시도의 농업기술(원)센터에 설치하여 교육 관련 조직과 협력하는 전략(2단계 중기 전략)을 가진다. 중등학교 교양 농업 교육을 위한『교양농업교육기본법(Agricultual Literacy Act』(가칭)와 같은 관련법을 제정하고, 이에 근거한 전담 기구 수준에서는 농림축산식품부, 지역 수준에서는 시·도농업기술(원)센터 또는 광역 자치 단체에 신설하여 교육 관련 조직과 협력하는 전력(3단계 장기 전략)과 같이 단계적으로 전략적 접근을 하는 것은 초·중등학교 교양 농업 교육의 정상적 운영과 더불어 유능한 미래 농업 인재 육성에 지대한 역할을 할 것이다

대학의 교육 실태 일부분을 보면 한가롭다. 2015년 기준으로 재학생이 2만 9,228명인 농대에서 졸업생이 6,195명이지만 영농 투신자는 467명이어서 농업계 취업은 거의 없는 상황이다.

장기 교육 과정을 활성화해서 농업인 대학 농업마이스터 대학 등의 역할을 높여 가고, 지역 중심의 교육으로 접근하는 교육 지원의 체계화가 필요하다. 농업인재개발원(2009), 농정원인재양성부(2012) 등의 농업 교육 기획, 연구 조사, 평가. 인증. 개발의 전문화 등이 그것이다. 6개월 또는 100시간 이상의 분절되지 않은 장기 교

육이 체계화돼야 할 것이다. 특히 비전이 부족한 농업 교육에 자신감과 비전을 불어넣는 농업 교육의 철학 심기도 중요한 과제다.[2]

　농고, 농대 특성화 교육은 체험, 견학, 해외 연수 위주 교육으로 운영됐지만, 실습 중심의 창업 교육 성과는 매우 미비하다. 2008년 창업농 선정 결과 농과계 출신은 35%로 한농대 182명을 제외할 경우 농과계는 18%에 불과한 것이 현실이다.

　미래 세대와 우리 농업의 접점이 점점 멀어져 간다. 농업을 이끌어 갈 인력 확보가 어려워지고 있기 때문이다. 80%가 넘는 외국산 농산물의 수입은 우리 농산물의 소비층이 얇아져 결국 농업에 대한 애착이 무너져 가고 있다. 농업에 관심을 갖고 진로를 탐색하도록 도와줄 최소한의 농업 교육이 그나마 학교 안에서 이뤄지지 않고 있기 때문이라는 진단이 나온다.

　최근 서울시의회는 농촌 유학의 근거가 되는 서울시 교육청의「생태전환교육활성화 및 지원에 관한 조례」폐지안이 의결됐다. 농촌 유학은 서울 학생이 서울시 교육청과 업무 협약을 맺은 전남·전북 등에 6개월 이상 체류하면서 농촌 학교에 다닐 수 있도록 주거 비용을 지원하는 프로그램이다. 농업계가 농촌 유학의 향방을 주목하는 건 농촌으로 '유학' 가지 않고는 학교에서 농업을 접하기 어려운 현실이기 때문이다.

2　김영하 대기자, "농업 혁신을 위한 농업 교육의 발전 방안", 농축유통신문, 2018. 4. 6.

한국 4-H본부는 산하에 교육대학교 학생을 주 회원으로 하는 교대 4-H 설립을 준비하고 있는데 청소년에게 농업에 대한 이해를 길러 주고 적성과 진로를 찾도록 도와주는 교양 농업 교육이 교육 현장에서 실종됐다는 문제의식이 그 배경에 있다. 이은영 한국4-H본부 사무총장은 "농업 교육 비중이 점점 줄어들어 미래 세대에 농업 가치를 전달하는 친농업 교육을 실시하여야 하는 육성이 절실한 상황"이라고 밝혔다.

우리와 대조적으로 선진국은 청소년의 접점을 넓히는 교육을 체계적으로 펼친다. 미국은 연방정부가 교육과 달성해야 할 '농업문제 성취 목표'를 제시하고 농무부(USDA)가 중심이 돼 이 같은 목표 달성에 필요한 농업 교육 프로그램을 '교실에서의 농업(AITC · Agriculture in the Classroom)'이라는 이름으로 시행한다. 방 교수는 "미국은 1980년대 초 농업과 먹거리에 대한 국민 이해도가 떨어지자 농정 당국이 나서 AITC를 만들었다."면서 "우리도 교육부가 못한다면 농림축산식품부라도 나서 국가 교육 과정과 연계한 교양 농업 교육을 강화해야 한다."고 강조했다.[3]

3　"학교 교육과정서 존재감 없는 농업" 자성자 경상인력지원. 2023. 7. 11. / 양석훈 기자, "학교 교육과정서 존재감 없는 농업"l, 농민신문, 2023. 7. 10.)

제29장

대통령께 드리는 제안

국사에 바쁘신 대통령님께 농업에 대하여 진언하고자 붓을 들었습니다. 먼저 외람되고 불경을 용서하여 주시기 바랍니다. 불초한 이 촌로는 평생을 존농(尊農)을 신념으로 살아왔습니다.

보릿고개를 넘긴 박정희 시대를 맞아 한국 농업의 융성을 오래되도록 계속될 것으로 기대하였으나 70년대부터 비교우위론에 의한 개방농정으로 한국 농업은 마침내 망해 가는 위기에 몰려 가쁜 숨을 몰아쉬고 있습니다. 그러나 하늘이 도왔는지 황량한 요원의 들판에 희망의 횃불을 보는 듯 '윤석열 대통령 후보의 농업 공약 정책'을 듣고 '이젠 살았구나.' 싶어 칠년대한에 패연하우를 맞는 기쁨을 누렸기에 감사의 말씀을 드립니다.

1) 개방 농정 이후의 농업 정책에 대한 소회

가. 농업 선진국의 정책 목표는 국내외를 목표로 하는 정책이다. 국내적으로는 농업·농민을 존중하면서 농업의 소득을 높여 주고, 대외적으로는 무역 수지 또는 무기화를 위한 국가 중요 정책이다.

그러나 우리는 문민정부 이래, 문재인 정부에 이르기까지 농업 정책은 길고 짧고를 떠나 변함없이 개방 농정 50년을 이어오면서 농업 포기 정책을 이어왔다는 것이 일관된 중론이다.

나. 그에 따라 농민이 생산한 농산물에 대한 정부의 애농주의로 보살펴 준 기회는 한 번도 없었다.

2) 건의 말씀

촌노의 간곡한 소원입니다.

"재임 기간 들에 나가 '농민과 5번만 악수'하면서 위로와 격려의 말씀을 하여 주시는 기회를 가져 주시기 바랍니다. 농업 선진국 대통령은 농민과의 직접 대화를 자주 합니다."

① 미국 바이든 대통령-당신들은 이 나라의 중추다

2022년 5월 11일 조 바이든 대통령은 일리노이주 캉커키의 한 농장에서 가진 농민과의 간담회에서 다음과 같은 의미심장한 발언을 했다.

"당신들은 이 나라의 중추다. 과장이 아니다. 당신들은 또한 세상을 먹여 살린다. 그리고 우리는 우크라이나에서 푸틴(러시아 대통령)의 전쟁을 보고 있다. 당신들은 자유(Freedom)의 중추와 같다. 나는 오늘 민주주의의 곡창지대 (The breadbasket of democracy)인 미국 농부들에게 감사를 표하기 위해 이 자리에 섰다." 라고 말하면서 친밀한 대화를 나누었다.[1]

② 프랑스의 농산물에 대한 애국주의

프랑스는 제24대 프랑수아 올랑드 대통령이 앞장서서 '국민이 뭉쳐야 산다'면서 유별나게 애국주의를 내세우자 세계의 이목을 끌었다. 프랑스에서 다시 시작된 애국주의로 독일 농산물의 품질이 좋고 프랑스 농산물은 값이 비싸고 품질이 떨어져도 프랑스를 위해 사달라 호소한다.

그 뒤를 이은 마크롱 대통령은 '프랑스 농업은 내가 지킨다'고 호소한다.

---

[1] 강선일 기자, "신냉전 시대 미국의 농업 · 먹거리분야 세계 전략은?", 한국농정, 2022. 6. 5.

③ 중국 시진핑의 농업 격려

시진핑 국가주석은 작년 12월 "중국인의 밥그릇은 언제나 중국인의 손에 확실하게 들려 있어야 한다."며 식량 안보의 중요성을 강조했다.

올해 6억 5천만t 생산을 목표로 삼은 중국은 러시아의 우크라이나 침공 등으로 국제 식량 가격이 급등하자 보조금 등을 지원하며 증산을 독려해 왔다.

20대 정부가 들어서면서 '농업에서 기회를 찾겠다.'는 희망자가 늘어나 망농위기(亡農危機)에 빠진 한국 농업이 재기의 희망이 곳곳에 보인다. 앞에서도 언급하였지만, 선진국 대통령보다 더 자주 농민과의 접촉 기회를 갖기를 희망하면서 한국의 선진 농업 국가 건설에 20대 윤석열 정부의 치적이 청사에 길이 남기를 기원하면서 이만 가름한다.

제30장

WTO, FTA 정책 대응 실패로
망해 가는 한국 농업

FTA는 분명 세계 경제 질서 개편을 위한 빅뱅이다. 그러나 우리 농업 환경은 전근대적 경영 형태에서 벗어나 이제 겨우 근대화의 길에 오르려는 길목에서 철저한 정책 대응 없이 'FTA'란 암초에 부딪혔다. 수입해 오는 농산물 가격이 워낙 싸기 때문에 국내산은 경쟁이 안 되어 판매될 수 없을뿐더러 지금까지 정부의 이중 곡가제를 통해 농업 소득을 지원해 주어 그나마 쌀농사를 유지해 왔으나 WTO 규약상 가격 지지 정책을 실시할 수 없기 때문에 쌀농사를 더 이상 유지 할 수 없게 되었다. 이에 농가 소득은 떨어져 이농 현상은 계속 이어져 마을은 공동화되는데 개벽에 가까운 세계 경제 흐름에 맞설 정책이라야 '전통에 멈춘' 구조 조정뿐이다 보니 그야말로 한국 농업은 쇠퇴일로 망해 가는 비운을 맞고 있다.

1) 세계 경제 개편에 따른 FTA 체결

2004년 4월 1일, 한국이 처음으로 칠레와 자유무역협정(FTA)을 체결한 지 17년이 지났다. 그 이후 한국은 57개국과 17건의 FTA를 체결했다.(표20) 한 · 칠레 FTA 이후 한 · 미 FTA, 한 · EU FTA, 한 · 중 FT 등이 있다.

〈표20〉 발효된 FTA(17건 57개국, 2021년 3월 기준)

상대국	추진현황			의의
	협상 개시	서명	발효	
칠레	1999. 1	2003. 2	2004. 4. 1.	최초 FTA중남미 시장의 교두보
싱가포르	2004. 1	2005. 8	2006. 3. 2.	아시아 시장의 교두보
EFTA(4개국)	2005. 1	2005. 12	2006. 9. 1.	유럽 시장의 교두보
아세안(10개국)	2005. 2	2006. 8	2007.6	거대 경제권과 체결한 최초의 FTA
인도	2006. 3	2009. 8	2010. 1. 1.	BRiCs 국가와 체결한 최초의 FTA
EU(27개국)	2007. 5	2010. 10	2011. 7. 1. (잠정)	거대 선진 경제국
			2015. 12. 13. (전체)	
페루	2009. 3	2011, 3	2011. 8. 1.	중남미 시장의 교두보
미국	2006. 6	2007. 6	2012. 3. 15.	세계 최대 경제권 (GDP기준)
	2018. 1 개정 협상	2018. 9 개정 협상	2019. 1	
			개정의정서	

상대국	추진현황			의의
	협상 개시	서명	발효	
터키	2010. 4	2012. 8 (기본 협정 · 상품 무역 협정)	2015.5 (서비스투자협정)	유럽 중앙 아시아 진출 교두보
호주	2009. 5	2014. 4	2014. 12. 12.	자원 부국. 오세아니아 주요 시장
캐나다	2005, 7	2014. 9	2015. 1. 1	북미 선진 시장
중국	2012. 5	2015. 6	2015. 12. 20.	우리의 제1위 교역 대상('20년 기준)
뉴질랜드	2009. 6	2015. 3	2015. 12, 20.	오세아니아 주요 시장
베트남	2012. 9	2015. 5	2015. 12. 20.	우리의 제4위 투자국 ('20년 기준)
콜롬비아	2009. 12	2013. 2	2016. 7. 15.	중남미 신흥 시장
중미(5개국)	2015. 6	2018. 2	2019. 10. 1.	중미 신시장 창출
영국	2016. 12	2019. 8	2021.1	한 · 영 간 통상 관계의 연속성 및 안전성 확보

아세안 : 말레이시아, 싱가포르, 베트남, 미얀마, 인도네시아, 필리핀, 브루나이, 라오스, 캄보디아, 태국

EU : 오스트리아, 벨기에, 체코, 키프로스, 덴마크, 에스토니아, 핀란드, 프랑스, 독일, 그리스, 헝가리, 아일랜드, 이탈리아, 라트비아, 리투아니아, 룩셈부르크, 몰타, 네덜란드, 폴란드, 포르투갈, 슬로바키아, 슬로베니아, 스페인, 스웨덴, 불가리아, 루마니아, 크로아티아

중미 : 니카라과, 온두라스, 코스타리카, 엘살바도르, 파나마

2) 망해 버린 한국 농업의 운명

정부는 FTA 체결은 '기업의 해외 시장 진출을 지원하고 국내 경쟁력 제고를 위한 계기를 제공하는 핵심적 통상 정책'이라고 자평한다. 또 FTA와 관련해 농업 부문에 대해 할 수 있는 모든 대책을 진행했다고도 한다.

그렇지만 농민들의 입장은 다르다. 정부가 그간 발생한 농업 부문의 막대한 피해를 외면하고 있다고 생각한다. 더불어 FTA 체결이 계속되는 동안 농업은 존망의 기로에 섰고, 농민들의 어려움은 계속 증가했다고 일반적으로 판단한다. 또 농업 정책에서 근본적인 변화 없이 대책 중심의 지원책만 이어졌고, 결국 이것은 농민들에게 빚만 남겼다고 본다.

과연 정부와 재계, 보수 경제지들이 말했던 것처럼 농업 부문의 피해는 심각하다. 지나고 보니 넘지 못할 산으로 다가와 있다. 처음 부딪힌 정책이라 예상을 못 했는지 펼쳐지는 상황은 예상과는 달리 심각하다.

한국농촌경제연구원의 자료에 따르면, 처음 칠레와 FTA를 체결한 지난 2004년 농식품 수입액은 축산물이 21억 달러, 과일·채소 10억 달러, 곡물 38억 달러, 임산물 40억 달러, 가공식품 35억 달러 등 총 146억 달러에 불과했다. 하지만 15년이 지난 뒤, 총 57개국과의 FTA가 발효된 2018년의 수입액은 총 353억 달러에 달해, 2004년의 2.4배가량 늘어났다.

특히 신선 농산물의 경우 정부나 농민들이나 수입이 어려울 것으로 판단했지만, 이는 완전한 오판이었다. 수입액 증가세는 가팔랐고, 국내 농업계에 큰 충격을 준 것으로 드러났다. 2004년 21억 달러에 불과하던 축산물 수입액도 2018년엔 75억 달러로 3.6배, 금액으로는 54억 달러나 늘었다. 과일 · 채소 수입액도 10억 달러에서 32억 달러로 3.2배(22억 달러)나 늘었다.

이는 같은 기간 총 수입액 증가율이 2.4배를 크게 상회하는 수준이다. 결국 FTA 체결이 축산물의 경우 자급률을 하락시켰고, 신선 농산물에는 가격 변동성을 키우는 한 요인으로 작용했다는 분석이다. 이 가격 변동성은 농민들을 괴롭히는 주범으로, 매해 '갈아엎기'를 반복하는 고역을 치르게 하는 요인이다.

3) 주요 FTA 체결국의 맹공

① 한미 FTA

한 · 미 FTA, 한 · EU FTA 체결 이후, 예측과 달랐다.

농업 피해는 심각하고, 다른 부문 실익도 크지 않아 한국과 주요국 간 FTA 체결 이후 상황을 살펴본다.

가장 먼저 한 · 미 FTA는 충격 중의 충격이었다. 참여 정부가 한 · 미 FTA를 추진할 것이란 예상은 아무도 하지 못했다. 당시 농민들과 영화인들의 반발이 컸다. 쇠고기 수입 개방과 스크린 쿼터제 폐지 때문이었다. 이는 미국 정부가 내건 이른바 '4대 선결 조건'이었다.

결국 이명박 정부 들어 쇠고기 수입은 국민적 저항에 부딪힌다.

2008년 광화문을 달군 광우병 쇠고기 수입 개방 저지 촛불은, 당시 정부가 예상치 못한 수준의 국민적 저항이었다. 일반 시민들은 쇠고기의 안전성을 문제 삼았고, 농민들은 축산업의 도태를 문제 삼았다. 그런 국민적 저항이 있었음에도 결국, 2011년 11월 12일 한·미 FTA는 국회에서 비준됐다.

이는 한국 농업의 존폐를 가르는 중대한 사건이었지만, 그다지 국민들에게 주목받지 못했다. 이후 한국 농축산물 시장은 큰 변화를 맞이했다. 한·미 FTA 시행 이후 5년 간(2012~2016년) 피해액이 가장 큰 부문은 쇠고기·돼지고기 등의 축산업이었다. 축산업의 연평균 생산 감소액은 1,195억 원으로 농업 전체 피해의 61.2%를 차지했다.

2018년 4월 13일 산업통상자원부가 국회에 제출한 「한·미 FTA 이행상황 평가보고서」를 보면, 축산물 가운데 돼지고기 피해액은 연평균 708억 원으로 농업 전체 피해액의 36.3%를 차지했다. 보고서는 "미국산 수입 돼지고기의 관세가 비교적 빠르게 인하돼, 협정 이행기에 영향이 큰 것으로 보인다."고 밝혔다. 쇠고기 피해액은 연평균 274억 원으로 농업 피해액의 14.1%를 차지했다. 대두 등 두(豆, 콩)류 피해액은 연평균 240억 원으로 농업 피해액의 12.3%를 차지했다. 두류는 관세 인하 대신에 저율할당관세(TRQ)가 적용된 품목으로, 무관세로 한국 시장에 들어올 수 있는 물량이 증가한 탓으로 분석된다.

보고서는 협정 발효 5년간 우리나라의 전체 대미 수출이 미국산 수입보다 크게 늘었지만, 한·미 FTA에 따른 수출 증가 효과는 미국이 더 누렸다고 분석했다. 5년간 우리나라의 대미 수출액은 발효 전 5년 동안보다 연평균 183억 9,900만 달러 증가했다. 반면 미국산 제품 수입액은 발효 전과 비교해 발효 후 연평균 56억 800만 달러 증가했는데, 이 중에서 한·미 FTA에 따른 직접적 수입 증가는 20억 4,700만~26억 5,600만 달러로 36.5~47.4%를 차지했다. 절대적인 수출액 증가는 한국이 더 많지만, 협정의 직접적 효과에 따른 증가액만 보면 미국이 협정 체결 효과를 더 많이 본 셈이다.

한미FTA 국회 비준 1년을 맞은 22일 오후 서울 세종로 광화문 광장에서 전국농민회총연맹 소속 회원들이 '한미 FTA 폐기. 기초 농산물 국가 수매제 쟁취'를 주장하며 '2차 농축산물 청와대 반납 투쟁' 기자회견을 열었다. 그러나 실효를 거두지 못한 투쟁이었다.

② 한·EU(유럽연합) FTA

한·EU FTA는 2011년 7월 잠정 발효됐다. 이후 5년간을 분석한 한·EU FTA 보고서는 FTA가 한국 농업은 물론 국내 산업 전반에도 부정적 영향을 미쳤다고 지적했다. 보고서에 따르면, 한·EU FTA 발효 이후 한국의 총수출 중 EU 비중은 2010년 11.9%에서 2015년 9.3%로 오히려 감소했다. 수출 효자 산업인 자동차와 기타 수송기기·전자·기계 모두 비중이 줄었다.

③ 한중 FTA

한국 농업에 가장 막대한 피해를 줄 것으로 예상됐던 한·중 FTA에 대해 되짚어보자.

한·중 FTA가 문제가 됐던 것은 우리 농업의 거대한 피해를 야기할 것이 예상되는데도, 농민의 일방적 희생을 전제로 협상이 이루어졌다는 점이다. 농민들은 도시의 아스팔트로 나와 국민들에게 피해를 호소했지만, 정부와 국회는 아무런 보호 장치도 마련하지 않은 채 빗장을 열어 버렸다.

더구나 한·중 FTA로 인한 농업 피해에 대한 국책 연구기관들의 연구가 진행되었지만, 정부는 자료 공개를 거부했으며, 국회의 요구에도 '자료 제출 불가' 입장을 밝혔다. 당시 언론에서 한·중 FTA 농업 부문 피해가 한·미 FTA의 최대 5배가 될 전망이라고 보도하자, 한국 농촌경제연구원은 서둘러 해명 자료를 내고 최대 3~5배라고 수정하는 웃지 못할 일도 있었다. 최대 5배나 최대 3~5배나 다를 게 무엇이란 말인가.

한·중 FTA로 인한 피해가 심각할 수밖에 없는 것엔 여러 요인이 있다. 중국은 농산물 생산 구조와 재배 품종이 우리와 거의 유사하고, 지리적으로 가까워 그동안 상대적으로 많이 수입되지 않았던 신선 농산물까지 수입이 가능하다. 그러니 시장이 열리면 시설 채소나 과채류에까지 '직격탄'을 날려 농업 붕괴에까지 다다를 것으로 우려됐다. 특히 중국은 지난 몇 년 동안 산둥성 인근에 한국 시장을 겨냥한 고품질 과채류 농업을 집중 육성해 왔다.

FTA를 시작하며 정부는 연이어 '대책'이라고 농업 부문 투·융자 계획을 제시했다. 지금까지 나온 투·융자 계획은 모두 7건이다. 2004

년 한·칠레 FTA 대책으로 1조 4,000억 원, 2007년·2011년·2012년 한·미 FTA 관련 대책으로 23조 1,000억 원, 2010년 한·EU FTA 대책으로 10조 8,000억 원, 2014년 한·영 연방 FTA 대책으로 11조 6,000억 원, 2015년 한·뉴질랜드 FTA 대책으로 1조 1,000억 원, 한·중 FTA 대책 1조 6,000억 원, 한·베트남 FTA 대책으로 2,000억 원 등이다. 또 2004년부터 2013년까지 농업 농촌 종합 대책으로 119조 원을 투입하는 일명 '119대책'도 마련됐다.

과연 이 투·융자는 제대로 집행됐을까? 한·미 FTA 대책이 추진된 지난 2008년부터 2017년까지 총 10년간 진행된 FTA 국내 보안 대책 투·융자 예산 대비 집행 실적을 분석한 결과를 보면 집행 실적은 미진한 것으로 나타났다. 2004년 1조 4,000억 원을 투·융자하겠다는 계획에서 출발한 예산 계획은 2017년 기준 누적으로 31조 3,000억 원을 사용할 계획이었지만 실제 집행액은 27조 5,000억 원에 그쳤다. 집행률이 87.9%로 3조 8,000억 원이 집행되지 못한 것이다. (자료: 농촌경제연구원)

낮은 이자로 돈을 빌려줄 테니, 그 돈으로 이것저것을 해서 경쟁력을 높이라는 게 정부 계획이다. 이는 농촌의 실정을 도외시한 대책이다. 지금 어지간한 농민들은 빚을 낼 수도 없다. 이미 저당 낼 한계를 넘긴 탓이다. 융자를 받아 새로운 데에 투자하고 싶어도, 농자재를 포함한 생산비는 늘어나는데 농업 소득은 20년 동안이나 제자리를 돌고 있으니 수익을 내 빚 갚는 일이 요원한 상황이다. 결국 '빚'이니 좀처럼 나설 수가 없다.

더구나 시중 금리가 정책 자금 금리보다 하락한 상황에서도 정부는

금리를 낮추지 않았다. 농민들이 줄기차게 인하 요구를 하자, 3~4%
대를 유지하던 정책 자금 이자를 낮추기로 한 것이 2015년 8월이다.

그나마 마련된 이 대책들의 추진 기간도 이제 얼마 남지 않았다. 그
런데 FTA로 인한 농업의 피해는 지금까지 발생한 것이 끝이 아니다.
앞으로 FTA 체결국에서 들어오는 농축산물의 수입 관세는 현재보다
더 낮아지고 관세할당물량(TRQ)은 늘어나게 된다. 방어막이 완전히
사라진다는 의미다.

「자유무역협정 체결에 따른 농민 등의 지원에 관한 특별법」에 따라
진행되고 있는 농업 분야 FTA 국내 보안 대책은 발효일로부터 통상
10년간 추진하는 것을 골자로 한다. 이에 따라 주요 대책 중 한·미
FTA 대책은 지난 2017년으로 추진 기간이 만료됐고, 한·EU FTA 대
책은 2020년에 만료됐다. 이어지는 한·영 연방 FTA 대책은 2024년
에, 한·중/한·베트남 FTA 대책은 2025년에 기간이 만료된다. 사실
상 주요 대책은 앞으로 5년 뒤에 마무리된다는 뜻이다. 또 FTA 피해
보전 직불제와 폐업 지원 대책도 한·중 FTA 발효를 기준으로 피해보
전 직불제는 10년, 폐업 지원제는 5년간 한시적으로 운영된다.

4) 낭패불감(狼狽不堪)에 몰린 한국 농업 정치

농민들은 개방이 계속 가속화되는 상황에서 앞선 17년의 상황을 비
춰 볼 때 앞으로도 뭐가 달라질지 모르겠다는 게 입장이다. 한·중
FTA를 시작하면서 일부 농민들이 주장해 만들어진 상생자금의 경우

10년간 1조 원을 적립하기로 했지만 강제성이 없어 돈을 내놓기를 주저해, 2018년엔 20%도 적립되지 않았다고 한다. 이렇게 하고도 지난 2019년 FTA 개시 15주년을 기념해 산업통상자원부 주최로 열린 포럼에서는 "포용의 FTA를 추진해 나가겠다."면서, "농업 등 FTA 피해 산업의 혁신과 전환을 지원해 새로운 활로를 찾도록 돕겠다."고 했다고 한다. 돌아보니 '사탕발림'에 불과한 말을 믿고, 한발 물러선 것이 농업을 이 지경으로 만든 것이란 결론에 도달하게 된다.[1]

외국산 농산물의 무차별 침략으로 한국 농업이 여지없이 붕괴되는 판국에 단군 조국 이래 처음 벌어지는 구조 조정 사업이 '외향적 성과주의' '부패 비리' '무원칙 농정'이었다면 한국 농업이 '사느냐' '죽느냐' 하는 절체절명의 기로인데 심기일전 새로운 결의와 각오로 다져진 충정이 되어도 부족한데 분별없는 이와 같은 퇴행은 한국 농업이 속절없이 망해 가는 운명을 알리는 조종이 아닐 수 없다.

---

1 박우형 카페매니저, "『농사의 종말』 자유무역협정 이후 17년, 지금 한국 농업은 ②57개국과 17건의 FTA 체결…보완 대책 기간 만료되지만, 농업의 피해 복구 요원", 2021. 8. 3.

제31장

농림축산 식품 수출 활성화를 위하여

1) 수출 현황

외국산 농식품으로 포위된 식탁을 보노라면 '내 돈 내고 저 외국 사람들 농사지어준 꼴이다.'하고 탄식한다. 식탁의 일상이 매너리즘에 젖어 지나쳐 버릴 수도 있으나 관심을 가져 보면 참혹하다. 우리도 수출 재료가 있는 데 왜 80% 가까이 수입만 하나. 수출은 경쟁력인데 우리만 뒤떨어져 수출을 못 해서 실적이 부진한가? 국가 간 교류는 경쟁력의 우열에 따라 이루어지는 힘든 과정이지만 WTO 출범 이후 우리와 상대하는 수출국의 관세 수준만은 우리에 비하면 월등히 낮아 농산물 수출에 유리함으로 경쟁력을 높이고 마케팅 전략을 짜임새 있게 마련하면 농산물 수출에 의한 농업 성장과 농업 소득을 끌어올릴 수 있을 것으로 기대되는데 현실은 그렇지 않다.

농산물 수출은 경쟁력을 높이면서 농업과 연계되어야 함은 물론이다. 농업과 무관한 가공식품 중심의 수출 구조로는 당해 식품 산업과 외국 농민의 배만 불릴 뿐이다. 농림축산식품부에서 2014년 제조 업종별 원재료 조달 및 이용 실태를 조사한 결과를 발표하였다. 2012년 29.7% 사용하였으며 2013년은 1.5% 오른 31.2%의 국산 농산물 사용 실태를 발표하였다.[2] 그렇다면 68.8%는 외국산 농산물을 이용하였다는 설명이다. 현재의 국산 농산물로는 외국과의 경쟁이 어렵다는 시사인데 농민도 이와 같은 사정을 이해하여 경쟁력 있는 원료를 생산하여야 하며 조사 대상 114개 품목 중 국산 사용이 90% 이상인 품목은 23개뿐이라 하면 승수 효과가 높은 품목을 더 선택하면서 수출국의 다변화에도 주문하고 싶다.

가공식품업체에서도 어느 식품업체의 주장대로 '국산 원료 사용이 곧 애국이고 우리 농업을 키우는 길'이라는 주장은 국민 모두의 주목을 받고 있음을 이해하여야 한다.

한국 무역협회 국제무역통상연구원은 "세계 수출 시장 1위 품목으로 본 우리 수출의 경쟁력 현황" 보고서(표21)를 14일 발표했다. 2020년 기준 세계 수출 시장 점유율 1위 품목의 가장 많은 국가는 중국(1,798개)이었고, 독일(668개), 미국(479개), 이탈리아 (201개), 일본(154개) 순이었다. 2020년 우리나라의 세계 1위 품목 수는 전년보다 6개가 증가한 77개로 새로 1위에 오른 품목은 17개였고, 1위에서 밀려난 품목

---

2 농림축산식품부 "식품업체 가공식품 원료로 국산 농산물사용 증가" 2015. 1. 27.

이 11개였다. 산업별로는 화학제품(29개)과 철강 · 비철금속(20개)이 전체 1위 제품의 63.7%를 차지했다. 결과 한국은 세계 수출시장 점유율 10위를 차지하고 있다. 그러나 농산물 종목은 눈에 띄지 않는다. 해외 수출하기에는 아직 경쟁력이 떨어진다는 지적이며 당사자의 분발이 요구되는 주문이다. 세계 수출 시장에서 수출 가능한 농산물이 많은 데도 점유율에서 밀린다는 것은 철저한 사후관리 부족에다가 품질 경쟁을 위한 치열한 각축전에서 사생 결단하는 저력 부족의 결과로 벌어지는 상황이라 하겠다.

〈표21〉 주요국 세계 수출 1위 품목 수 추이

국가명	2018년		2019년		2020년	
	순위	품목 수	순위	품목 수(a)	순위	품목 수(b)
중국	1	1,716	1	1,752	1	1,798
독일	2	686	2	658	2	668
미국	3	513	3	524	3	479
이탈리아	4	212	4	217	4	201
일본	5	161	5	157	5	154
인도	7	128	6	145	6	148
네덜란드	6	147	7	134	7	145
스페인	9	87	9	96	8	103
프랑스	8	112	8	112	9	99
한국	12	65	10	71	10	77

UN Comtrade

2) 농림 축산물 수출 현황에 따른 문제점

각종 악재가 밀·옥수수 등의 가격 급등으로 연결됐고, 지난달 우리 나라의 농산물 수입액을 24억 1,000만 달러까지 끌어올렸다. 이는 올 해 3월(24억 5,000만 달러)에 이어 두 번째로 큰 수입 규모다. 수출액 을 뛰어넘은 수입액의 여파로 4월 무역수지는 26억 6,000만 달러 적 자를 나타냈다.(2022. 5. 1. 우리나라 농축산물 무역 수지 적자)

그러므로 국제 경제적 환경으로 보아 우리 농업도 수출을 적극적으 로 지원 체제를 갖추어야 한다. 지금까지의 농산물 수출이 특정 지역 의 일부 품목에 국한되고 농산물 수출업체들이 개별적인 노력으로 이 루어진 어려운 과정이 있다고 하더라도 이제는 새로 주어진 국제 여건 하에서 보다 적극적이고 구체적인 정부의 수출지원이 요구된다.

3) 미국의 농산물 수출 지원 프로그램

농업에 대한 적극 지원을 기대하기 어려운 빈농 정책을 펼쳐 온 사실 에 비추어 미국의 수출 지원 정책이 참조될 듯하여 소개하여 본다.

미국의 주요 농산물은 역사적으로 오랫동안 그 판로에 수출을 통한 외국 시장에 의존해 왔다. 주요 농산물 중 수출이 차지하는 비중을 나 타낸 표22와 같이 품목 간 다소 차이는 있으나 밀과 쌀의 경우 생산량 의 50%, 면화와 콩의 경우 약 40%, 옥수수와 담배의 경우 약 30% 정 도의 생산량을 매년 수출 시장에 의존하고 있다.

〈표22〉 미국 주요 농산물 중 수출 비율(1870~1990)

연도	밀	면화	담배	옥수수	콩	쌀
1870-79	25.4	64.7	59.1	4.4		
1880-89	26.9	65.6	45.3	3.1		
1890-99	30.1	68.6	37.3	5.3		
1900-09	22.0	67.1	35.4	2.8		
1910-19	23.5	57.6	37.0	1.8		
1920-29	26.0	57.5	38.8	1.3		
1930-39	8.4	50.9	31.4	1.6	6.7	16.6
1940-49	18.7	23.1	24	2.0	2.8	42.7
1950-59	35.7	35.7	23.6	4.5	16.3	49.6
1960-69	53.6	35.0	26.1	12.4	28.1	61.2
1970-79	58.1	41.2	36.7	24.4	38.3	58.9
1980-88	52.8	45.8	33.4	25.9	39.6	48.9
1990	61	63			32	50

자료 USDA-FAS

미국의 농산물 수출 지원 프로그램은 농업 정책의 중요한 구성 요소로 농업법에 규정되어 있다. 농업법에 규정된 지원 이외에 일반 수출 지원과 관련된 기관 단체에서도 농산물에 대한 예외 규정이 없는 한 다른 품목과 동일한 지원을 받을 수 있다. 예를 들면 소기업청(Small Business Administration)에서는 매출액 일정 규모 이하의 기업들에게 각종 수출 지원 제도를 시행하고 있는바, 농산물 수출업체도 그 규모에 해당하면 지원 프로그램의 혜택을 받을 수 있다.

미국 정부는 농산물 수출 촉진에 필요한 전형적인 지원 수단들을 골고루 사용하여 자국의 농산물 수출을 확대시키고 있다. 수출 지원 정책 수단의 중요한 분야에는 마케팅과 해외 시장 정보 지원, 기타 기술 지원 등이 포함되며 금전적인 지원에는 국가 내의 가격 차에 대한 보조금 지급, 신용대출 및 신용 보증, 시장 개척 자금 지원 등이 포함된다.

미국은 농산물 수출 지원 기관으로 농무부 해외무역청(Foreign Agricultural Service)이 설치되었다. 해외무역청은 미국 농산물의 해외 수출과 관련된 시장 개척, 유지, 확대를 전담하는 연방정부(미국 농무부)의 기관으로, 제반 수출지원 프로그램과 대부분의 미국 농산물 시장 촉진 활동을 주관한다.

해외 무역관은 미국의 수출업체 또는 생산자 단체에 제1차적으로 필요한 도움을 제공하며 많은 협력 단체에 사무실 공간을 제공한다. 미국 농무관이 설치된 곳은 알제리와 바레인, 중국, 독일, 홍콩, 이탈리아, 일본(동경과 오사카) 한국, 나이지리아 사우디아라비아, 싱가포르, 튀니지, 영국, 베네수엘라, 멕시코 등이다.

미국의 농업 부문은 초과 공급 능력을 배경으로 하여 수출 산업으로 발전했고 수출 활동을 지원하는 제도가 완벽에 가깝게 마련되어 있다. 반면에 미국의 공업 부문은 내수 산업으로 발전하였으며 기업가들의 수출 의사가 매우 낮은 것이 보통이다. 우리나라의 경우 상황은 정반대다. 내수와 수입 대체에 치중하던 한국 농업이 수출 산업으로 발전하기 위해서는 정부의 지원이 필수적이다. 지원 제도를 완비하기 위해서는 선발 농산물 수출국들의 지원 사례를 조사하여 참고 자료로 활용하고 우리의 실정에 맞는 수출 지원 제도를 확립시켜 나가야 할 것이다.

4) 농수산식품 수출 확대를 위하여

① 수출 컨트롤 타워 설치 운영

FTA를 체결하면서 천연자원도 없으니 "수출로 먹고살아야 한다."고 했다. FTA 체결이 57개국과 17건(2021년 3월 기준)을 체결하였다. 수출입업자와의 거래, 관세 업무 등 취급하기 어려운 문제들이 많아 문제를 야기하는 경우도 많을 텐데 아직 수출입 업무를 총괄 관리하는 컨트롤 타워가 없다.

지속되어야 할 수출선 유지가 사전 검토되지 않아 농가 소득과 직결되지 않아 실속을 거두지 못한 경우가 있다는 지적이다. 한국농촌경제연구원이 2005년~2017년 aT(한국수산식품유통공사)의 수출 사업 지원 실적 자료를 분석한 결과 우리나라 농식품 신규 수출선의 25%는 지속 기간이 1년 미만이고 50%는 5년 이내에 수출이 중단되는 것으로 나타났다. 이는 수출이 국내 농산물 수급 상황에 따라 단발성으로 이뤄지고 일부 지방 자치 단체 등의 보여주기식 일회성 수출이 주원인으로 지목된다(농민신문, 2020. 1. 8.) 수출 컨트롤 타워에 의한 사전 조종의 필요한 사례라 하겠다.

② 수출 시장 다변화

농식품 수출 확대를 위한 가장 주요 사항은 수출시장 다변화에 주력하여야 한다는 것이다. 그리고 수출업체 경쟁력 강화, 해외 유통망·

네트워크 확대, 상대국의 관세 · 비관세 정보, 수출 신용 · 수출 보험 등을 통해 수출 환경을 보완 개선하여야 한다.

현재 미국, 일본, 중국 등의 식품 수출 대상 국가로 한정되었으며 중동, 아프리카 등으로 수출 대상 국가의 다변화가 요청된다. 수출 유망 국가와 시장 선택에 있어 수출 결정 요인 분석 결과, 수출 시장별 기획, 잠재 장애 요인 탐색을 통한 차별화된 시장 개척과 확대 노력이 필요하다.

③ 생산과 물류 단계

신선 농산물의 경우 국내 가격 상승 시 수출 물량이 확보되지 않아 수출 애로가 있으며 농가의 수출 약속을 이행치 않는 사례가 많으며 (47.6%) 수출업체 난립으로 과당 경쟁, 수출 품목의 다양성 부족, 수출업체 정비와 통합, 신선 식품 수출 전문 조직 육성 등이라 하겠다. 수출 작목 선정에도 농업 성장의 승수 효과가 큰 품목에 집중 관리하여 국제 가격 경쟁을 높이는 세심한 정책이 필요하며 한편 이러한 환경에 편승하여 수입상의 모리 행위(謀利行爲)를 차단할 필요가 없는지 확인이 필요하다.

위에서 지적한 수출 확대를 위한 필수 사항에서 가장 애로가 되는 사항이 신용 문제다. 약속은 인격의 결정이며 보이지 않는 법이다. 약속은 유불리를 따져서 지키고 안 지키고 할 임의 사항이 아니다. 구두 약속이라도 지켜야 하는 신용 사회인데 하물며 국제간 교류임에랴. 이젠 우리 농민도 선진 농업국이 되어야 한다면 다음을 기대해서라도 약속

이행은 당연하다. 당당한 농민의 모습을 보여 주어야 한다.

농촌은 공동화되어 몰락 직전이고 식품 시장은 외국산 농산물로 화려하게 진열된 답답한 진풍경이 눈앞에 벌어지고 있다. 한 나라의 시장이 외국산 농산물로 이렇게 채워진 나라가 있는가. 두려운 생각이 드는 것은 공연한 기우인가. 62%가 외국산 농산물 먹거리에 인이 박혀 한국의 힘이 국산이 아닌 외국산에서 나온다 하니 그러면 우리 농민은 뭘 먹고 살아야 하는지 당국은 심각하게 생각해 볼 사안이다.

우루과이 라운드 협상에 의한 시장 개방은 농산물 평균 관세가 인하되고 최소 시장 접근 물량이 늘어난 게 중심이다. 그중에서도 국내 생산 비중이 큰 중요 품목들에 대해서는 10%만 인하되었다. 수치상으로만 보면 시장 개방 조치 자체는 우려한 만큼 크지 않을 수 있다. 그런데도 지난 15년 동안 농림수산물 무역 수지 적자가 4배나 폭증할 정도로 수입이 급증하고 농업 성장이 장기 정체기에 빠졌다.[3] 따라서 무역 환경도 힘의 논리가 지배하고 있다.

3   이용기, 『한국 농업 길을 묻다』, (주)푸른길, 2013. 7. 29., P.252.

제32장

개방 농정은 한국 농정사에
흑역사로 남았다

농산물 수입 자유화 정책 시행으로 농촌 몰락, 수입 행정 난맥까지

사상 처음 이촌 향도에 의한 농촌 인구 도시 집중(91.04%)

문민정부 이래 농정 개발 투자 최대 부정부패

버틴 외교였으면 쌀시장 개방 막았다.

우리나라는 농업을 생업으로 그런대로 살아왔다. 영국같이 제1, 제2 산업 혁명 같은 큰 사회 격변 없이 풍조(雨順風調)에 풍년을 기원하면서 삶을 이어왔다. 자급자족을 바라면서 살아온 빈농국의 농민들은 역사적인 보릿고개를 넘는 어려운 고비도 넘어왔다. 그러나 1960년대부터 1970년대에 급격한 산업화와 1980년대 들어와 한 번도 경험한 선례가 없는 '개방 농정'의 영향을 받게 된다. 외국산 농산물에 대한 사상 초유의 수입 장벽을 낮추는 시장이 되어 외국 상품으로 넘쳐

나 우리 농산물 생산량은 급격히 감소하고 이 영향으로 농가 부채마 저 늘어나는 등의 부작용이 발생해 농업 농촌은 몰락의 참상이 닥쳐 왔다. 우루과이라운드에서 벌어지는 쌀 협상을 능숙한 외교로 버텼으 면 개방을 막을 수도 있었으나 마침내 개방되고 보니 이촌 향도 현상 은 더욱 가속화되었다. 그 결과 90%가 넘는 인구가 도시로 몰려 사는 기형적인 도시 문화가 형성되었다. 뜻대로 소화하지 못한 개방 농정 은 마침내 한국 농업의 종언을 알리는 백척간두에 내몰려 숨을 몰아 쉬고 있다.

1) 수입 농산물로 범람한 시장

1978년 2월에 정부는 농산물 수입 자유화 기본 방침을 확정하고 3차 (1차 1978년 5월, 2차 1978년 9월, 3차 1979년 1월)에 걸쳐 수입 자유 화 조치를 취하였다.

그러면서 1979년에는 「경제 안정화 종합시책」이란 명목으로 18개 농 수산식품에 대하여 가격 안정대를 설치 운영하고 8개 농산물에 대해서 는 최소 비축제를 실시하여 본격적인 수입 개방 정책을 시행하였다.

이 시기의 수입 개방 조치는 그 이전의 농산물 수입보다 대폭이었고 제도화되었다는 의미에서 이때부터 '개방 농정'의 시대로 지칭하기에 이르렀다.

이에 따라 농산물의 수입 자유화율이 확대되고 1980년에는 국내 수 요가 늘고 있는 소고기, 일시적인 흉작으로 가격이 상승한 고추, 마 늘, 참깨 등의 수입이 확대되는 등 수입 품목이 늘었다.

수입 농산물 정책 시행으로 농업·농촌의 몰락이 진행되고 있는데도 수입 행정마저 난맥상을 이루어 무질서한 뒤죽박죽 개방 농정이다. 1978년에는 고추, 양파, 돼지 등을 과다 수입하여 파동이 일어나니 농가 부채를 누적시키는 원인이 되었다. 양념류의 흉작과 수급 불균형으로 가격 폭등이 예상되자 조달청이 농산물을 수입하게 되었는데 농산물 수입에 대한 전문 지식이 부족하여 우리 국민의 기호에 맞지 않는 고추를 구매하였고 도입 시기도 맞지 않았다. 1978년도 계약분 일부가 1979년도 생산시기에 도착해 농산물이 불필요한 시기에 도입되는 결과가 되었으며 특히 불량고추가 도입되어 커다란 사회 문제를 야기했다(농정 반세기 증언).[1]

농수산물 수입은 수입 개방 압력과 수입 자유화 계획의 예시와 시행으로 1985년 25억 달러에서 1993년은 78억 달러로 3배 가까이 크게 증가하였다.(표23)

농축산물 수입 증가를 주도한 것은 인구 증가에 따른 소맥 수입과 국내 축산 생산을 위한 사료 곡물의 수입이었으며, 쇠고기 수입 재개에 따라 동 기간 중 9배 가까이 증가한 축산물 수입이었다. 이밖에 식품 소비 패턴의 변화와 고급화로 과일류와 조제 식품의 수입도 10배 내외로 급격히 증가하였다.

---

1   농림부, 『한국농정 50년사』 제1권, 1999. 12. 23. p.63.

<표23> 농림수산물 수입 추이(1985~1993) (단위 : 백만 달러)

구분/연도	1985	1987	1989	1991	1993
농림수산물	2,511	3,012	5,485	6,923	7,811
농축산물	1,971	1953	3,652	4,398	4,571
곡물, 곡분	1,157	1,081	1,794	1,650	1,784
채소류	9	39	9	29	30
과실류	7	19	41	231	87
축산물	64	85	341	687	548
조제 식품	49	52	171	359	462
동식물유지	153	137	170	229	232
사료	50	138	301	262	376
기호 식품	267	355	758	817	893

자료 : 농림수산부, 『농림수산주요통계』. 1994.

2) 개방 농정으로 무너져 가는 농업 · 농촌

개방 농정이라는 거대한 통상 정책은 쇠잔해 가는 한국 농업 시장에 진주해 와 자리 잡게 되었다. 이렇게 되기까지 미국의 압력도 있었겠지마는 우루과이 라운드 협상을 마치고 보니 슬기로운 대응을 못 한 것이 낭패였다. 다음에 설명하겠지만 '굳게 버티면 쌀시장 개방을 막을 수도 있었다.' 라는 기사를 보면 개탄스럽기 한이 없었다.

개방 농정을 주장한 정치 지도자를을 비롯하여 우위론자들도 이렇게까지 농업 · 농촌의 참상이 올 것으로는 기대하지 않았을 것으로 예상하지만 역시 미래 예측에는 한계가 있었다. '1980년대 자유주의 농정에 대한 평가'를 쓴 조석곤은 "20세기 후반 한국 농업·농촌의 변화에서 농가 소득 중 부채 비율이 80년대 12.6%에서 2000년은 87.6%로 높아지고 농업 소득은 80년대 65.2%에서 32.2%로 떨어진 것으로 나타났다.[2]"고 지적하였다.

농정 사상 유례가 없는 개방 농정 주장으로 OECD 국가 중 최하위 농업국으로 전락하게 한 주요 사실을 찾아본다.

① 경제기획원의 비교우위론의 강력 주장

1970년대 후반 수입 개방이 되면서 경제기획원을 중심으로 개방화 시대의 농정에 있어서 비교우위론이 견지되어야 한다는 논의가 전개되기 시작하였다.(백현기는 "1977년 5월 경제기획원 관계부처 장관, 농업 문제 전문가와 아시아 각국의 농정 문제 인사들이 참석한 농업 정책 개발 세미나에서 농업에 대한 비교우위론이 처음으로 제기"(농림부 1999:446)되었다고 증언하고 있다.)

이러한 개방 논의는 1970년대의 고미가 정책에 따른 양특 적자의 누적이 재정 부담으로 작용하고, 일부 양념류를 중심으로 가격 파동이 발생하면서 더욱 힘을 얻기 시작하였다. 사실 농산물에 대한 비교우위론은 물가 안정론과 밀접하게 관련, 절대 빈곤에서 벗어나 식단이 다

2　조석곤 상지대학교 경제학과 교수, 1980년대 자유주의 농정에 대한 평가.

양해지기 시작한 1970년대 후반 일부 과채류를 중심으로 가격 불안정이 나타나기 시작했고 이에 따라 양념류와 육류의 수입 문제가 본격적으로 대두하기 시작하였다. 특히 1978년 고추와 마늘 등을 대량 수입하였는데 없거나 비싸면 먹지 않았던 과거와는 다른 양상의 소비 패턴이 나타난 것으로 상징적인 의미가 있다.

물가 통제에 사활을 걸었던 당시 분위기에서 고추 값 상승은 일상생활에 미치는 영향력이 훨씬 컸으며 정치적으로도 매우 민감한 문제가 되었다.

② 자원 없는 나라의 수출과 농업 포기

저 농산물 정책 시행, 복합 영농의 실패 등으로 최고 책임자로부터 경제기획원 및 우위론자의 '농업 정책에 대한 불안과 혐오감'으로 '농업 포기'에 누구 하나 반대자가 없다. 오비이락으로 때마침 의외의 수출이 호황을 이룬다.

- 수출 1억 달러를 달성한 것은 1964년. 이후 '매년 수출 40% 신장'이라는 목표 아래 '무조건 밀어붙이기' 정책이 진행됐다. 그 결과 수출은 해마다 목표에 가깝게 38~39%씩 늘어나 1971년에 10억 달러를 기록했고, 1977년에 드디어 대망의 100억 달러 수출을 달성했다.
- 2011년부터 연간 5천억 달러 이상을 수출하고 있는 오늘날과 비교하면 초라해 보일 수도 있지만, 당시에는 정말 감격스러운 일이었다.

■ 1962년 10여 개 나라였던 수출 대상 국가는 1979년 140여 개로 늘어나 거의 전 세계가 우리의 시장이 되었다. 1970년대와 1980 년대는 한국의 무역 시장이다.

이와 같은 수출 호황이 이어지니 어느 정치지도자는 '자원이 없는 나라 수출로 먹고 기세가 두드러졌다.

3) 굳게 버티면 쌀 시장 개방 없다

"버티면 쌀시장 개방 없다"(남문희, 오민수 기자. 승인 1993. 8. 5.)

UR협상과는 무관…미국과의 쌍무협상일 뿐 방한 클린턴 '미소' 의미심장, 밀실 흥정 막아야

1박 2일 일정으로 한국을 방문하고 돌아간 클린턴 대통령은 이번 한국 방문에 대해 '대만족, 대성공'이라고 자평했다. 그래서인지 김 포공항에서 비행기 트랩을 오르는 그의 얼굴에는 미소가 끊이지 않 았다.

방한 직전 일본 도쿄에서 열렸던 선진 7개국 정상회담에 참석했 던 클린턴 대통령이 다른 나라의 초청 제의를 모두 물리치고 한국 방문만을 고집했을 때 농민 단체 관계자들은 긴장하지 않을 수 없 었다. 그가 한국 방문 중에 우루과이 라운드 농산물 협정을 서두르 기 위해 한국 정부에 압력을 행사할 것이라는 예상이 지배적이었기 때문이다.

그러나 짧고도 바쁜 여정 중 클린턴은 우루과이라운드나 쌀 개방 문제에 대해 한마디도 언급하지 않았다. 방한 기간에 그는 주로 북한 핵 문제 및 신 태평양 독트린을 발표하는 일에 심취해 경제 및 통상 현안과 관련해서는 뚜렷하게 챙긴 것이 없어 보였다. 그런데도 그는 방한 성과에 대만족을 표시했다.

클린턴의 미소에 담겨 있는 수수께끼가 풀리기까지는 그리 오랜 시간이 걸리지 않았다. 그동안 미국의 통상정책 변화를 주의 깊게 관찰해온 국내 농업관계 전문가들은 7월 10일 있었던 한·미 정상 회담의 합의 사항 중 한 항목에 그에 대한 해법이 들어 있음을 깨닫게 됐다. 이날 김영삼 대통령과 클린턴 대통령와 여러 가지 합의 사항 중에는 한국과 미국이 미래의 통상 정책을 조율하기 위해 '경제 협력대화기구(Dialogue for Economic Cooperation)'을 창설하는 데 합의했다는 조항이 들어 있었다.

이 대화 기구는 겉으로 보아서는 그 책임자를 양국의 외무차관으로 지위를 격상하고 협의 범위를 금융 서비스 등 포괄적인 분야로 넓혔다는 점이 두드러질 뿐 그동안 있어온 한·미 간 경협 관련 기구와 큰 차별성이 없는 것처럼 느껴졌다……. 가족농 정상 회담이란, 현재 진행되는 우루과이라운드 내 농산물 협상이 몇몇 세계적인 곡물 회사의 농간에 따라 진행되고 있다는 문제의식을 가지고 있는 전 세계 가족농 단체 대표들의 정상 회담이다. 이번 회담에는 13개국에서 23개 단체 대표가 참석했다. 한국에서는 한호선 농협중앙회 회장과 '우리 쌀 지키기 범국민대표회의' 집행위원장 김성훈 교수(중앙대·농업경제학), 소비자보호단체연합의 정광모 회장이 참석했다.

▶ 한국 · 일본에 '이중 압력 정책' 적용

미국 측에서는 전국농민연맹의 스웬선 회장과 일본농협중앙회 고문이자 미국의 세계적인 통상 문제 전문가인 윌리엄 디바치 씨, 미국 '사탕수수 및 땅콩 생산자 협회' 고문인 토머스 카이 씨가 참석했다. 이들 미국 측 참석자들은 한국 및 일본 대표들에게 한결같이 "클린턴 행정부에서는 우루과이 라운드 농산물 협상이 타결되기 어렵다. 곧 타결될 것처럼 말은 하고 있지만, 사실은 각 해당 당사국과의 쌍무협상을 통해 미국의 통상 현안을 해결하겠다는 속셈이다."라고 말했다고 한다. 특히 윌리엄 디바치 씨는 우루과이라운드와 쌍무협상을 병행하려는 클린턴 행정부의 전략을 '이중 압력 정책'이라고 불렀는데 그 우선 적용 대상은 한국과 일본이 될 것이라고 말했다.

클린턴 정부가 새롭게 추구하는 쌍무협상이 차관급이 책임자가 되는 대화기구 형식일 것이라는 점은 최근 미국 정부 소식통을 인용한 〈니혼 게이자이 신문〉 보도에 의해 명확하게 밝혀졌다. 이 신문은 '최근 클린턴 행정부는 난항을 겪고 있는 우루과이라운드 협상을 양국 간의 쌍무협상으로 전환할 것을 검토 중인데, 한국 · 일본 · 캐나다와의 협상을 통해 개별 농업 분야의 타개책을 찾고, 그 성과를 지렛대로 삼아 농업 협상 전체를 추진하는 방식을 채택했다'고 보도했다.

▶ 미국 협상안 창출자는 곡물 재벌

공화당 정권의 대내의 농업 정책에 대한 최대지지 세력은 미국 내에서도 주로 대기업농과 세계적인 거대 곡물 회사, 곡물 무역상들이었다. 이들은 농업생산물이 공산품과 달리 무차별적 교역의 대상이 될 수 없고 단순한 상품으로서의 기능보다는 식량 안보 및 지역사회 유지, 환경 보존 기능을 가지고 있다고 보는 전통적인 가족농이나 소농들의 입장과 달리 농산물의 무차별적인 교역을 통해 자신들의 이익을 추구하는 세력이다.

▶ 'UR보다 더 무서운 것이 쌍무협상'

클린턴이 선거공약으로 받아들인 '7포인트'는 그 발상의 출발점이나 구체적인 내용에서 거대 곡물 회사들의 입장을 반영한 던켈 사무총장안과 배치된다. 이런 이유로 클린턴은 대통령에 당선된 직후 곧바로 부시 대통령에게 던켈안을 관철시키는 것을 중지해 달라고 요구했고, 올 연초부터 새 정부의 농정 담당자들이 던켈안을 수정하겠다는 의사를 공공연히 비쳐 온 것이다.

국내외 통상 전문가들은 이런 이유로 클린턴 정부에서는 던켈안에 기초한 우루과이라운드 협상은 이미 물 건너갔다는 판단을 계속해온 것이다. 그런데도 클린턴 정부는 아직까지 이런 입장을 대내외에 공식으로 밝히지 않고 있다. 그것은 우루과이라운드 협상이 곧 타결될 것처럼 계속 제스처를 쓰는 것이 자신들의 국익에 합당하다고 보기 때문이다. 이런 제스처와 함께 그들이 실질적으로 추구하는 것은 바로 관계 당사국들과의 쌍무협상을 통해 미국에 유리한 형태로 농산물 협상을 사전에 끝내 버리겠다는 것으로 분석된다.

따라서 클린턴 행정부의 새로운 통상 전략을 예의 주시해온 국내 농업 경제학자들 사이에는 '우루과이 라운드보다 더 무서운 것이 쌍무협상이다'라는 말이 오가고 있다. 그러나 쌍무협상보다 더 무서운 것이 사실은 우리 내부에 도사리고 있다.

그 하나는 내년 3월 1일까지 가트의 BOP(Balance of Payment) 위원회에 제출하도록 돼 있는 농산물 수입개방 목록이다. 우리나라는 86~89년간의 국제수지 흑자 이후 가트에 규정된 국제수지 적자국 조항(18조 B항) 해당 국가에서 국제수지 흑자국 조항(11조) 해당 국가로 변경되었다. 18조 국가에서 11조 국가로 바뀌면 그동안 수입 제한을 할 수 있었던 많은 품목을 개방해야 한다.

우리나라는 농산물의 경우 지난 90년부터 순차적으로 개방을 단행해 93년 현재 93.2%의 수입 개방률을 보이고 있다. 문제는 몇몇 품목을 제외한 나머지 1백42개 품목의 수입 개방 일정을 94년 3월 1일까지 제출하도록 되어 있다는 점이다. 97년까지 완료하게 되어 있는 수입개방 절차가 끝나면 실제로 남는 것은 쌀과 보리밖에 없게 된다.

이러한 실정에 비추어 그동안 김성훈(중앙대) · 장원석(단국대) 교수를 중심으로 한 농업 경제학자들은 지난 90년 이후 우리나라가 국제 수지 적자국으로 돌아섰다는 점을 지적하면서, 가트의 18조 국가로 복귀하기 위한 교섭을 다시 전개해야 한다고 줄기차게 주장해 왔다. 이러한 주장에 대해 외면하고 있던 정부에서도 최근 95년부터 97년까지로 예정되어 있는 농수산물의 2단계 수입자유화 조처를 늦추거나 예외를 인정받는 방안을 검토하기 시작한 것은 매우 고무적인 현상이다.

▶ 정부 내 개방 대세론자의 문제

농업 경제학자나 농민 단체들이 BOP보다 더 위험한 요소라고 지목하는 것이 현재 정부 내 일부 관료와 재벌기업 등이 주축이 된 수입개방 대세론 자들이다. 정부 내의 수입 개방 대세론 자들은 주로 경제기획원과 상공부에 폭넓게 퍼져 있는 것으로 알려지고 있다. 이들의 주장 밑바탕에는 이른바 비교우위론에 입각한 한국농업 불가론이 짙게 깔려 있다. 한마디로 우리나라 농업은 투자에 비해 효용가치가 떨어진다는 주장이다.

더욱이 우루과이 라운드 협상에서 쌀시장 개방 문제가 협상의 걸림돌로 제기된 적은 거의 없었다는 반론도 제기되고 있다.

가트 회원국 중에 한국과 일본의 쌀 문제에 이해관계를 가지고 있는 나라는 미국과 호주 두 나라에 지나지 않는다. 따라서 쌀시장 개방 문제는 현재 미국과 한국, 미국과 일본의 쌍무관계 문제이지 우루과이 라운드 협상과는 직접적인 관련이 없다는 주장이다.

김성훈 교수는 "쌀 개방 문제 때문에 우루과이라운드가 좌초될 위기에 있다는 주장의 이면에는 우루과이라운드를 빌어 이 기회에 한국 농업을 안락사시키겠다는 음모가 깔려 있다"고 강력하게 비판한다. 또 장원석 교수는 "정부 내에 쌀 개방 대세론자들이 득세하고 있는 상황에서는 앞으로 본격화할 미국과의 쌍무협상에 대해서도 결코 안심할 수 없다."라고 지적했다. 협상 회의록이 공개되지 않는 상황에서 어떤 밀실 흥정이 오고 갈지 전혀 알 도리가 없기 때문이라는 것이다.

국내 일부 개방 대세론자들의 주장과 달리 국내외 통상 전문가들은 한국이 현명하게 버티기만 하면 쌀시장뿐 아니라 농산물 시장의 상당 부분을 지켜내는 것은 과히 어렵지 않다고 지적하고 있다. 그러기 위해서는 우선 가트와의 재협상을 통해 국제수지 적자국으로 복귀하는 일이 시급하게 이루어질 필요가 있다. 또 미국과의 쌍무협상에서도 이미 클린턴 행정부가 자국의 14개 품목에 대해서는 어떤 일이 있어도 수입 개방을 하지 않겠다고 한 만큼, 우리도 형평성의 원리에 따라 같은 숫자의 품목에 대해 수입제한을 주장해야 한다는 것이다.

이와 관련해 지난번 도쿄 가족농 정상회담에 참석한 미국전국농민연맹의 스웬선 회장이 한국과 일본 대표에게 했다는 말은 매우 인상적이다. 그는 양국 대표들과의 비공식 대화에서 "한국과 일본은 앞으로 굳게 버티기만 하면 쌀시장을 개방하지 않아도 될 것이다."라고 말했다고 한다.

위 인용문을 보면 농업문제에 왜 이렇게 허술한가. 이러한 유치 외교 능력으로 선진국의 외교 수완이라고 자찬이라도 할 수 있을까. 여유 있고 담대하게 대응했으면 이러한 망농의 역사는 없었을 것으로 참담하다. 외교가의 농담에 '한국은 팔을 비틀면 결국 움직인다'. 라는 말이 있다. 이러한 유약한 외교라면 새로운 결의와 각오가 있어야 하겠기 외교 전문가 양성에 주력해야 했다.

4) 문민정부 이래 농정 개발 투자 최대 부정부패(不正腐敗)

1993년 문민정부가 수립되면서 신경제 5계년계획을 수립 시행하였으며 그 뒤를 이어 각 정부에서도 정책은 이어갔다. 이 기간에 무려 200조 원이라는 돈을 농촌에 쏟아 부었다. 그러나 일언이 폐지하고 효과를 거두지 못하고 부패의 온상만을 키웠다. 이에 대하여 문민정부 농수산수석실비서관 최양부가 2013년 12월 24일 〈한국농어민신문〉에 "UR 이후 농정 20년에 대한 성찰"이라는 글을 게재했다.

농산물 시장개방 갈수록 심화

김영삼 정부 이후 김대중, 노무현, 이명박 정부를 거치면서 지난 20년 동안 농산물 시장 개방은 한 · 칠레 FTA를 시작으로 'UR 시대'를 넘어 'FTA 시대'가 열리면서 더욱 확대 심화됐다. 한 · EU, 한 · 미 FTA에 이어 이제는 호주, 캐나다, 뉴질랜드와도 FTA를 마치고 한 · 중 FTA로 향하고 있고 TPP 참가방안도 검토되고 있다. 20년을 유예해 온 쌀시장도 내년에는 전면 개방할 위기에 처했다. 그야말로 우리 농은 낭떠러지 끝을 붙잡고 매달려 있는 절체절명의 위기를 맞고 있다. 그런데도 우리 농정은 정부 따라 5년마다 경쟁력과 효율성 강화를 위한 구조 개선과 전업농 육성이냐, 아니면 농업의 다원적 가치와 지속 가능한 농업을 위한 가족농 보호냐를 오가며 일관성 없는 정책을 추진해왔다. 쌀 수매 가격 인상, 부채 감면과 직불제, 폐업 보상 등 소득 보조적 정책이 늘어났고 농촌 개발과 농민 복지 정책이 확대되고, 환경 농업 육성, 농업의 6차 산업화와 융 · 복합화, 식품산업진흥정책 등이 새로 추진됐다. 김영삼 정부를 시작으로 지난 20년 동안 200조 원이 넘는 국민 혈세를 농촌에 쏟아 부었다.

그래서 20년이 지난 지금, 우리 농의 형편은 나아졌고, 경쟁력은 향상됐고 가족농은 보호됐는가? 경쟁력은 향상되지 못했고, 농민들은 고령화되고, 후계 인력이 없는 대부분의 가족 농가들은 세대 단절과 소멸의 위기를 맞고 있다. 우리 농업의 국민 식량 공급 능력은 날로 떨어지고 이제는 대형 유통 기업과 수입상들이 국민의 먹을거리 공급을 책임지는 시대가 됐다. 농촌은 계속되는 인구 감소로 지방 자치 단체의 구성마저 어려운 지경이 됐다. 마을은 거대한 양로원 촌이 됐고, 고맙게도 동남아 등지에서 시집온 여성들이 해체 직전의 농가와 마을을 지켜주는 지경에 이르렀다. 농고는 사실상 고사했고, 미래 농업 인력을 양성하는 교육기관은 한국농업전문학교(현 한국농수산대학)가 그나마 명맥을 유지하고 있다. 농민에 대한 기술 지도 보급을 담당해야 할 지도기관들은 대부분 시장 군수 뒤치다꺼리하는 행정기관으로 전락했다. 농협을 필두로 축협, 수협, 산림조합 등 협동조합들은 농어촌 경제의 모든 돈줄과 인맥을 장악하고 있지만 농어민과 축산인, 임업인의 경제적 지위 향상은 말뿐이고 경제 사업은 시늉만 내고, 임직원들의 고액 연봉 챙기는 데 도움이 되는 돈 되는 장사에만 혈안이 돼 있다.

① 오락가락 정책에 농업 벼랑 끝

이런 참담한 현실에도 호황을 누리고 있는 곳도 있다. '눈먼 정부 돈'

을 따기 위해 개인이나 법인, 단체 또는 지자체를 상대로 사업계획서를 그럴듯하게 잘 꾸며주는 용역 업체, 컨설팅업체들은 번창해 왔다. 농과대학 교수들은 넘쳐나는 연구비로 자신들의 자리보전을 위한 학술지 논문 건수 올리는 연구에 골몰해 왔다. 역설적으로 우리 농은 '농을 위하여'라는 구호를 앞세운 중앙과 지방의 정부관리, 공기업 임직원, 대학교수나 연구기관의 전문가, 용역업자, 농어민단체와 협동조합 임직원에게 붙잡혀 거꾸로 그들의 이익에 봉사해 왔다. 정부 재정으로 농에 투입된 돈이 농·축·수협을 통해 다시 도시로 역류되고, 수백, 수천억 원의 예수금을 도시 지역 투자 금융 회사에 맡겨 이자 따먹기에 빠져 있는 전국 시·군·읍·면의 농·축·수협을 이렇게 방치해 놓고 어떻게 농이 잘되기를 바랄 수 있단 말인가? 결국 정부 지원은 농·축·수협의 배만 불리고 우리 농은 메말라 왔다. 그래서 일가 20년 전과는 비교하면 국민들의 우리 농을 보는 시각은 싸늘해졌고, "밑 빠진 독에 물 붓기"라며 농에 대한 재정 투·융자 지원을 반대하는 목소리도 커졌다.

개방 농정은 한국 농정 사상 한 번도 경험해 본 적이 없는 농업 지대의 격변이다. 그 결과 첫째 인구의 도시 집중화(2005년 90.12%) 현상이 벌어졌으며, 다음은 외국 농산물이 80%를 넘어 수입되었다. 결과 농촌은 탈농화 현상으로 공동화(空洞化)되어 농업은 이제 조종(弔鐘)을 울리고 있다. 재기하기 위한 농촌 계획의 수립이나 시행도 없다. 해마다 예산이 줄어가는 현상이 이를 증명한다. 때문에 흑역사를 쓴다는 말이 나온다. "경쟁력이 없으면 퇴출되어야 한다"는 말은 대책이 없기 때문에 자원이 없는 나라 수출로 먹고살아야 한다는 말을 공공연하게 주장한다. 200조 원을 투자하면서 관계자들의 사욕에 빠져 별별 형태로 도둑질한 부끄러운 민낯을 공개한다. 그야말로 이제 한국 농업은 순기자연(順氣自然)이다.

제33장

문민정부 5개년계획 실패는
농업 포기로

1) UR 농업 협상은 한국농업의 무덤

우리나라 시장 개방은 1980년대 후반부터 빠른 속도로 진행되었으며 특히 1993년 12월에 UR 협상이 타결되고 1995년에 WTO 출범하면서 한국 농업은 본격적인 농산물 개방 시대로 진입하게 되었다. UR 협상은 기존의 GATT 체제를 자유무역주의로 진일보하기 위한 계기로써 '예외 없는 관세화' 원칙에 따라 제반 비관세 장벽이 철폐되고 관세 제도로 전환되었다. 모든 관세는 양허되고 일정한 스케줄에 따라 감축하도록 하였고 농업 보조금은 엄격한 규정으로 통제를 받게 되었다.

그러나 UR 농업 협상은 시장 개방의 준비가 미흡한 한국 농업에는 커다란 충격이다. 공산품 수출에 의존하는 한국 경제를 위해서는 불가피하게 농산물 수입의 개방 속도를 앞당겨야 하는 측면이 많았다. 그에 따라 농산물 개방 속도를 앞당기게 되는 계기가 되는 구실이 만들어졌다. 이에 더하여 세계적인 농정 개혁의 흐름에 따라 보조금 감축 등 농정 수단을 시장 지향에 맞추어 개편하게 되었다.

농산물 시장의 가장 큰 영향은 농산물의 과잉 수입에 의한 가격 하락으로 1996년부터 농업 교역 조건이 급격하게 하락하기 시작, 농업은 성장하지만 소득은 감소하는 '성장과 소득의 감소' 현상이 두드러지게 나타나기 시작하였다. 이와 같은 농산물 수출입 실태는 마침내 한국 농업의 무덤으로 이어졌다.

2) 매머드급 '신경제 5개년계획' 수립

문민정부의 농업 정책의 성패는 한국 농업의 중대한 '방향 키'라고 각오한 김영삼 대통령의. 결의는 '오기'찬 모습이 엿보였다.

1993년 2월 25일 문민정부가 출범되었다. 한국 농업의 위기를 직감한 새 정부는 4월 14일 자로 학계 · 언론계 · 경제계 및 노동계 인사 15명과 경제 부처 차관 등으로 '신경제계획위원회'를 구성하였다. 이어 26개 과제별로 관련 부처 공무원 · 연구기관 · 대학교수 · 민간단체 대표 등 57명으로 구성된 실무 작업반에서 작업반별로 부문 계획 시안을 작성한 다음, 이 부문별 시안을 놓고 과제별 정책협의회를 열어 전문가의 의견을 수렴하고 경제장관회의 신경제계획위원회와 국무총리를 위원장으로 하는 경제사회 발전계획 심의 위원회의 심의를 거쳐 7월 2일에 대통령이 주재하는 보고대회에서 「신경제 5개년계획」이 확정되었다. 신경제 5개년 계획의 목표는 "모든 국민의 참여와 창의를 발전의 원동력으로 하는 신경제를 건설함으로써 "선진국 경제에 진입하고 통일에 대비할 수 있는 튼튼한 경제를 건설하는 것"이었다. 이 신경제 계획과 전체적으로 조화를 이루면서 농림수산 부문의 세부 실천 계획으로 「신농정 5개년계획」이 수립되었다.(『한국 농정50년사』 제1권. p. 75.)

시행 불과 3개월도 되지 않아 연합뉴스에서 다음과 같이 보도하였다. 본격적인 개방 농정으로 한국 농업의 성패가 걸려 있는 '신 농정'이기에 농업계는 물론 관계자의 관심이 모아져 있는 시기이기에 전문을 다음과 같이 인용했다.(서울=연합(聯合)) (이우성 기자, 1993. 9. 25.)

농산물 시장의 개방 확대에 대비하여 우리 농업의 전반적인 구조를 수술하여 경쟁력 있는 농업을 이끌기 위한 농업 구조 개선 작업이 문민정부에 들어서면서 박차를 가하게 됐다.

김영삼 대통령은 27일 오전 청와대에서 정부의 고위 관리와 민자당의 주요 당직자는 물론 지방 자치 단체장과 농민 대표들이 참석한 가운데 농어촌발전대책회의를 갖고 오는 2001년까지로 예정된 농어촌 구조 개선 사업을 3년 앞당겨 1998년까지 조기 실현하겠다고 거듭 다짐했다.

金 대통령이 주재한 이번 대책 회의는 그 형식뿐만 아니라 내용에

있어서도 앞으로 농촌 문제에 대해 새 정부가 상당한 정책적 비중을 두겠다는 의지를 표명한 것으로 풀이할 수 있다.

우선 대통령이 과거 군사정부와 달리 이처럼 각계의 인사를 모아 놓고 종합적인 농어촌대책회의를 주재했다는 것만으로도 상당한 의미가 있다고 할 수 있다.

김 대통령은 지난 8월 13일 농업 창립 기념일을 맞아 개최된 제2회 농협인 대회에 참석, "농어촌 정책은 대통령인 내가 직접 챙길 것이며 농어촌발전대책회의를 정례화해서 농어촌 구조 개선 정책 등 신 농정이 제대로 추진되는지를 확인하겠다."고 선언했다.

정부는 이에 따라 이번에 그 첫 회의를 가졌으며 매년 2~3월 중 상반기회의를 통해 전년도 실적 평가와 당해 연도의 추진 계획을 마련하고 9~10월 중 하반기 회의에서 당해 연도 사업 추진 상황을 점검하고 다음 해의 추진 방향을 결정키로 했다.

김정용(金正瀧) 농림수산부 제2차관보는 농어업의 전반적인 기반을 정비하는 농어촌 구조 개선 문제를 대통령이 직접 챙기겠다고 선언한 것은 상당한 의미가 있다면서 과거 정권에서도 대통령이 단편적으로 농업에 대한 관심을 표명하기는 했으나 이처럼 종합적으로 관심을 기울인 적은 드물다고 강조했다.

결국 고도 성장기에 수출 드라이브 정책과 공업화 정책을 펴면서 상대적으로 괄시를 받던 농업 부문의 위상이 다시 올라설 수 있는 전기를 마련했다는 해석이 가능한 것이다.

대통령이 농업 부문에 이처럼 관심을 집중함에 따라 농림수산부가 농업 부문의 투자 재원을 마련하는 데 과거와 달리 큰 어려움을 겪지 않게 됐다.

농림수산부는 금년 초 중기 재정 계획과 맞물려 있는 농어촌 구조 개선 사업비를 확대하기 위해 경제기획원에 노크를 했으나 사회 간접 자본, 복지 부문 등에 대한 재정 수요가 워낙 크기 때문에 대폭 증액하는 것은 문제가 있다는 기획원 측의 반응에 다소 의기소침했다.

농림수산부는 이에 따라 청와대 측에 중재를 요청했으며 결국 42조 원(1995년 국가 예산의 12.8%)이 소요되는 구조 개선 사업을 오는 98년까지 3년간 앞당기고 이에 필요한 국고 투·융자 규모를 당초의 24조 5천억 원에서 35조 4천억 원으로 44.5%(10조 9천억 원)로 증액한다는 정부의 방침이 확정되기에 이르렀다.

이번 대책 회의는 또 김 대통령이 선거 공약으로 내세운 대통령 직속의 농업담당특별보좌관과 농어촌발전위원회를 설치하려던 계획을 대신한다는 의미를 갖고 있다.

농민 단체들은 그동안 농업 담당 특별보좌관을 두지 않고 농어촌 발전 위원회를 설시하지 않는다는 것은 공약을 지키지 않는 것이며 농어업 분야를 무시하는 처사라고 반발해왔다.

청와대 측은 그러나 농업 담당 특보를 두게 되면 경제 수석을 주축으로 이루어진 청와대 경제팀 간의 불협화음을 초래할 가능성이 있다는 점을 들어 이를 철회한 것으로 알려졌다.

또 농어촌발전위원회는 농업 부문의 전반적인 문제점과 대책을 마련하여 대통령에게 자문하는 기능을 하게 되지만 이는 정책 부서와의 마찰을 빚는 등 옥상옥(屋上屋)의 부작용을 유발할 가능성이 있다는 지적이 나오고 있다.

실제로 농업 문제를 해결하는 지름길은 자문 기관에서 마련하는 이론적 바탕보다는 농업을 발전시키겠다는 강력한 의지와 추진력에서 찾을 수 있다고 하겠다.

그러나 대통령이 이처럼 우선순위를 두고 있는 농업 구조 개선 사업은 앞으로 넘어야 할 장애물이 너무나 많다는 것이 전문가들의 지적이다.

오는 98년 이후에도 계속돼야 할 구조 개선 사업은 단순히 대통령이 관심을 갖는 데서 끝나서는 안 되며 정부 부처 내에서도 비교우위론만을 따지지 말고 쇠퇴해가는 농업의 경쟁력을 강화하여 시장 개방에 대비해야 하겠다는 일관된 시각을 가져야 할 것이다.

또 농민들도 타율적이고 냉소적인 사고방식에서 벗어나 대외적 개방 압력과 대내적 악조건을 극복하고 스스로 농업 발전을 꾀하겠다는 결연한 의지를 다짐해야 한다고 전문가들은 입을 모으고 있다.

3) 신경제 5개년계획 왜 실패했나?

① 57조 원의 과잉 낭비 등 부패한 투자

5년 동안 이뤄진 한국 농정 사상 최대 규모의 투자는 대부분 과잉 투자, 낭비 투자였으며 각종 비리로 얼룩진 잘못된 농업 정책이었다.(참조: 최양부. 바른 협동조합 실천운동본부 이사장, "UR 이후 농정 20년에 대한 성찰", 한국 농어민신문 농업마당, 2013. 12. 26. P. 196.)

이는 우리 사회에 농업에 대한 잘못된 인식을 심고, 농민에 대해 부정적 시각을 가지도록 했다. 심지어 농민들 간에도 반목과 불신을 키워 더불어 사는 미풍양속이 사라지게 만들었다. 총 57조에 달하는 엄청난 금액을 투입하고도 실효를 거두지 못한 문민정부 농정 실패의 일면이다.

이와 관련 한도숙 전국농민회 총연맹 고문은 김영삼 정부의 신농정에 대하여 다음과 같이 주장하였다.

결국 신농정은 농촌 붕괴를 가속화했다. 또 농가들 간의 양극화가 시작되는 단초가 되기도 했다. 전통적인 농가는 퇴출되고 자본 집약적 기업형 농가들이 나타나기 시작했다. 정부가 농촌 사회에도 '경쟁력'이란 개념을 심은 것이다. 이 과정에서 농촌 사회의 공동체적 전통, 문화, 관습들이 급속히 해체됐다.[1]

② 심각한 사고 공화국

문민정부 김영삼 대통령은 1993년 2월 25일 취임하여 1998년 2월 24일 퇴임하였다. 재임 기간 크고 작은 사고가 너무 많았다. 취임하자 1993년 3월 부산 구포역 열차 전복 사고를 비롯하여 1993년 7월 목포 아시아나 항공기 추락, 1994년 10월 성수대교 붕괴, 1995년 4월

---

[1] 한도숙, 엄청난 자금을 투입한 '농어촌 구조개선 사업은 실패한 농업정책,
    2021. 9. 22.

대구 지하철 가스폭발 사고, 1995년 6월 삼풍백화점 붕괴 등 이와 같은 사고로 인명 피해도 많았다. 이로 인해 '사고 공화국'이라는 명예롭지 못한 오명까지 얻었으며 그 결과 한국 사회는 자신감을 잃기 시작했고 정부에서는 이에 대한 국민의 신뢰를 얻고자 억지로 선진국 클럽 OECD에 가입하기도 했다. 마침내 대내적 성장통이 대외적 부작용으로 옮겨 마침내 1997년 외환 위기까지 몰렸다.

4) 계륵 농정(鷄肋農政)에 이어 농업 포기 정책

대통령의 초기 각오와 열의에 비해 혁신적인 정책이 없었으며 경제 영토를 넓힌다는 FTA 협정 체결로 농산물 개방 문호는 더욱 넓어져 80%를 넘는 외국산 농산물은 수입 홍수를 이루니 농업 농촌은 망해 가고 있다.

경제기획원으로부터 일기 시작한 비교우위론자의 지속적인 주장, 끊이지 않는 사고 발생, 외환 위기 등에 밀려 신경제 5개년계획은 활기를 잃어 한 치도 나가지 못하고 실패했다. 이를 본 각 정부는 계륵 농정(鷄肋農政)쯤으로 이해했는지 어느 정부도 농업 재건을 위한 새로운 변화를 그리며 능동적으로 대처하는 정부는 없었다. 그 사실은 매년 책정되는 농수산부 예산이 말한다. 김영삼 정부는 신 농정 5개년계획에 국가 예산의 12.8%를 쏟아 부으면서 시도했으나 그 뒤 이어지는 각 정부는 많아야 4.3%에서 지난해까지 3%대를 유지하고 있다.

문민정부의 실패한 농정에 대한 고정관념을 뒤집는 역발상이 선순환으로 방향을 바꾸어 선진 농업을 이루는 기대는 바랄 수 없다. 그것은 고사하고 오히려 대통령이 토지 투기에 발을 담근다. '수출로 벌어들인 과실로 식량을 사 먹으면 된다'는 안이한 말은 최근 반도체의 불황으로 한국 경제의 불황이 퍼펙트 스톰을 겪게 되는 것은 아닌지 우려의 말을 자주 듣는다.

제34장

식량 수입 문제 대비,
국내 대책

1) 우리나라 연간 수입 물량

한 해 우리나라가 소비하는 식량은 약 2,000만 톤에 조금 못 미치는데 이 가운데 약 500만 톤은 국내에서 자급하고 나머지 1,500만 톤은 외국에서 수입하고 있다. 이렇게 많은 양을 순조롭게, 필요한 양만큼 수입할 수 있느냐 여부가 문제다. 기후 변화로 인한 잦은 재해, 더욱이 수출 계약 대상 수출국들이 동시에 혹은 기타 다른 원인 등으로 수출 중단의 경우가 생길까 우려의 깊이를 더 한다.

2) 식량 생산 공급 불안은 변수가 아닌 상수

코로나 19 팬데믹(세계적 대유행)으로 가뜩이나 불안정한 식량 공급
망에 러시아·우크라이나 전쟁이 기름을 끼얹고 있다. 그 때문에 식량
위기가 앞으로 더 빈번해질 것으로 전망한다. 전염병이나 전쟁이 없더
라도 기후 위기에 따른 식량 생산의 불안정성은 이제 변수가 아닌 상
수가 되었다.

변수 대비에 동양 3국 중에 14억 인구를 가진 중국은 지난날 식량 수
출국에서 육류 소비가 크게 늘어나자 지난해부터 식량 수입국으로 바
뀌어 95% 자급하고 있으며 일본 역시 일찍부터 남아메리카 등지에 자
국 국토 면적의 3배가 넘는 해외 식량 기지가 있어 식량 문제는 안정적
이다.

우리나라는 기후 위기가 당장 눈앞에 닥친 현실인데도 국민 대부분
이 심각성을 느끼지 못하고 있다. 식량 순 수입국임에도 아직까지는
식량 수입에 큰 문제가 발생했던 적이 없고, 더욱이 농민이 억지로 많
은 쌀농사를 지었기 때문에 쌀이 남아돌아 결과적으로 국가 전체의 균
형 농사가 되지 못하고 식량 불안을 체감하는 역할을 한다. 그러나 식
량 자급률은 OECD에서 최하위 식량 빈국이 되고 있다.

3) 우려되는 수출국 재해 발생

'기후 변화에 관한 정부 간 협의체(IPCC)'의 시나리오에 따르면 세계

각국이 기후 위기 대응에 최선을 다한다고 가정했을 때조차 2040년까지 지구 평균 기온은 산업화 이전과 비교해 1.5℃ 오른다. 지금보다는 평균 0.4℃가 오르는 셈이다.

유럽연합(EU)은 이상 고온으로 올해 수확량이 작년보다 5% 감소할 수도 있다고 내다봤다. 프랑스는 옥수수 수확량이 지난해 대비 19% 줄어든 126만 6,000톤으로 추정된다. 수입 물량이 예상할 수 없는 기후 문제로 우리나라와 거래하는 카길이나 ADM이 뜻하지 않은 불가항력의 기상 재해로 수입 물량이 확보가 안 되어 수송이 안 된 경우 또한 운항 차질 등으로 인한 수송 차질을 가져온 변인은 헤아릴 수 없이 많다. "수입 중단으로 최악의 경우 식량 공급이 안 되면 인명 피해가 온다." 그 사례를 들어 본다.

아사(餓死) [1]

최근 신종 코로나 팬데믹으로 인해 전 세계가 타격을 입자 한때 곡물 수출국들이 긴급 수출 중단 조치를 취하기도 했는데 만약 이 사태가 장기화하거나 혹은 기후 위기로 인해 세계 곡창지대들이 심각한 타격을 입어 식량 수입이 중단된다면 어떻게 될까? 75%의 식량 자급률에서 한 해 평균 70만 명이 넘는 아사자가 발생했던 북한을 기준으로 계산했을 때 식량 수입이 막히면 우리나라에서는 한해 200만 명의 아사자가 발생할 수 있다.

아사(餓死) [2]

그린피스가 발간한 기후위기 식량 보고서에서 '사라지는 것들'에 따르면 '지구의 평균 온도 상승을 억제하지 못하면 기후 위기로 2100년까지 꿀과 사과, 커피, 감자, 쌀, 고추, 조개, 콩 등 8가지 농작물 생산이 어려워진다는 분석이다. 지금도 외국에서 수입이 중단되면 국민 절반 이상이 6개월 내에 아사에 이르게 된다. 세계적 곡창지대인 러시아와 우크라이나의 전쟁으로 밀, 옥수수, 콩 등 농산물 가격이 급등하면 식량 위기가 현실로 닥쳐온다.[2]

4) 높아진 기후 위기, 당면 현황부터

① 기후 문제에 따른 대책 강구

옛말에 하늘은 예측할 수 없는 비바람이 분다(天有不測風雨)고 했다. 최근 악화일로로 치닫고 있는 기상 재해는 이제 국지가 아니라 전 세계의 전 방위적으로 이변이 속출하고 있다. 기상청의 기후 변화 전망에 따르면 현재 수준의 온실가스를 계속 배출할 경우 한반도 기온이 2040년까지 1.8도 상승하는 것으로 나타났다. 기후 변화가 계속되면 2100년에는 최대 7도까지 상승할 것으로 예견된다. 온실가스를 줄이지 않으면 극한 강수량(100년에 한 번 나타날 강수량)이 크게 증가해 홍수 발생 가능성이 커진다는 연구 결과도 있다.

---

2 초록주의, "만약 식량 위기가 온다면 도시에서는 어떻게 대처해야 할까?", 생태적지혜, 2022. 2. 23.

기상청과 APEC 기후센터에 따르면 탄소 배출량을 줄이지 않을 경우 100년 빈도의 극한 강수량이 2021년~2040년에는 29%, 2041년~2060년에는 46% 증가할 것으로 전망된다. 지구온난화에 따라 극한 기상 현상도 많아지는 것이다.

최근 한국은 115년 만의 폭우인데 유럽은 500년 만의 최악의 기상이라고 보도된 바도 있다. 이에 따라 옥수수, 쌀 등 농업 생산량이 타격을 받고 있다는 뉴스가 잇따르고 있다. 이에 우려되는 것은 우리나라의 경우 수출해서 돈 벌어 식량 수입하려 해도 기후 위기로 흉년을 맞아 수확량이 없어 수입 계약을 못 하던지, 운행을 못 해 수입이 안 된다면 심각한 생명 문제와 직결될 수 있다. 그러므로 위기가 닥치기 전에 미리 식량을 자급자족할 길을 마련되지 못하면 식량 부족으로 닥칠 위기 사태를 피할 길이 없을 것이다.

주식이 될 수 있는 식량을 생산하는 데는 적어도 3개월은 걸리며 계절에 따라 6개월이 걸릴 수도 있다. 우리나라의 쌀 공공 비축량은 총 80만 톤이다.(2021년 기준 쌀 생산량은 388만 2천 톤) 이는 쌀 연간 소비량의 약 18% 수준으로 국제연합 식량농업기구(FAO)의 적정 식량 비축 권고량이라고 한다. 가공식품을 제외하고 쌀 비축량만으로 두 달가량 버틸 수 있을 듯하지만 사실 1970년대 초에 140kg에 가깝던 1인당 1년 쌀 소비량은 지금은 그 반도 되지 않는다.

그러나 다른 곡물을 수입할 수 없게 되면 쌀 소비량은 두 배 이상 늘어난다는 말이다. 실제 곡물을 수입할 수 없게 된다면 쌀 비축량만으로 버틸 수 있는 기간은 길어야 한 달 정도라는 말이다. 우리 국민이 쌀 다음으로 많이 먹는 밀의 자급률은 0.7%로 농림축산식품부 발표에 따르면 비축량은 2020년 기준 835톤이다. 2019년의 밀 비축량 1만 201톤에 비해 91.6%나 감소했다. 2019년 기준 국민 1인당 연간 밀 소비량은 33kg으로 쌀(59.2kg) 다음으로 많았다. 연간 밀 소비량이 212만 8천 톤인데 이 비축량은 국민 하루 소비량의 7분의 1에도 못 미친다. 유비무환(有備無患)의 경구를 다시 한 번 뇌어 본다.

② 구황 대책-텃밭, 둔치, 자투리땅 농작물 재배 가능토록 적극 권장

소련의 몰락과 미국의 경제 제재 때문에 쿠바는 경제 파국을 맞았다. 자급자족보다는 수입과 수출에 의존한 경제였기 때문이다. 사탕수수나 담배 등 환금 작물 위주였던 쿠바 농업은 1990년대 이래로 수출길이 막히고 비료나 농약의 부족으로 붕괴할 수밖에 없었다. 이는 곧바로 식량 위기로 이어져 많은 사람이 굶어 죽었다. 트랙터 등의 농기계도 가동할 수 없었던 쿠바는 이를 해결하기 위한 자구책으로 도시를 중심으로 한 소규모 유기농 방식의 농사로 전환했다. 정부에서도 유기농 정책을 적극적으로 장려해 너나 할 것 없이 화분이나 도심 공터에 농사를 지었다. 또한 이렇게 생산된 농산물 거래도 활발하게 이루어져 식량을 자급자족하고 소득에도 기여할 수 있게 되었다.

이처럼 식량 위기를 극복한 사례로 보아 곡식 한 톨이라도 생산해 위기를 넘길 수 있다면 농작물 재배가 가능한 국내 모든 지역을 규모화하여 합법적으로 국가의 적극 권장을 기대하여 본다. 식량에 대한 국가의 함의를 이해하면서 농업에 대한 국민의 접근을 더욱 가까이하는 기회를 갖기를 기대한다.

그러면 구체적으로 도심에서 가능한 식량 생산에 어떤 것들이 있을까? 아직 보편화 단계에는 이르지 못하였으나 지금도 텃밭 공원, 학교 텃밭, 아파트 단지 텃밭 등을 운영하고 있다. 이외에도 개인적으로 옥상 텃밭, 화분 등을 이용한 상자 텃밭을 가꾸는 사람들이 있다. 지금은 일부에 지나지 않는 공원, 아파트나 학교 공터, 건물 옥상의 대부분을 텃밭으로 만들도록 법으로 제정하거나 조례 등을 통해 지원하고 아파트 단지를 지을 때 일정 비율 공원을 만들어야 하는 것처럼 공동 텃밭을 만들도록 하며, 건물 지을 때 소방 시설처럼 옥상에 텃밭을 만들도록 제도화가 뒷받침 되어야 한다. 식량 위기가 닥치고 식량 가격이 폭등하면 베란다를 텃밭으로 바꾸는 공사가 유행할 수도 있다. 굳이 흙을 고집할 필요 없이 수경재배를 이용하면 작은 베란다도 효율적으로 식량을 생산할 수 있는 경작지가 된다. 도시 주차 문제를 해결하기 위해 세워진 주차 타워를 텃밭으로 바꿀 수 있다. 서울의 한강 둔치를 비롯하여 4대강은 엄청난 면적의 농지가 될 수 있다. 홍수로 범람의 피해를 볼 수 있지만 지금도 일부 농부들은 하천의 고수부지에 농사를 짓고 있다. 홍수 시기만 피해 얼마든지 작물을 재배할 수 있기 때문이다.

③ 애그테크(Agtech, Agriculture+Technology)의 국가적 지원

CES2022에 애그테크가 대거 등장하여 주목을 받은 것은 인류의 식량 위기 때문으로 해석된다. CES2022에 참여한 애그테크 기업들은 자양분이 들어간 물과 IT 패널 발광다이오드(LED) 조명으로 흙과 햇빛 역할을 대체하고 IOT(사물인터넷)와 로봇 등으로 일손까지 덜 수 있는 핵심기술들을 선보였다. 대표적인 것이 가정용 스마트팜과 도심형 수직 농장이다. 가정용 스마트팜은 집안에서 농작물을 키울 수 있는 장치들이다. 인도의 알티팜은 집에서 채소를 키울 수 있는 소형 냉장고나 와인 셀러를 연상케 하는 스페이스 박스를 선보였다. LG전자도 와인 셀러 형태의 스마트 식물 재배기. '틔운'으로 이번에 CES 혁신상을 받았다. 제3의 녹색혁명이라 불리는 도심형 수직 농장은 작물 재배 시설을 아파트처럼 층층이 쌓아 올려 좁은 실내에서 농작물을 대량으로 생산해 내는 시설이다. 언뜻 보면 농장이라기보다 공장에 가깝다. 국내 스타트업체인 엔씽도 참가해 모듈형 수직 농장 '큐브'로 CES 혁신상을 받았다.[3]

식량 위기가 닥쳐 가격이 폭등하고 농사로 인정되고 확실한 수입이 보장되면 그만큼 텃밭이나 텃밭 상자 등의 수요가 늘어날 것이고 농사를 직업으로 하겠다는 사람도 늘어날 것이다. 또 소규모 도심 농업에 관한 기술도 비약적으로 발전할 것이다. 특히 애그테크의 연구개발(R&D)은 국가적 차원에서 집중적으로 지원할 분야이다. 실제 식량 위기가 닥친다면 정부나 기업, 개인들이 빠르게 조치를 취하겠지만 부족한 식량 생산에는 수개월이 필요하므로 미리 준비되어 있지 않으면 피

---

3 김민규 충남대 동물자원과학부교수, "21세기 농자천하지대본", 대전일보, 2022. 5. 30.

해는 피할 수 없다. 단지 자급자족할 수 있는 기간을 얼마만큼 빨리 마련하느냐에 따라 피해 정도에 차이가 있을 뿐이다. 그래서 식량 문제는 위기가 닥친 후 조치할 문제가 아니라 위기가 닥치지 않도록 준비해야 할 문제다.

5) 논란 있더라도, 식량 안보 차원에서 기본적 비축물량 확보해야

『조동진 칼럼』 "세계 '곡물 대란' 손 놓은 한국"에서 "논란이 있더라도 식량 안보 차원에서 기본적 비축물량은 확보해야 한다"고 주장하였다. 농민의 저항도 지적하였다. 이젠 농민의 주장도 정당하면 받아 주어야 한다. 설득의 명분을 찾기 위해 위에서 거론한 구황 대책을 시행해 보고(쿠바에서 도시농업으로 식량 자급하고 소득에도 기여한 성공 사례를(제34장 4) 높아진 기후 위기, 당면 현황부터 나절 참조) 그 결과에 따라 시행 가부를 결정할 것을 주문하여 본다.

물론 이렇게 되면 국내 해당 산업계와 농민들의 반발이 거셀 수밖에 없을 것이다. 사회적 논란이 될 수도 있다. 하지만 이를 감수하고라도 특정 산업과 특정 계층의 수익 보전만을 위한 정책이 아닌, 식량 문제와 경제 안보라는 거시적 관점의 정책이 필요한 게 사실이다.

식량 안보와 서민 경제 안정이라는 관점에서 적정 비축량 역시 현재 제시된 기준보다 크게 늘리는 고민도 필요하다. 특히 쌀 이외에

밀 등의 소비량이 급격히 증가하고 있는 현실에 주목해야 한다. 현재의 여러 여건을 고려하면, 연간 수입량의 절반 정도의 곡물을 비축하고 있어야만, 국제 정세 급변이나 이상 기온 악화, 하이퍼 인플레이션(Hyper Inflation) 사태 등 지금보다 더 심각한 상황에서도 일정 기간 곡물·식량의 안정적 공급이 가능하다. 그래야 해외 농업 기업 투자나 곡물 터미널, 저장소 확보전(戰)에서 협상력도 키울 수 있다.

수입 의존도가 크고 경제 구조도 비슷한 일본을 보자. 일본은 연간 전체 곡물 소비량의 약 3개월 치 이상을 비축하는 것으로 알려져 있다. 여기에 일찍부터 농업 기업에 투자한 종합 상사와 농업 전문 기업 등 민간 소유 곡물 터미널과 저장소 비축 분량까지 합치면 실제 곡물 비축량은 이보다 더 많아진다. 한국, 일본과 달리 주요 곡물의 자급률이 90%대에 이르는 중국 역시 곡물·식량을 안보 측면에서 관리 중이다. 이런 중국도 최근 주요 곡물의 수입량을 늘리고 있다. 소비 증가의 영향도 있지만, 수입 곡물 중 상당량이 비축 분으로 쌓이고 있다는 분석이 있다.

제35장

칼로리 자급률 역대 최저

칼로리 자급률이란 곡물, 육류, 채소, 과일 등 우리 국민의 음식물 섭취량을 칼로리로 환산했을 때 국산 농산물이 차지하는 비중을 말한다.

한국농촌경제연구원이 최근 발표한 2018년 식품수급표에 의하면 우리나라 칼로리 자급률은 끝없이 추락하고 있다. 1970년 79.5%에 육박했던 수치는 2000년대 들어 50% 아래로 떨어진다. 2018년 35.1%로 역대 최저점을 찍었다. 반세기 동안 외국산 먹을거리가 우리의 식탁의 3분의 2를 야금야금 잠식한 것이다.

최근 20년간(1998년~2018년) 주요 식품별 자급률을 봐도 국산 농산물의 자리는 위태위태하다. 곡물 자급률은 32.7%에서 21.9%로 떨어졌다. 특히 과거 100% 언저리를 오가던 쌀 자급률은 104.5%에서 82.5%로 주저앉았다. 채소류(97.8%→87.2%). 과일류

(94.3%→75.4%), 육류(96.4%→75.2%)도 상황은 마찬가지다. 89%
대 달했던 우유 자급률은 49.8%로 곤두박질쳤다.

자급률 하락은 이상 기후로 인한 흉작이나 가축 전염병 등 생산
여건의 영향을 받는다. 2010년 말 구제역으로 대규모 살처분을 진
행하면서 돼지고기 자급률이 2010년 81%에서 이듬해 61.4%로 뚝
떨어진 것이 대표적인 사례다.

1988년~2018년 쌀 수입량은 75,000톤에서 39만 8,000톤으로 5
배 넘게 늘었다. 채소 과일류와 육류 수입량 역시 5~6배 증가했다.
특히 우유로는 28만 4,000톤에서 223만 2,000톤으로 8배나 많은 양
의 값싼 외국산이 국내로 흘러들어 왔다.

문제는 당분간 칼로리 자급률이 상승할 가능성이 희박하다는 점
이다. 한번 열린 농축산물 수입 개방문은 점점 더 그 폭을 늘려가고
있다. 최근 우리나라를 비롯해 15개국이 참여하는 메가 자유무역협
정(FTA)인 역내 포괄적 경제동반자협정(RCEP · 알셉)협상이 타결
되면서 국산 과일, 축산 가공품 시장이 바짝 긴장하고 있다. 거기에
다 일상화된 이상 기후로 국산 농산물의 안정적인 생산도 위협받는
상황이다.

가장 큰 피해자는 오랫동안 주식 자리를 선점했던 쌀이다. 1970
년 우리 국민은 하루 공급 열량의 49.2%를 쌀밥에서 얻었다. 그러
나 2018년 그 수치는 22.7%로 반토막이 났다. 1인당 연간 쌀 소비량
역시 1970년 136.4kg에서 지난해 59.2kg으로 절반 넘게 쪼그라졌다.
이쯤 되면 쌀이 주식 자리에서 밀려나 반찬 처지로 전락했다고 해
도 과언이 아니다. '한국인은 밥심'이란 말이 옛말보다 덜 회자되는

것도 같은 이유다.

쌀이 약세를 면치 못하는 동안 서구화 추세를 반영한 다른 먹거리가 밥상을 채우고 있다. 특히 육류의 약진이 두드러진다. 1인당 연간 육류 소비량은 1970년 5.2kg에서 지난해 54.6kg으로 10배 넘게 뛰었다. 육류가 우리 국민의 하루 공급 열량에서 차지하는 비중 역시 1970년 2.3%에서 9.6%로 4배 이상 높아졌다. (중략) 한두봉 고려대학교 식품자원경제학과 교수는 "대부분 농가가 벼농사를 짓는 데다 논이 창출하는 공익적 가치가 막대한 만큼 쌀이 소외돼선 안 된다."며 "쌀의 활용도를 강화하고 쌀을 중심으로 한 식생활 교육을 강화할 필요가 있다"고 말했다. 아울러 "국산 과일의 우수성을 알리고 유통 마진을 줄려 가격 경쟁력을 높여야 한다."고 강조했다.[4]

칼로리 자급률이 갈수록 뒷걸음질 치는 까닭은 농산물 시장 개방 확대와 식생활 서구화 추세가 맞물려 한국인의 밥상에서 외국산 먹거리 비중이 급증한 탓이다. 특히 주식인 쌀밥을 육류가 대체하는 현상이 두드러졌다. 과거 영양 섭취에서 절대적인 비중을 차지했던 곡물은 1인당 하루 섭취량이 1998년 336g에서 2017년엔 288.5g으로 약 20년 사이 14%가량이 줄었다. 반면 육류는 같은 기간 67.8g에서 107.1g으로 60%가 가까이 늘었다. 식생활 변화는 과실류에도 나타났다. 농경연 관계자는 "국내산 과일을 대표하는 사과 배. 귤의 섭취량은 줄어드

---

4   하지혜 기자, "칼로리 자급률 역대 최저 …….식생활 서구화로 쌀밥 '찬밥' 신세", 농민신문, 2020. 11. 25.

는 추세인 반면 바나나·오렌지 등 수입 과일은 가파른 성장세를 보이고 있다."고 말했다.

과도한 농지 전용으로 생산기반이 위축된 것도 자급률에 영향을 줬다는 분석이 나온다. 농림축산식품부에 따르면 연도별 전용 면적은 2015년 1만 2,303ha, 2016년 1만 415ha. 2017년 1만 6,296ha로 점점 늘어나는 추세다. 한국농업경영중앙연합회 관계자는 "식량 안보의 중요성이 갈수록 커지고 있는 데도 정부가 무분별하게 농업진흥구역을 해제하고 있기 때문"이라고 꼬집었다.

지난해 11월(한국경제) 보도에 따르면 농업 생산 기반 확충의 필요성을 절감한 중국은 지난 11월 17일 쌀, 밀, 옥수수 등 3대 곡물 경작지에 나무 심기 등 다른 경제 활동을 일체 금지시키는 조치를 발표했다. 이에 앞서 9월에는 논밭을 다른 용도로 사용하면 처벌할 수 있는 경작지 비농업화 행위 제재도 밝혔다.

역대 자급률 추이를 보면 1970년만 해도 80%에 육박하던 칼로리 자급률이 2000년도에 들어서 50% 선 아래로 떨어지더니 이제는 40% 선까지 무너져 38%를 기록하고 있다. 결국 외국 농민의 농사를 우리가 지어준다는 결론이다.

자급률을 높이기 위해서는 정부의 의지가 무엇보다도 중요하다. 적정 농지 확보와 적절한 예산 투자가 이뤄져야 자급률 제고 정책이 현실화될 수 있기 때문이다. 우선 매년 1만ha~2만ha에 달하는 농지 전용을 최대한 억제해 생산 기반을 확보해야 한다. 신도시나 공장 지대로 변한 농지를 다시 복구하는 것은 거의 불가능하다. 날로 서구화돼가는 국민 식습관에 대응해 국산 농축산물의 소비를 높이려는 노력도 필요하다. 학교 등에서 국산 과일 급식을 비롯하여 체계적인 식습관 교육을 확대해야 한다.[5]

식량 수출국들의 변화와 함께 눈여겨볼 것이 수입국들의 변화다. 〈한국경제〉는 식량 소비량이 80%를 수입하는 아랍에미리트(UAE)를 소개했는데 11월에 세계 4대 곡물 기업 중 하나인 프랑스 루이드레퓌스 지분 45%를 국영 기업을 통해 인수했다. 팜테크 기업에도 투자를 하는데 모래땅에서 작물을 재배할 수 있도록 관개 시스템을 개발하거나 인공 광선만으로 작물을 재배할 수 있는 기술개발이 투자의 배경이다. 사우디아라비아는 인도의 쌀 생산기업 지분을 일부 사들이고 싱가포르는 농업 분야 연구 프로그램에 예산을 확대 배정할 방침이다. 싱가포르는 식량 소비량의 90%를 수입하고 있는데 2030년까지 70% 수준으로 낮추는 것을 목표로 하고 있다.[6]

---

5 "초라한 칼로리 자급률 38% 이대론 안 된다", 농민신문, 2019. 8. 9.
6 원재정 기자, "[신년특집]농업은 온 국민의 '백신이다'", 한국농정신문, 2021. 1. 1.

제36장

종자 강국으로 선진 농업 이룩하자

생태계는 먹이사슬에 따라 서로 먹고 먹히면서 유지된다. 먹이사슬 맨 아래 식물이 사라지면 다른 생물들은 살아갈 수 없다. 이 때문에 식물이 멸종되지 않도록 하는 것은 인간에게 매우 중요한 일이다 노아가 배(방주)를 만들어 동물과 인간을 태우고 대홍수 속에서 살아남았다는 이야기는 이를 확인하는 구약성서 창세기에 나오는 이야기다. 이렇게 보호받고 있는 식물이 우리나라뿐 아니라 전 세계적으로 기후 변화, 자연재해, 질병 등으로 멸종이 우려되는 식물이 해마다 늘어나고 있다. 지난해 영국 큐 왕립식물원의 조사에 따르면 전 세계 식물종의 40%가 멸종 위기에 놓여 있다고 발표하였다.

"농부는 제 몸이 죽어도 종자는 베고 죽는다.(農夫餓死 枕厥種子)"라는 말은 『이담속찬(耳談續纂)』에 나온다. 고귀한 인류애의 희생이며 숨을 멈추게 하는 경건한 농심의 발현이다. 예수는 '씨앗을 천국의 말씀'

에 비유했다. 미래의 삶을 보장해야 하는 엄숙한 명제는 '종자는 생명의 원천'이기 때문이다.

그래서 미래 생명의 씨앗을 지배하기 위해서는 더 큰 희생이 뒤따라야 했다. 우리나라의 경우 1910년 300평당 미곡 120kg에 불과 한 생산량이 치열한 종자 전쟁을 치르면서 농민의 땀과 관계자의 희생으로 종자 개량되어 2000년엔 4배가 넘는 500kg이 생산되었다.

21세기를 '종자 전쟁의 시대'라고 이른다. 1999년 60억 명을 넘어선 세계 인구는 2025년엔 85억 명에 도달할 것으로 예측한다. 이러한 인구 팽창은 식량이 50%가 더 필요할 것으로 예상했다. 이 때문에 세계 곳곳에선 씨앗을 지배하기 위한 우수 종자와 유전자원 확보를 위한 소리 없는 전쟁이 벌어지고 있다.

1) 종자 시장 현황

① 세계 시장

2013년 발표된 세계 종자 연합(International Seed Federation : ISF)의 자료에 의하면 2012년 종자 시장 규모는 약 450억 달러에 이르고 있다. 이를 작물의 종류별로 보면 곡물 종자의 비중이 79%, 채소 및 화훼 종자가 17%, 사료 및 목초 종자가 4%를 차지하고 있다. 종자 시장 규모는 계속해서 증가해 왔다. ISF의 자료를 보면 특히 2000년대에 들면서 전 세계 종자 교역량이 급격히 증가하였다. 국가별 종자 시장의 규모를 살펴보면 미국이 120억 달러로 가장 높고 중국(99억 달러), 프랑스(28억 달러), 브라질(26억 달러), 캐나다(21억 달러)의 순으로 나타나고 있다. 우리나라의 경우는 약 4억 달러로 조사되었으며 전 세계 시장의 1%에도 미치지 못하는 것으로 나타나고 있다. 종자 시장의 규모가 큰 상위 10개국의 비중은 전 세계 시장의 80%에 이르고 있다. 2002년 조사에서 각각 3위와 4위를 차지했던 일본과 러시아의 비중은 줄어들고 있으며 그 대신 브라질, 캐나다, 인도 등의 비중이 증가하고 있다.

종자의 주요 수출국으로는 프랑스, 네덜란드, 미국, 독일, 칠레 등이 있으며 주요 수입국으로는 미국, 독일, 프랑스, 네덜란드, 이탈리아 등이 있다.

최근 종자 시장은 대규모 다국적 기업으로 집중화·대형화되고 있으며 기업 간 전략적 제휴가 진행되고 있다. 종자 시장이 점점 경쟁이 치열해짐에 따라 글로벌 종자 기업 간의 인수 합병이 활발하게 전개되면서 몬산토, 듀퐁, 신젠타 등 다국적 기업들이 세계 종자 시장을 과점화(寡占化)하는 추세다. 이들 다국적 기업들은 현재 세계 종자 시장의 70% 이상을 장악하고 있다. 이들은 막대한 연구비를 투입하여 새로운 생명 공학 기술을 개발하고 유용 형질에 관여하는 원천 유전자를 탐색하고 유전자의 기능을 확인하는 등의 연구 개발 활동을 하고 있다. [1]

---

1   이철남 ,『종자 권리 전쟁』, 한국지식재산연구원, 2015. 11. 30., PP. 12~16.

② 우리나라 종자 시장

우리나라는 4개의 종묘 회사가 운영되고 있었다. 1997년 외환 위기로 일시적 자금난에 빠진 국내 4대 종자 회사가 모두 해외로 팔려 나갔다. 흥농종묘와 중앙종묘는 바이엘(몬산토)로 서울종묘는 캠차이나(신젠타)로 청원종묘는 일본 사카다로 넘어갔다.

글로벌 종묘회사들이 국내 종자 회사를 노린 이유가 있었다.

해외에 매각되기 전 국내 종자 회사들은 그야말로 자체적으로 좋은 종자를 많이 개발해 보유하고 있었기 때문이다.

국내 종자 회사들이 성장할 수 있었던 배경에는 우장춘 박사의 역할 이외도 종자 개발의 기본이 되는 유전자원을 많이 보유하고 있었다는 점이다. 유전자원이 많다는 것은 그만큼 종자 개발 여력이 크다는 것을 뜻한다.

외환 위기에서 살아남은 종자 회사 경영주가 바뀌는 어려움도 있으며 국내 1위인 농우바이오마저 2014년 농협에 경영권을 넘겼으며 나머지 상황은 더 열악하다. 공식적으로 등록된 종자 회사가 무려 2,000개를 넘는다. 소규모 종자 회사가 난립하고 있다. 매출액이 100억 원을 넘는 종자 회사는 아시아종묘, 코레콘, 피피에스, 한미종묘 등 손가락으로 헤아릴 정도다. 이 밖에 수십억 원대 종묘회사 십수 개를 제외하고는 개인 사업자 형태로 운영되고 있다.

종자 시장이 이렇게 허약한 환경이 되고 보니 국내에서 재배되고 있는 원예 작물, 채소 종자 등 대부분의 종자를 외국산이 차지하고 있어 한 해 약 200억 원 수준의 로열티를 지급하는 실정이어서 종자권이 빼앗기고 있다는 지적이다.

가을이 되면 초가지붕에 호박이 탐스럽게 열리던 모습을 이제는 찾아볼 수 없게 됐다. 초국적 종자 기업들의 슈퍼 종자(터미네이터 종자, 트레이터 기술 등으로 만든 종자)는 수확물이 종자로써 다시 싹을 틔울 수 없도록 만들어 싹을 틔우고 꽃은 피우지만 열매를 맺지 못하는 종자이기 때문이다. 호박뿐만 아니다. 몬산토를 비롯한 초국적 자본이 짧게는 수백 년, 길게는 수천 년 재배돼 온 종자의 74%를 장악하고 있기 때문이다.

2) 선진 종자 강국(種子强國)으로 앞당기자

유전체 정보를 육종에 활용하고 유전자 가위로 쉽게 원하는 특성을 가진 식물을 만드는 등 종래에는 상상하기 힘들었던 기술이 현장에 적용되며 변화의 흐름이 빨라지고 있다. 이런 급격한 변화 가운데 차세대 육종 기술로 꼽히는 기술이 바로 '디지털 육종'이다. 그렇다면 디지털 육종은 어떤 기술일까?

디지털 육종은 차세대 염기 서열 고밀도 분자 표지를 분석하여 다중의 오믹스 정보를 수집해 육종하는 기술로 인공 지능 기술과 생명 공학 기술을 융합한 기술이다. 유전자가 아닌 부분과 다수의 유전자를 활용하는 유전체 육종 시대(2010~2020)를 지나 앞으로는 대량의 생물 정보와 이들 간의 상호 관계까지 다루는 디지털 육종 시대가 올 것으로 전망했다. 해외에서도 기업들은 이미 디지털 육종 기술을 상용화하여 고품질·고효율로 다기능성 우수 종자를 개발하는 데 적극적으로 활용하고 있다.

몬산토에서는 자사와 계약한 농부들의 데이터를 수집, 분석하여 처방식 재배법을 농가에 전달해 옥수수 생산량을 크게 늘렸다. 종자 기업 스타트업인 에쿠놈은 DNA 염기 서열 정보와 독점 알고리즘을 활용해 다양한 작물의 게놈을 분석 후 시판 중인 품종보다 훨씬 우수한 기능성 종자를 생산했으며 10년이 넘게 걸리던 기존 육종 방법과 달리 자신들은 2~3년 안에 맛과 품질, 영양을 원하는 대로 맞춘 타깃 제품을 생산할 수 있다고 말했다.

25년 이후에는 AI 예측 모델 디지털 육종 기술 고도화 사업을 실시한다. 단기 R&D 사업을 통해 양질의 종자 생명 정보 빅테이터를 구축하고 디지털 육종 고도화 수준에 따라 작물별 AI 예측 모델을 활용해 품종 선발 체계를 확립하면 국내 종자 기업도 글로벌 종자 기업 수준의 기술을 확보할 수 있을 것으로 예상된다.

농촌진흥청에 따르면 우리나라가 현재 보유하고 있는 종자 유전자 자원은 26만 4,000점으로 미국(59만 6,000점), 인도(44만 4,000점), 중국(44만 1,000점), 러시아(3만 1,000점)에 이어 세계 5위에 해당한다.

한국이 1997년 말에서 IMF를 벗어난 2001년 8월까지 3년 9개월 동안 한국이 보유하고 있던 종자 주권 대부분을 상실했던 것을 감안하면 그로부터 20여 년이 지난 시점에서 종자 종묘 유전자원 세계 5위를 달성했다는 것은 놀라운 일이 아닐 수 없다.

그러나 유전자원 확보란 난관을 헤쳐 나오기에 아직 그 여독이 남아 있어 그런지 세계 5위 국가답지 않게 한국 '종자 산업'의 규모는 세계 종자 산업의 1.3%에 그치고 있다. 이는 아직도 주요 품목들의 자급률이 낮고 주요 품목들의 종자들을 수출보다는 수입하는 양이 많다는 의미이기도 하다. 활발한 종자 산업 국가로 성장해 종자 강국이 되어 농가 소득 향상에 기여하도록 분발을 촉구하여 본다.

종자는 농산물의 생산과 농업 소득의 향상에 절대적인 근본 토대다. 양질의 먹거리를 제공하고 식량 안보를 지키려면 우량 종자의 확보는 필수 조건이다.

그러므로 세계 제5위 유전자원을 토대로 종자 강국을 쟁취하기 위하여 다음과 같은 사항에 대하여 보완 시행을 바란다.

(1) 육종(育種) 인력의 확보, 농가 소득을 높이고 식량 안보를 위해서는 먼저 종자 강국이 되어야 한다. 2002년 "종자를 지배하는 자가 세계를 지배한다."는 외침이 이제는 "유전자를 지배하는 자가 세계를 지배한다."로 바뀌었다. 이에 소요되는 육종 인력의 확보가 절실하다.

(2) 농부권 확보(農夫權 確保). 자가 채종을 통해서만이 종자의 유지 보존이 가능하다는 점을 인식하고 이를 위한 농부권의 확보를 제도화해야 한다.

(3) 현지내 보존(現地內 保存) 생태계 및 자연 서식지 현지에서 존재하는 상태로 유전자원을 보존하는 방식에 대한 법적 지원이 있어야 한다.

(4) 생물다양성 유지(生物多樣性 維持) 품종 보호권에 의하여 경작된 보호 품종과 유사한 품종까지도 품종 보호권을 인정한다.

⑸ 토종 종자 발굴 프로젝트 포상 공모전 개최한다. 토종 종자를 나
누어 주고자 하는 농민도 있고 대대로 자기만의 자랑스러운 작물
로 알고 재배해 온 농가(예: 표주박)도 있다. 다양한 토종 씨앗 포
상 공모전을 개최하여 국민들에게 토종 씨앗에 대한 중요성을 알
리면서 국민의 관심을 넓이고자 포상 공모전을 연다.

제37장

기후 위기로 농업 지도 바뀐다

5000년 동안 우리나라 농사는 봄, 여름, 가을, 겨울 4계절, 아침, 점심, 저녁을 맞아 자연의 순리대로 살면서 '농사는 하느님이 먹으라고 해야 먹는다'며 자연 의존적 농사를 지어 왔다. 이와 같이 우순풍조를 기다리면서 이어오던 농사가 어느 날 갑자기 가뭄, 홍수, 우박, 고온, 저온으로 인하여 감당하기 어려운 기후 재앙을 맞으면서 농사를 지어야 하는 시대를 맞고 있다.

이제는 '기후 위기'라는 말이 익숙한 단어가 되었다. 처음에는 '지구 온난화'라 하던 말이 '기후 변화'로 부르더니 이제는 '기후 위기'로 바뀌며 상황이 너무 심각한 위기가 닥쳐오고 있다.

지구 온난화에서 기후 위기가 오기까지의 과정을 요약해 본다. 기후 시스템은 대기권(大氣圈), 수권(水圈), 설빙권(雪氷圈), 생물권(生物圈), 지권(地圈) 등으로 구성되어 있으며 각 권역의 내부 혹은 권역 간

복잡한 물리 과정이 서로 얽혀 현재의 기후를 유지하고 있다.

기후 시스템을 움직이는 에너지의 대부분은 태양(99.98%)에서 공급되며 기후 시스템 속에서 여러 형태의 에너지로 변하고 최종적으로는 지구 장파복사(長波輻射) 형태로 우주로 방출한다. 이산화탄소와 같은 온실가스는 태양으로부터 지구에 들어오는 짧은 파장과 태양의 복사 에너지는 통과시키는 반면 지구로부터 나가려는 긴 파장의 복사 에너지는 흡수하여 지표면을 보온하는 역할을 한다. 지구 대기의 온도를 상승시키는 작용을 하는 데 이것이 바로 '온실 효과'라 한다. 기후 시스템에서 온실 효과는 필요하지만 지난 산업 혁명 이후 지속적으로 다량의 온실가스가 대기로 배출됨에 따라 지구 대기 중 온실가스 농도가 증가하여 지구의 지표 온도가 과도하게 증가되어 '지구 온난화'라는 현상을 초래하게 되었다. [1]

기상청이 2019년 7월 '한국 기후변화 평가보고서 2020'에 따르면 지금 같은 추세로 온실가스 배출이 계속될 경우 21세기 말 한반도의 평균 기온이 4.7℃ 올라갈 전망이다. 폭염 일수가 현재 10.1일에서 35.5일로 급증하고 지난해 한반도를 덮친 홍수 등의 이상 기후가 일상화된다. 온도 상승에 따라 병충해도 늘어 안정적인 식량 생산이 어려워진다. 기후가 온대성에서 아열대성으로 변하면서 재배 환경 또한 달라져 어느 날 한반도에서 나는 농수산물 상당수가 생산

---

[1] 「기후변화에 관한 정부 간 협의체 (IPCC)제5차 종합보고서」 (기상청)

이 불가능해지거나 생산량이 확 줄게 된다.

　농촌진흥청은 보고서를 토대로 21세기 말까지 한국인의 주식인 쌀 수확량이 25% 이상 감소할 가능성이 있다고 경고했다. 옥수수는 10~20%, 여름감자는 30%, 이상 생산량이 줄어들 수 있다고 한다. 21세기 말까지 전체 농지 중 작물재배에 적합한 지역(재배 적지)의 비중은 배의 경우는 1.7%, 포도와 복숭아는 각각 0.2%, 0.4% 급감할 수 있다. 과거 30년(1981~2010년)간 재배 적지 평균비중이 41%에 달했던 사과도 50년 뒤 1% 미만으로 쪼그라들 수 있다. 반면에 아열대서 과일과 감귤과 키위, 망고 등의 재배는 크게 늘어나 한반도의 농업 지도(農業地圖)가 바뀔 것으로 전망한다.[2]

　기후위기 대응 농어촌에너지 전환 포럼 위원장의 특별기고 (농민신문, 2021. 1. 1.)에 의하면 지난해 문재인 대통령은 2050년 탄소 중립[3]목표를 발표했다. 그러면서 기후 변화와 탄소 중립 시대에 농촌이 주체가 되려면 그에 걸맞은 법과 제도가 필요하다고 했다. 우리도 프랑스처럼 법으로 농민의 에너지 생산 활동을 농업 활동으로 인정하고, 일본과 같이 농산어촌 재생 에너지 기본 계획 수립을 통해 지역 특성과 공간을 고려해 재생 가능 에너지 계획을 세우는 제도를 만들어야

---

[2]　김명수 기자, "기후 변화는 곧 식량 위기"…평균 기온 1℃ 상승하면 쌀·밀·옥수수 생산량 최대 16% 감소", 톱스타뉴스, 2020. 12. 15.

[3]　탄소 중립은 지구 온난화·기후위기의 원인인 탄소 배출을 최대한 줄이고 나머지 배출은 산림 등 자원 흡수원을 통해 흡수해 대기 중 탄소 실배출량이 0인 상태. 탄소 배출 제로 또는 넷제로 등으로 불리기도 함.

한다고 설명했다. 우리나라도 기후 위기가 가져올 식량 위기에 대응하면서 농축산 분야의 온실가스 감축 방안을 마련하여야 한다. 준비에 만전을 기하려면 인력, 조직, 예산을 투입하여야 하는데 현 농업 정책에는 기후 위기 대응이 보이지 않는다고 우려했다.

지난해는 세계 곳곳에서 기상 이변 소식이 쉴 새 없이 이어졌다. 중국 남부를 휩쓴 홍수, 시베리아의 38도 폭염, 일본을 덮친 물 폭탄, 미국의 괴물 황사 등 이미 선진국 등이 기후위기를 겪고 있다. 그런데 이 기후 위기는 일단 우리 눈앞에 드러나면 가속화되고 다시는 회복 되지 않는다는 데 심각성이 있다. 유럽은 이미 그 심각성을 알고 탄소세를 부과했다고 한다. 평균 기온이 1도씩 오르면 재배지가 80km 북상으로 한국 농업 지도가 바뀐다는 사실이 현실로 나타나 그 사실로 인한 종속된 재앙이 가속화되어 마침내 우리나라 역사상 처음 닥치는 재앙이 우려된다.

농촌경제연구원이 지난해 11~12월 '2020년 농업 · 농촌국민의식조사 결과에 의하면 도시민 88.3%, 농민 86.4%가 기후 변화에 적극 대응을 인식하고 있어 지극히 다행스럽다. 그러나 지난해에서야 대통령이 탄소 중립 목표를 발표하고, 기후 위기 대응 농어촌에너지 전환 포럼 위원장은 이제 관련 법률 준비를 하며 인력, 조직, 예산을 투입하여야 하는 데 현 농업 정책에는 기후 위기 대응이 보이지 않는다고 우려했다.

지난해 2월에 이상 기온으로 생육 이상을 보인 딸기가 상품가치가 없어 폐농되었다는 현지 농민과의 대화와 이상 기후 대응을 종합해 보면 아직 우리는 지켜볼 수밖에 없는 수준인 것 같아 매우 미래가 불안하다.

세계 경제는 전례 없는 변곡점에 들어서게 됐다. 한국과 일본이 2050년까지 탄소 중립을 달성하겠다고 선언했고, 중국은 2060년 이전까지 탄소 중립을 실현하겠다고 밝혔다. 유럽 연합은 2019년 12월 그린뉴딜을 통해 탄소 중립 목표를 발표한 바 있다. 여기에 조 바이든 미국 대통령 당선인이 2050년까지 탄소 중립을 이루겠다고 약속한 것까지 더하면, 전 세계 경제 규모의 3분의 2가 넘는 국가가 탄소 중립을 지향하게 된다.

그동안 우리 정부는 그린뉴딜을 통해 기후 위기에 대응하겠다고 밝혀왔지만 그린뉴딜 정책에는 정작 탄소 중립 목표가 빠져 있어서 국내외의 '기후 악당'이라는 오명에서 벗어나 국제 사회와 함께 기후 위기 대응에 협력할 수 있는 기반을 마련했다. 그러면 왜 '기후 악당'[4]소리까지 들으면서 끌고 왔는지 그 뜻을 짐작해 보자.

탄소 중립 선언문을 보면 문 대통령은 "제조업의 비중이 높고 철강, 석유 화학을 비롯하여 에너지 다소비 업종이 많은 우리에게 쉽지 않은 도전"이라면서도 "그러나 전쟁의 폐허를 딛고, 농업 기반 사회에서 출발해 경공업, 중화학 공업, ICT에 이르기까지 끊임없이 발전하며 경제 성장을 일궈 온 우리 국민의 저력이라면 못해낼 것도 없다."고 목소리를 높였다.

---

4 저먼워치 뉴클라이밋연구소, 기후행동네트워크(CAN) 등 세계적인 기후변화연구 기관의 조사에 따르면 지난해(2019년) 한국의 기후 변화 대응 지수는 전 세계 61개국 중 최하위 5위를 기록하였음. 이는 해마다 늘어나는 온실가스 배출량과 높은 에너지 사용 부문 등 때문임.

21세기에 들어 우리나라 농촌이 한계 상황에 다다르고 있다. 뭐 한 가지라도 풀어 상황 반전의 기미가 보이지 않는다. 예상은 했지만, 기후 위기까지 덮쳐 설상가상이다. 기후 위기라면 여름철 홍수, 폭염, 겨울철 혹한, 대기 오염 등이 원인 제공인데 이의 대비에 다시는 국제 사회로부터 명예스럽지 못한 '기후 악당'이라는 말을 듣지 않도록 온 국민의 동참이 절실하다. 탄소 중립은 이제 세계적인 추세이며 미래 세대를 위한 선택이 아닌 필수이며 친환경 저탄소 경제를 위해 이젠 우리가 선제적으로 대응하여야 할 과제이므로 지난 새마을 운동 같은 거국적인 참여가 요청된다.

농민과 농업은 기후 위기의 피해자이자 원인 제공자로서 기후 위기에 적극적으로 나서야 한다. 전대미문의 기후 위기를 극복하려면 자동으로 농업의 개념과 경영 환경이 적극적으로 달라질 것으로 전망된다. 재배하는 농업에서 '보는 농업', '공장형 농업' '고부가 가치 첨단 농업' 등으로 바뀌어 시의에 맞는 신농법이 등장할 것으로 전망된다.

농진청은 지난 2017년 우리나라 기후에 적합한 아열대 작목 20종을 선발한 이후 다양한 아열대 작목의 국내 적응성을 검토하고 있다.[5]

기후 변화가 농업에 부정적인 영향만 끼치는 것은 아니다. 온난화는 긍정적인 효과도 있다. 남부 지역에는 아열대 지역의 확대로 아열대 작물을 재배할 수 있는 지역이 확대될 수 있으며 그에 따라 배추 등의 채소 작물을 노지에서도 재배할 수 있는 경계선이 점차 확대된다.

---

[5] "요동치는 기후변화, 아열대 작물 관심 집중", 2020. 9. 24.

또한 날씨가 점차 따뜻해지면 한 해 동안 농작물을 재배할 수 있는 기간도 현재보다 더 늘어나는 효과도 있다. 그러나 닥쳐올 기후 형태는 한 번도 경험해 본 적 없는 변형된 공포의 악천후가 다가올지 모른다. 미국의 허리케인, 세계 곳곳의 산야가 불쏘시개가 되어 하늘을 찌르는 듯 타오르는 불기둥, 이와 같은 기후 변화는 우리가 사는 생태계에 영향을 준다. 직접적이든 간접적이든 식량 생산에 영향을 주어 결국은 국가 경제와 식량 안보가 불안해지고 그에 따라 농가 경제는 물론 우리 사회 전체에 안전성이 크게 훼손될 것으로 내다본다.

우선 탄소 중립 목표 달성을 위한 홍보 활동(신문, 방송, 학교 등)을 적극적으로 실시하고 좌절하고 있는 한국 농업의 선진화를 위하여 탄소 중립 시행에 적극적으로 참여해야 한다.

제38장

기후 악화는 농업,
농촌에 집중 피해를 준다

|

❀ '농업기상청' 신설을 건의하면서

이상 기후 악화(폭풍, 폭염, 폭우)가 상례화한 시대다. 쏟아진 큰비로 많은 인명 사고와 더불어 산사태, 농경지 침수, 가축 폐사가 속출하여 온 나라가 초상집 분위기다. 극한호우(極限豪雨)란 말이 등장한건 올해가 처음이지만 기후 변화를 고려할 때 앞으로 이 단어가 일상용어가 되는 건 뻔한 일이다. 따라서 기후 변화로 인한 농업, 농촌 피해는 요인에 따라 다르겠지만, 유비무환의 만반의 대비태세를 갖추지않는다면 그 피해는 예상을 뛰어넘는 재난이 우려된다.

1) 최근 기후 변화에 따라 발생되는 특징

최근 한반도에 지속적으로 진행되는 기후 변화의 발생 특징을 다룬 "47년새 강수량 60% 늘어…한반도 '극한 기후' 신음"이라는 보도가 있어 전기한다.

한반도도 기상 이변이 빈번해지고 있다. 예측 가능했던 날씨가 기후 변화 때문에 뒤틀리고 있는 것이다. '극한 강수'와 '극한 가뭄'이 대표적이다.

5일 기상청에 따르면 전국에 기상관측망이 설치된 1973년 당시 우리나라 연평균 강수량은 1038.9mm였다. 연평균 강수량은 점차 증가해 2020년에는 1629.9mm까지 늘었다. 그해 남부 지방은 집중호우가 쏟아져 섬진강 유역에 큰 홍수 피해가 발생했다. 강수량이 60% 가까이 증가하면서 과거 설계·제작된 제방 시설은 제 기능을 발휘할 수 없게 되었다.

2000년 이전까지 우리나라에 한해 1,800mm 이상의 비가 내린 적은 한 차례도 없었다. 그러다 태풍 '매미'가 한반도를 강타한 2003년 1882.8mm의 비가 퍼부으면서 역대 강수량 신기록을 세웠다. 강수량이 많아지는 것은 온난화로 해수면 온도가 올라가면서 햇볕으로 증발하는 수증기량이 늘기 때문이다. 지구의 70%는 바다이기 때문에 바닷물이 뜨거워지면서 지구기온도 올라가게 된다. -중략- 올해의 경우 태평양 감시 구역 해수면 온도가 상승하는 '엘니뇨'가 발생하면서 해수면 온도가 평년보다 크게 상승했고 지구 평균 기온도 기록적으로 오르고 있다. 강수량 자체보다 문제가 되는 것은 '시간당 강수량'이다. 과거 우리나라의 경우 장마 기간에 많은 양의 비가 한 달여 시간을 두고 전역에 골고루 내렸다. 그러나 작년 8월 8일 서울에 시간당 141.5mm의 집중강우가 쏟아지는 등 비의 패턴이 짧은 시간에 강하게 많이 퍼붓고 있다.

　(박상현 기자, "47년새 강수량 60% 늘어… 한반도도 '극한 기후' 신음" 조선일보, 2023. 10. 6.)

2) 농업, 농촌의 집중 피해 현상

2022년 기상청, 정부 합동으로 조사한 『2022년 이상기후 보고서』를 통하여 살펴보면 많은 피해를 주는 이상 기후는 도시보다 농업, 농촌에 집중되어 있다. 2022년 우리나라는 중부 지방의 집중 호우와 남부 지방의 극심한 가뭄, 이른 열대야와 폭염 그리고 7년 연속 9월 태풍 등으로 인해 사회·경제적 피해가 발생하였다.

집중호우
장마 기간과 장마 종료 후에도 정체 전선(停滯前線, Stationary front, quasi-stationary front)이 주로 중부 지방에 위치하면서 시간당 100mm가 넘는 강한 비가 내렸다.
　8월 중부 지방은 집중 호우로 총 19명(사망 17, 실종 2)의 인명 피해와 3,154억 원의 재산 피해, 그리고 409.7ha의 농경지 유실·매몰,

가축 33,910마리 폐사 등 큰 피해가 발생하였다.

가뭄

비가 적었던 남부 지방은 12월까지 기상 가뭄이 지속되어 1974년 이후 가장 많은 227.3일의 기상 가뭄 일수를 기록하였다.

6월~7월 전남 지역(신안, 영광, 진도, 무안)에는 1,442ha에 달하는 농작물 피해가 발생하였고, 섬진강 권역 댐 저수율은 2022년 12월 기준 예년의 54.8%로 심각 수준을 기록하였다.

이른 열대야와 폭염

6월 하순 최저 기온이 매우 높아 예년보다 이른 시점(6.25.~27.)에 열대야가 발생하였고, 7월 상순에는 경상 내륙 지역 중심으로 일 최고 기온 35~38℃의 폭염이 발생하였다.

* 2022년 6월 서울 열대야 발생일(밤 최저 기온): 26일(25.4℃), 27일(25.8℃)

여름철 폭염으로 인한 온열 질환자는 총 1,564명(사망 9명 포함)으로 전년 대비 13.7% 증가하였고, 이른 더위로 건물 부문(가정 · 공공서비스)의 전력 수요가 최대치('22. 6.~9, 90,932 GWh, 전년 대비 4.6% 증가)를 기록하였다.

태풍

우리나라에 영향을 준 태풍은 5개로 평년(3.4개)보다 많았으며, 7년 연속으로 9월에 태풍의 영향을 받았다. 특히, 제11호 태풍 '힌남노'의 상륙으로 여러 지역이 9월 일 강수량 극값을 경신하며, 많은 양의 비로 인해 인명과 재산 피해가 발생하였다.

  * 9월 일 강수량 극값: 경주시 1위 212.3mm('22. 9. 6.), 2위 140.0mm('16. 9. 17.) 포항 1위 516.4mm('98. 9. 30.), 2위 342.4mm('22. 9. 6.)

  태풍 '힌남노'로 인해 11명(사망)의 인명 피해와 2,439억 원의 재산 피해가 초래되었으며, 경북과 경남 지역을 중심으로 35ha의 산사태 피해가 발생하였다.

  유희동 기상청장은 "2022년은 중부 지방의 집중 호우와 남부지방의 가뭄, 초강력 태풍 등을 경험하며 기후 변화의 심각성을 체감하고, 이제는 기후 변화를 넘어 기후 위기 상황이 다가왔음을 깨닫게 된 한 해였다."라며, "앞으로 기상청은 기후 위기 감시 및 예측 업무의 총괄·지원 기관으로서, 그 역할을 강화해 나가겠다."라고 밝혔다.[1]

3) 농촌 지역이 피해가 많은 이유

  기후변화로 인한 자연재해가 농촌 지역에 더 많이 발생하는 이유는 여러 가지가 있다. 주요한 이유는 다음과 같다.

[1] 기상청, 정부 합동, 『2022년 이상기후 보고서』, 2023. 3. 30.

첫째, 기후 불안정성이다. 기후 변화로 인해 기상 조건이 불안정해지고 극단적인 기후 현상이 더 자주 발생한다. 강한 폭우, 가뭄, 폭염, 한파 등의 기후 현상이 농촌 지역에 영향을 미치며 작물과 가축에 큰 피해를 준다.

둘째, 소규모 농업과 미약한 대응 능력이다. 농촌 지역에서는 주로 소규모 농업이 진행되며, 기후 변화에 대응하기 어려운 경우가 많다. 현대적인 기술이나 자금을 활용하여 대응하기 어렵고, 보험이나 금융 서비스의 부재로 인해 피해 복구가 어려울 수 있다.

셋째, 작물과 자연환경의 민감성이다. 농작물은 기후와 기상 조건에 민감하게 반응한다. 갑작스러운 기후 변화는 작물의 성장과 생산에 부정적인 영향을 미치며 수확량을 줄일 수 있다. 또한, 농촌 지역의 자연환경은 도시보다 자연적이고 취약한 면이 많아 재해 발생 시 복구가 어려울 수 있다.

넷째, 인프라의 미흡함이다. 농촌 지역은 도시보다 인프라가 덜 발달해 있다. 강우를 효과적으로 배출하는 하수 시설의 부재로 홍수 피해가 더욱 커질 수 있고, 농작물을 보호하기 위한 온실 등의 구조물이 부족하여 폭염 등에 취약해질 수 있다.

농촌 지역 주민들은 주로 농업으로 생계를 유지하는 경우가 많다. 그렇기 때문에 농업에 영향을 미치는 기후 변화로 인한 피해가 직접적으로 생계에 영향을 미치게 된다.

이러한 이유로 인해 기후 변화로 인한 자연재해 피해가 농촌 지역에서 더욱 크게 나타나고 있다. 기후 변화 대응을 위해서는 농촌 지역의 취약성을 고려한 대응 방안과 보호 정책이 필요하다. 지속 가능한 방향으로 개선된 농업 방법의 도입, 자연재해 대비를 위한 효과적인 인프라 구축, 보험 등의 금융 지원, 교육과 정보 제공 등이 포함될 수 있다.

4) 기후 위기에 미래를 전망하면?

기후 위기는 여전히 세계적으로 중요한 문제로 다가오고 있다. 기후 위기는 지구 온난화와 관련하여 극적인 기후 변화와 자연재해를 더욱 빈번하게 초래하고 있으며, 환경, 경제, 사회적 영향 등 다양한 영역에서 큰 피해를 입고 있다.

미래의 기후 위기에 대한 일반적인 전망은 다음과 같다.

온난화와 기후 변화

지구 온난화는 지속될 가능성이 높으며, 지구 온도 상승은 해수면 상승, 급격한 기후 패턴 변화, 건조, 홍수 등의 문제를 야기할 것으로 예상된다. 이로 인해 생태계가 위협받고, 농업과 식량 생산에 영향을 미칠 수 있다.

재난 발생 빈도 증가

자연재해(태풍, 폭염, 홍수 등)의 빈도와 강도가 증가할 것으로 예상된다. 인구 밀집 지역과 해안 도시들은 특히 큰 위험에 직면할 수 있으며, 이에 따라 재해 대응 및 대비가 절대적으로 중요하다.

환경 파괴와 생태계 변화

기후 위기는 생태계에도 큰 영향을 미친다. 생태계의 변화로 인해 생물 다양성 감소와 서식지 파괴가 발생할 수 있으며, 이는 생태계 서비스에 영향을 미치고 인간의 생활에도 영향을 미칠 수 있다.

에너지와 교통 분야의 변화

기후 위기 대응을 위해 지속 가능한 에너지와 교통 시스템으로의 전환이 가속화될 것으로 전망된다. 재생 에너지의 사용 증가와 친환경적인 교통수단의 보급 등이 그 예이다.

국제 협력의 중요성

기후 위기는 국경을 넘나드는 문제이기 때문에 국제적인 협력이 더욱 필요하다. 세계 각국은 공동으로 기후 변화 대응에 대한 글로벌 협약을 강화하고, 기후 변화에 대한 연구와 기술 개발에 투자할 필요가 있다.

그러나 이상의 여러 조건들은 일반적인 미래의 기후 변화에 대한 설명이지만 최근 각종 보도에 의하면 "이상 기후는 이제 상례화한 시대"라며 더욱 심각한 기후 재앙을 예고하고 있다.

기후 위기에 대하여는 분명한 예측이 불가능하다. 엘니뇨로 달궈진 바닷물(플로리다 38도. 지중해 28.7도)과 북반구 여러 나라에서 '열섬' 현상 등 NASA는 내년이 더 뜨거울 것으로 발표하였다.(조선일보

2023. 7. 27.)

　멕시코 만에서 북유럽 쪽으로 흐르는 따뜻한 해류인 '멕시코만류'가 탄소 배출 증가 여파로 이르면 2025년 붙어 2095년 사이에 갑자기 사라지면서 세계가 엄청난 기후 변화를 유발할 수 있다는 연구 결과가 보도되었다.(한겨레 뉴스레터 2023. 7. 27.)

　지금까지의 기후 현상도 겪어 본 것이 처음인데 무슨 그리스의 '카오스' 같은 별천지라도 다가올 것만 같은 불안이다.

5) 농업, 농촌 보호를 위한 '농업기상청' 설치 운영

　기후 변화로 폭우. 폭풍, 폭염 피해는 위에서 지적한 바와 같이 도시보다 농촌 피해가 월등히 많아 농촌의 붕괴는 물론 농민의 생계 위협이 크므로 국가의 특별 지원이 절실하다.

　이에 대하여 ChatGPT의 견해를 물었다.

　기후 변화로 인한 폭우, 폭풍, 폭염과 같은 자연재해가 농촌 지역에 더 큰 피해를 줄 수 있다는 사실은 실증적 사실이다. 농촌 지역은 도시와는 다른 특성을 가지고 있기 때문에 이러한 자연재해로부터의 영향을 받을 가능성이 높다. 농업은 자연환경에 직접적으로 의존하며, 기후 조건의 변화는 작물 생산에 큰 영향을 미칠 수 있기 때문이다.

　농촌 지역에서 폭우와 폭풍이 발생하면 수확량 감소, 토지 침식, 농작물과 가축의 손실 등의 피해가 발생할 수 있다. 또한 폭염으로 인해 수확량 감소와 건강 문제 등이 발생할 수 있다. 농민들은 경제적으로 큰 타격을 입게 되며, 농촌 커뮤니티 전체에 영향을 미치는 경우도 많다.

따라서 농촌 지역이 기후 변화로부터 피해를 최소화하고 적응할 수 있도록 국가의 특별한 지원이 필요하다는 주장은 이해되어야 한다. 이러한 지원은 다양한 형태로 이루어질 수 있으며, 예를 들어 다음과 같은 방법들이 있을 수 있다.

재해 대응 및 복구 지원

자연재해 발생 시 농촌 지역에 신속하고 효과적인 재해 대응 및 복구 지원을 제공하여 피해를 최소화하고 빠른 회복을 도와준다.

농업 보험 프로그램 강화

농업 보험 프로그램을 강화하여 자연재해로부터의 손실을 보상해주는 제도를 구축한다.

기후 적응을 위한 교육 및 연구 지원

농민들이 기후 변화에 대한 적응 방법을 습득할 수 있도록 교육과 연구를 지원한다.

친환경적 농업 지원

친환경적인 농업 방법을 도입하고 지원함으로써 기후 변화에 대한 저항력을 향상시킨다.

농촌 인프라 개선

농촌 지역의 인프라를 개선하여 자연재해로부터의 영향을 줄이고 피해를 최소화한다.

지금까지의 기후 위기로 인한 재해는 위에서 여러 차례 거론되었지만, 농업 농촌의 붕괴 현상에 주목해야 한다. 이에는 도시보다 부실화된 인프라, 농업·농촌이라는 안일한 대처로 인한 인재(人災) 심지어 관재(官災)까지 겹쳐 인명 피해가 많았다(은현탁 기자, "관재가 낳은 오송의 비극", 대전일보 2023. 7. 27.) 그러므로 이제는 극한으로 치닫는 기후 악재를 대비한 규모를 키워 새로운 '농업기상청'를 설치 운영을 건의하여 본다.

제39장

순간에서 영원으로 이어지는 판단,
신속 정확하게

창의에 의한 진행이라면 완급을 따질 필요는 없다. 모방 추종의 경우라도 새로운 창의적인 방법이 추가되어 늦게 시작된다 해도 따져 물을 일은 아니다. '선진 방법이라면 따라 할' 뿐이라도 분초를 다투어 도입하여야 한다. 그러나 우리나라는 선진국 문화의 도입에 언제든지 우물쭈물, 긴가민가, 우왕좌왕. 할까 말까. 심지어 무소신, 우유부단, 어영부영 등을 예사로 하는 관습이 사실상 체질화되었다.

이것은 500년 이어온 대표적인 우리의 치부들이다. 그 이유는 무엇인가? 백성을 정치 제도(특히 왕토 사상)에 의해 유교 교리, 해금법 등으로 울안에 가두어 다스려 왔기 때문에 바깥세상을 모르고 살아와 진취적인 사고의 판단 능력을 갖지 못했다. 사람은 우물 밖에 나가봐야 우물 안이 좁은지를 알기 때문이다. 방안에 틀어박혀서 선각자(先覺者)가 된 사람은 없다.

또한, 더러 비슷한 국가끼리라도 치고받고 싸워 보아야 외교와 경쟁 마인드로 인한 발전 의욕이 생겨 스스로 무언가를 고민하고 연구하고 독자적인 방법을 생각하는 행위가 생기는 데 그렇게 살아 본 경험이 거의 없으니 노예처럼 밑에서 고개 숙여 살면 된다는 생각에 잠기게 되니 결국 그러한 DNA로 우물쭈물, 우유부단, 무소신이 일상화되었다.

역사적으로 정치 지도자는 매사 신속 정확하고 판단 미숙이 없어야 하는데 우리나라 정치 지도자는 명민하지 못해 백성들이 수많은 굴욕과 고통을 어느 나라보다도 많이 받아 왔다.

1555년 음력 5월 21일 왜인 평장친(平長親)이 총통(銃筒) 한 자루를 들고 부산으로 와 귀순을 요청했다. 그 정교함과 파괴력을 본 대신들이 "낡은 종을 녹여 총통을 제작하자."고 건의했다. 그때 동대문에는 세조 때 흥천사에서 주조한 대종이 뒹굴고 있었다. 13대 조선 국왕 명종은 "옛 물건은 신령한 힘이 있다."며 거부했다. 이 종은 1865년 대원군이 경복궁을 복원할 때 한성 주민 600명이 썰매로 옮겨 광화문 문루에 매달았다.

그 후. 1589년 대마도 사람들이 철포를 가지고 오자 선조는 "무기고에 보관시켜라." 해 놓고 잊어버렸다.[1] 명종이 거부한 지 37년 만에, 선조가 무기고에 철포를 보관시킨 지 3년 만에 임진왜란이 일어났다. 임진왜란이 일어난다는 정보는 7년 전부터 알고 있었음에도 우물쭈물

1 박종인, 『대한민국 징비록』, 와이이즈맵, 2019. 10. 5.

무방비 상태로 지냈고 국토는 초토화되었다.

국가 운명이 경각에 달려 있는 위급한 상황인데 적어도 무기 개발이라도 하여 만반 대비하여야 했다. 선조는 임진왜란이 수세에 몰리자, 목숨을 구하고자 백성을 버리고 피난길에 올랐다. 마산역(馬山驛)을 지날 때 밭에서 백성이 임금을 바라보며 말하기를 "나라가 우리를 버리고 가시면 우리들은 누구를 믿으란 말입니까" 하고 통곡하였다. 이것이 무소신한 우리의 선조요 일국의 정치 지도자였다.

우리는 아직도 기존의 패러다임에 머물러있지는 않는지 확인해야 한다. 확장되어 보이는 다양한 사람들의 생각과 경험을 통해 누구나 행복하게 받아 드릴 수 있는 세계관을 찾아야 한다. 그러므로 순간에서 영원으로 이어지는 일이 창의적이고 대의명분으로 인정되면 반듯이 신속 정확하게 판단해 서둘러 추진하여야 한다.

그러나 우리나라 농업의 선진화를 위한 고향 기부제 도입에도 늦게 도입하였다는 여론이 있었는가 하면 '디지털 기술' 도입 역시 정보 부재의 원인도 있겠지만, 문재인 정부 이전까지의 농업 홀대 정책과 그로 인한 농업 선진화에 대한 관심 부재가 기술 도입의 늦은 원인이 아닌가 유추해 본다.

고향세 도입, 디지털 기술 도입 문제는 우리나라 낙후된 농업 선진화를 위해서는 신속하게 받아드려야 할 정책 수단이었다. 그러나 어영부영 흘려보내고 말았다. 순간의 판단이 영원으로 이어질 농업 선진화의 방향이 또다시 지체될 수밖에 없다. 그러면 그 구체적 실상을 살펴보자.

1) 우물쭈물 14년 늦은 고향세 도입

일본은 고향 납세 제도를 2007년 5월에 도입 논의를 해 운영하기로 하였다. 그러나 우리나라에서는 고향세(고향사랑기부제)가 실로 오랜 산고 끝에 결실을 맺게 되었다. 그 과정을 살펴보면 2007년 문국현 창조한국당 대선후보가 고향세 공약을 최초로 제시한 후 18대 국회에서 고향세 법안이 발의되는 등 국내 도입 논의 기간은 10년이 넘었다. 하지만 법제화 과정은 순탄치 않았다. 20대 국회에서 의원들이 고향세 입법화를 본격 추진했지만 수도권 지역 의원들의 반발 등으로 상임위 문턱조차 넘지 못했다. 21대 국회에서는 예상보다 상임위 통과가 빨랐다. 반면 생각지 않았던 법사위에서 제동이 걸려 농촌 지자체와 농업계의 애를 태웠다. 전국 농어촌 지역 군수협의회와 지방의회, 농민 단체 등이 고향세 법제화를 잇달아 촉구했다. 드디어 지난 2021년 9월 28일 「고향사랑 기부에 관한 법률 제정안」이 국회를 통과했기 때문이다. 이 「고향사랑기부금에 관한 법률」은 2023년 1월 1일부터 오랜만에 시행된다.

몰락해 가는 농촌을 조금이라도 건져 보겠다고 외쳐 대는 농업계의 연이은 호소에도 일본 고향세 제도보다 더 선진화된 내용도 없는 데도 무슨 역사적 전통인지 '할까, 말까'하는 정치적 습성인지 왜 14년이나 늦게 도입하는지 이해하기 어렵다.

2) 디지털 농업 기술 도입 지연은 '리소스의 문제'다

21세기 선진 농업 기술은 스마트 디지털 농업 기술이다. 미국과 네덜란드를 포함한 농업 선진국에서는 '노지 스마트 디지털' 농업 기술 개발은 이미 1980년부터 민간 기업이 중심이 되어 자동화, 지능화 분야를 주축으로 지속적인 발전을 이끌어 왔다 (송기은 외 4인, 「식량작물 생산에 대한 스마트 디지털 농업기술의 발전 방향」, 한국작물학회지, 2022. 6)

그러나 우리나라는 반세기 가까운 40년이나 늦은 지난 2021년 3월 25일 농촌진흥청에서 5년 단위로 시행하는 디지털 농업 기본 계획을 처음 발표해 진행 중이다. 왜 이렇게 디지털 기술 도입이 늦었는가?

한 국가의 리소스(예: 예산 연구와 개발 투자)는 다양한 분야에 할당된다. 리더쉽이 수출 산업에 집중한다면 농업에 투자하는 리소스가 축소될 수밖에 없다. 결과적으로 지도자의 리소스는 농업을 천대하는 정책이 양산되었다. 우리나라는 GDP의 무역 의존도가 1964년 17.6%에서 2000년대는 70%가 상회하자 정책 책임자가 '자원이 없는 나라 수술로 먹고살아야 한다'는 주장을 해 결국 농업을 홀대하는 정책으로 이어진다. 한편 이와 같은 수출 실적에 대하여 다른 한편으로 수출이 차지하는 경제 성장 기여 비중이 너무 높은 것 아니냐는 지적까지 불러일으키기도 했다.[2]

---

[2] 선경철, "1억 달러 수출 40년 만에 전 세계가 "코리아"", 정책브리핑, 2004. 10. 19.

국가의 중요 정책 시행에는 책임자의 미래를 내다보는 긴 안목에서 묻어나는 충분한 지원 가능한 환경 자산이 필요하다. 그러나 우리에게는 농공 병진하여야 하는 정치 감각의 부재로 농업에 투자하는 리소스가 축소될 수밖에 없었다. 결과는 지도자의 무소신이요, 무정견이다.

62대 농림축산식품부 장관 김재수의 회고록에 "농업 부문을 국정의 핵심 과제로 인식한 대통령은 별로 없었다."라고 언급한 걸 보면 어느 눈치 없는 부하 직원이 '무관심', '무소신'에 가까운 리더쉽에게 '디지털 농업 기술' 도입을 건의할 기회는 있었을까 의식해 본다.

부존 자원에 의해 수출 실적이 높다면 모르지만 수출재를 들여와 가공하여 내다 파는 가공 수출 실적이라면 80%가 넘는 먹거리를 외국에 의존하는 정책이 과연 장기적인 국가 유지 정책이 되는지 먼 장래를 바라볼 때 공수표 같은 불안이 앞서는 것은 공연한 하늘이 무너지는 걱정일까?

강호진 주한 네덜란드 대사관 농무관은 한국농업에 대하여 다음과 같이 설명하였다.

한국의 농업 정책은 철학 부재로 일관성이 너무 떨어진다면서 아쉬움이 크다고 했다. 그는 "네덜란드는 사회적 합의로 결정한 농업 정책을 100년간 밀어붙이는 반면 한국은 농정을 어디로 끌고 가야 할지 방향조차 제시하지 못하고 있다."며 "농업 정책에 대한 철학이 부재하다 보니 일관성이 너무 떨어진다."고 지적했다. 강 농무관은 "순환 농업으로의 패러다임 전환 시기를 맞이해 한국 정부도 이 분야에서 뒤처지지 않도록 미리미리 정책 방향을 세우고 기술 개발과 농민 교육 등 실질적인 노력을 기울여야 할 것"이라고 제안했다.

　국리민복이 되는 정책이라면 분초를 기다리지 말고 도입하여야 한다.
　그러므로 순간에서 영원으로 이어지는 판단은 신속 정확하고 균형
감각을 함께 가져야 함은 지도자의 갖추어야 할 필수 덕목이다.
　그러면서 체질화되어 버린 부정적 기질은 하루속히 벗어나야 함은
우리의 최대의 과제다. 혹여 지도자의 부정적 기질에서 벗어나지 못해
국민의 복지와 안녕에 영향을 미쳤을 때 지도자의 행동에 대한 비판과
책임은 중요하다. 국민은 정치적 결정에 대하여 자신의 의견을 표현하
고 비판을 제기할 권리를 가졌기 때문이다.

제40장

서둘러야 할
농촌의 디지털 격차 해소

세계 농업은 한 번도 경험하지 못한 스마트 농업 · 디지털 농업 · 정밀 농업 등 거대한 기술 혁신으로 농업의 최대 혁명이 진행되고 있다. 그동안 경험과 감에 의존해서 농사를 지어 왔다면 이제는 데이터와 매뉴얼을 활용하는 농업이다. 이와 같은 농업에 대하여 선진국은 이미 사회 전반적으로 앞선 제조 기술과 생명 공학 기술의 토대 위에서 디지털 농업 기술을 받아들여 기술의 발전이 이루어졌으나 우리나라는 2021년 3월 25일 데이터 기반의 과학 영농을 실현하기 위한 '디지털 농업 촉진 기본 계획'을 농촌진흥청에서 수립해 활발한 진행을 보이고 있다.

농사철도 다가오고 디지털 농업에 대하여 직접 들에 나가 몇몇 아는 농민과 이야기를 나누어 봤다.

"방에 앉아 스마트폰으로 농사짓는다는 데 가능한 이야기이냐?" 하고 물었다.

그 신기한 농업에 대하여 듣고 그 내용을 알고자 신문 기사를 보았으나 영문이 많아 의미를 알지 못해 이해하지 못했다고 이야기했다.

또 다른 친구는 기술센터에서 딸기 수경 재배 현황을 보고 관계자와 대화를 해 보니 무난히 이해했다고 대답했다.

변화의 속도를 감당하지 못해 따라잡지 못하는 곳이 농촌이다. 그러나 현대 농촌은 문화 지향의 수준을 높여 옛 농촌의 그늘에서 벗어나려 진통이 이어지고 있는 전환기다. 그러므로 비록 연령(7~80대)은 높지만 학력이 높아 농업에 관심을 가진 지식인 그룹이라면 전문 지식까지는 아니더라도 디지털 격차 정도에서는 벗어났으리라 예상했다.

과학기술정보부에서 우리나라 디지털 격차 실태 조사 결과 발표(2022. 3. 26.)에 의하면 2021년 일반 국민 대비 디지털 취약 계층의 디지털 정보화 수준은 75.4%로 전년 대비 (69.9%) 2.7% 개선된 것으로 나타났다. 계층별로 살펴보면 저소득층은 95.4%, 장애인은 81.7% 농어민은 78.1% 고령층은(55세 이상) 69.1%로 나타났다.

현재는 AI · 빅테이터 등 첨단 기술을 농업에 적용하는 경우가 많지 않았으나 앞으로는 데이터를 활용한 농작물 재배, 자연재해에 따른 농작물 피해 예측 등 각종 첨단 기술을 활용하는 농업 활동이 확산될 것으로 전망된다.

농업 부문의 ICT융 · 복합, 스마트화, 디지털화, 데이터 활용이 지속적으로 강화됨에 따라 농업인은 해당 기술을 이해하고 활용할 수 있는 디지털 역량이 중요해지고 있으며 스마트팜 운영을 지원하고 스마트팜 전후방 산업에서 활약할 수 있는 전문 인력 육성 또한 시급한 과제가 되었다.

　이웃 일본은 2025년까지 농업 모든 분야에서 데이터를 활용한 농업이 실천되도록 하겠다며 '디지털청'의 신설을 발표했다. 농수산부도 농업 분야 디지털 활용 계획을 마련하여 내년부터 실행할 것으로 내다본다.

　우리가 지금 살고 있는 사회는 지식 기반 사회다. 지식과 정보가 가치의 중심이 되는 사회. 컴퓨터 및 다양한 정보 통신 기술의 비약적 발전으로 지식의 가치가 정치, 경제, 사회 전반에 걸쳐 영향력이 커진 사회다.

　건국 이래, 한 번도 가슴 펴고 살지 못한 지난날의 죽은 역사는 접어두고 이젠 지식 기반 사회의 일원으로 21세기 새로운 신농민으로 당당한 일원이 되어야 한다. 그러려면 시대가 요구하는 필요 지식에 전력투구하여야 한다. 정보 격차를 줄이지 않으면 문자 문맹으로 수모, 천시를 받았듯 제2정보맹(情報盲)으로 또다시 천대받는 수난사가 되풀이되지 않을까 우려된다. 정부에서 마련된 노년층 정보격차 해소에 활발한 교육을 주문하며 가능하면 지난날 '한글 계몽 운동' 하듯 뜻있는 그룹에서 정보 격차 해소 운동을 펴 봄 직하다. 디지털 교육을 적극적으로 지원함으로써 키오스크 사용, 모바일 예매, 디지털 금융 등 일상생활 속에서 자연스럽게 이용하여 디지털 소외 현상이 해결되길 기대해 본다.

　최근 정부에서 '디지털 격차 해소'를 위한 야심찬 계획을 수립하여 내년부터 실시하는 주요 부분을 요약 정리하였다.

농림축산식품부에서는 내년부터 [농업e지 ②]맞춤형 사업 정보 제공, 디지털 격차 해소 등 '농업인 중심의 농업 행정 혁신' 사업을 추진한다.(2022. 5. 9.) -중략- 농업e지 시스템의 또 한 가지 목표는 국내 농민들이 처해 있는 정보화 격차 문제를 해결하는 것이다. 현재 국내 농업 인구 중 65세 이상의 고령 농업 인구 비율은 35% 이상이다. 이들은 대부분 디지털 기술에 대한 접근성이 매우 떨어지기 때문에 아무리 좋은 차세대 시스템을 구축하더라도 직접적인 혜택을 누리기 힘들다. 가령 농업e지 시스템에서 맞춤형 농림 사업 추진 서비스를 구축하더라도 컴퓨터나 스마트폰 사용이 어려운 고령 농업인이 그 혜택을 온전히 누릴 수 있을 것이라고는 생각하기 어렵다. 앞서 언급한 농림 사업 간편 신청 23제도의 경우, 기존보다 훨씬 간소화됐음에도 불구하고 고령 농업인 본인이 신청하기보다는 디지털 기술에 익숙한 자녀들이 대신해 주는 경우가 대부분이었다.

이에 농림부는 차세대 농업e지 시스템의 혜택을 고령 농업인들까지 누릴 수 있도록 다양한 사업들을 계획하고 있다. 현재 논의되고 있는 것 중 대표적인 계획은 '농업정보 코디네이터(가칭)' 사업이다. 해당 사업은 고령 농업인들이 디지털 업무를 처리해야 할 때 이를 안내하고 지원해 줄 수 있는 전문 인력을 양성하는 것이 목표다. 고령 농업인들에게 직접적으로 디지털 기술에 대한 교육을 제공한다고 해도 능숙하게 온라인으로 농림 사업을 찾아보고 신청할 만큼 역량이 강화되는 것은 기대하기 어렵다. 따라서 상대적으로 젊고 유능하고 기술에 익숙한 농민이나 농업 단체 관계자들을 교육하고 '농업정보 코디네이터'라는 자격을 부여해 파견하는 것이다.

농업 코디네이터 사업은 고령 농어민들이 디지털 기술의 혜택을 누릴 수 있게 되는 것은 물론, 고령 농업인들이 많은 시골에서 젊은 층의 일자리를 새롭게 창출할 수도 있을 것으로 기대된다. 특히 해당 지역에 대한 친화도나 인지도가 높은 지방 농업 단체들을 섭외해 교육과 지원을 제공하는 프로세스를 구축한다면 담당 공무원의 업무 부담을 가중시키지 않으면서 보다 체계적이고 실질적인 농민 지원시스템을 갖출 수 있을 것이다.

한편 2021년 4월 21일 농민신문을 보면 농촌 주민들은 스마트폰과 컴퓨터 보유율도 낮아 정보 격차까지 가중되고 있다. 2020년 스마트 보유율은 일반 국민이 93.1%, 농어민은 85.3%였다. 컴퓨터 보급률은 국민이 83.2%인데 반해 농어민은 61.3%에 불과하다. 저소득층의 73.3%보다 낮은 수준이다. 인터넷 이용률도 79.9%에 그친다. 세계 최고의 인터넷 보급률 국가라는 이름표가 농어민들에게는 어울리지 않는 모양새다.

통신서비스 품질도 만족스럽지 못하다. 우선 5세대 이동통신(5G)은 평균 전송 속도에 있어서 중소 도시가 대도시보다 65.42Mbps가 낮다. 수익성이 높은 대도시 위주로 인프라를 구축한 때문이다.

4세대 이동통신(4G·LTE) 경우도 대도시와 농어촌 지역 LTE속도 차이가 갈수록 커지고 있다. 대도시·중소 도시와 농어촌 간 LTE 속도 격차는 2018년 31.01Mbps이던 것이 2019년엔 43.75Mbps, 지난 해엔 51.77Mbps까지 벌어졌다. 망 구축과 유지 보수가 미흡해 제대로 된 서비스를 제공받지 못하고 있는 것이다.

우리나라가 농업 선진국으로 진입되기 위해서는 가장 먼저 디지털 격차는 해소되어야 한다. 80%의 식량을 외국에서 수입해서 국민을 먹여 살려야 하는 세계 7번째 수입 국가라면 하루빨리 농업 선진국 진입을 위한 환경 조성이 이루어져야 하기 때문이다. 기후 위기, 식량 국가의 식량 정책의 변화, 곡물 메이저의 조작 횡포 등 예측 불가능한 조건들이 식량 수입국의 입장에서는 취약점이 너무 많다.

세계는 이미 디지털 농업으로 진입하였다. 우리나라도 디지털 농업으로 진입한 지 일천하지만 이 시대 최적의 식량 자급률 향상을 위한 영농 방법은 그뿐이기에 매진하여야 한다. 가속할 추진 방법을 다음과 같이 지적하여 본다.

첫째는 디지털 격차가 해소되어야 한다. 디지털 기기에 거부감이 없는 알 파족이라면 모르나 평생 우리말로 혀가 굳은 사람들이 갑자기 서구 문화에 익숙하기란 그렇게 쉽지 않다. 그러나 관심을 갖고 흥미롭게 접근하는 방법 외에는 없다.

둘째는 디지털 농업에 관련되어 자주 사용되는 주요 단어를 '쉽게 배울 수 있는 용어집'이란 명칭으로 수만 권을 제작해 농촌에 배포해 관심을 유발시킨다. 최근 스타트업들 사이에서는 A세대를 잡으려는 노력이 치열하다. 배달의 민족은 작년 말 앱 설치부터 회원 가입, 주문, 결제 등을 손쉽게 보고 따라 할 수 있는 36페이지짜리 「쉬운 배달앱 사용법」이란 책자를 내놨다.

셋째는 정부나 기관에서 설치하는 공용 시설(4G · 5G 등) 설치에 수익성, 서비스를 농촌, 도시 구분하는 구태를 지양할 것을 촉구한다. 이것도 농촌을 천대하는 구태다.

끝으로 [농업e지 ②]맞춤형 사업정보 제공, 디지털 격차 해소 등 '농업인 중심의 농업 행정 혁신' 사업에 대하여 2022년 5월 9일 추진 계획을 세우고 내년에 본격 실시하는 것. 준비 때문으로 늦는다고 이해되지만 어려운 식량 환경으로 보아 조속히 실시하기를 기대해 본다. 유비무환(有備無患)이 얼마나 편안한가.

제41장

'농어민의 날' 제정 건의,
5공 위력에 불발

　국립농산물검사소(농산물품질관리원 전신)에 근무하게 되면 업무 성격상 농민과의 접촉이 많다. 5공 시절 거의 매일 대농민 친절 봉사에 관한 공문이 하달된다. 당연한 지시이지만 이 공문을 읽을 때마다 어린 시절 추수 마당에서 본 지주의 행패에 눈물 흘리는 소작인의 모습이 떠오른다. '농민의 삶은 왜 저렇게 어렵게 살아야 하나'하는 농민관이 늘 지워지지 않아 남아 있었기에 그들을 대하는 행동거지부터 말 한마디라도 불편을 주지 않아야겠다고 생각했다. 그들을 대하면서 보다 친절하게 봉사하려고 충청남도 농민 2,640명을 대상으로 조사 항목 30개 항을 만들어 설문 조사를 실시하였다. 그 결과를 분석하여 대전일보에서 1986년 4월 26일 자로 '농민 반 이상이 농사에 싫증, 78%가 농촌에서 태어난 것 불만'이라는 제하의 기사가 사회면에 보도되었다.

역린(逆鱗)을 건드린 결과로 우여곡절 끝에 제주도 지소장으로 전임되었다.

그러자 "바른 말한 공무원을 왜 입을 틀어막느냐." 하고 당시 황인성 농수산부장관에게 "원상복귀 시켜라." 하고 항의한 서산·당진 출신 김현욱(金顯煜) 국회의원을 대면하게 되었다.

그 자리에서 김 의원이 "그 자료를 나에게 왜 주지 않았느냐?" 하고 의정 활동에 필요하니 건네주고 '정책 입안에 좋은 참고 자료를 연구해서 보내 달라'는 말을 하기에. 다음과 같이 의견을 적어 보냈다.

평소 생각했던 졸견을 외람되이 진언코자 한다.

1) 농어민의 날 제정(農漁民의 날 制定) 건의

농민들은 직업의 특수성과 도시인과의 생활 격차 때문에 항시 '못났으니까 땅이나 파먹고 살지.' 하고 자학하고 살아가는 사람들이다. 그러므로. 일천만이나 되는 농민에게 긍지와 자부심을 심어 주는 뜻에서 추수가 끝나는 10월 하순이나 11월 중에 '농어민의 날'을 제정 위로와 격려해 주는 행사를 갖는 것은 어떠한지 건의한다.

권농일(勸農日)은 있으나 이는 그해의 첫 농사의 권농 의미이며 한편 다른 분야는 근로자의 날, 상공인의 날, 체신의 날, 전매의 날, 경찰의 날 등이 있어 위로 격려의 뜻을 전달하는 행사가 있으나 우리나라 국민의 정신적 마음의 고향은 어디까지나 농촌, 농업, 농민인데도 아직까지 국가로부터 그에 상응한 대우를 받지 못하고 있으며 더욱이 우리나라 인구의 25%를 차지하는 국가의 근간이 되는 산업인구인데도 소외되고 있다고 생각됩니다.

2) 농어민 선언문 제정 공포(農漁民宣言文 制定 公布)

환자 권리 선언, 어린이 헌장 등이 있으나 국민 식량 공급의 주역인 농민들에게 영농 의욕을 고취시키는 한편 생명 산업에 종사하고 있다는 긍지를 갖도록 하여 사기를 고취시켜 주고 국가로부터 보호를 받아야 된다는 내용으로 '농어민 선언문'을 낭독하는 것은 어떨지 사족 같은 의견을 올린다.

3) 동리 어른 모시기 운동 전개(洞里어른 모시기 運動展開)

농촌 사회에서 마을마다 의견 지도자가 (소시메이트)—자생조직-있어 부락 주민들이 '그 어른의 말씀'이라 하여 법 이전에 존중해 주었습니다. 부락의 대소사, 분쟁 또는 향속을 교정하여 이풍순화(里風醇化)했으나 서구 물질 문명의 급속한 유입으로 순박한 농촌풍이 사라지고 있음으로 경로 효친 사상과 풍요로운 농심을 회복시키는 뜻에서 '동리 어른 모시기 운동을 전개'해 보았으면 합니다.

각동리 어른으로 선정된 분을 당해 읍면의 여론 청취 단체로 조직화하여 농촌 밑바닥에 귀를 기울여 참작 시행함으로써 읍면의 행정에 도움을 주는 효과도 있지 않을까 합니다.

미국에서 75년부터 80년도에 인구센서스(Census) 결과, 과거에는 도시에서 도시 근교로 인구 이동이 있었으나 이제는 도시에서 멀리 농촌과 산촌으로 정착하는 인구 유동 현상이 벌어진다는데 서당진(瑞唐津) 지방은 교통이 발달하여 이와 같은 현상이 벌어진다고 한때 관외 지주로 인한 문제가 없을까?

국사에 바쁘신데 공연한 잡설을 올려 시간만 빼앗기게 한 것 같아 죄송합니다. 관대한 용서 있으시기 바랍니다.(1986. 10. 5.)

김현욱 의원이 관리 지역인 서산·당진으로 전입하여 만나 대화하면서 "김 의원께서 이 농어민의 날을 제정 공포하는 기록이 남는다면 그것도 존농(尊農)의 한 업적으로 역사에 남을 텐데."하고 이야기를 하니 "입법하려고 관계 기관에 협의하니 이것을 제정하여 공포하게 되면 필연코 행사가 있게 되는데, 그러면 불만이 많은 농민의 데모가 벌어진다."는 말을 하더라고 하면서 추진을 못 했다는 후일담을 전했다.

그러나 10년이 지난 1996년에 처음으로 농림부에서 '농업인의 날'이란 이름으로 법정기념일로 정하고 매년 11월 11일 다양한 행사를 벌여 농업인의 긍지와 자부심을 고취하고 있어 다행스럽게 생각한다.

제42장

음식 문화와 음식 쓰레기,
그리고 농민

굶기를 밥 먹듯 한 지가 언제인데 음식이 이렇게 흔해 버리다니. 허리 굽은 농부의 한탄이다. 살기 어려운 시절 굶주려 가면서 어렵게 키운 딸을 출가시키면서 가슴에 서려 남아 있는 아버지의 여한은 지워지지 않는다. '재는 시집보내기까지 쌀 한 말을 못 먹이고 내 곁을 떠난다.'는 눈물겨운 기아비곡(飢餓悲曲)을 읊조린다. 영영 헤어지는 귀여운 딸에게 그동안 양식이 없어 허기진 세월을 보내게 했던 그 마디마디에 서린 원한, 아버지의 무능을 곱씹는 절절한 한을 얼마나 되새겨야 할지.

음식은 신의 공여다. 우리의 생명체를 존재케 할 근본이기에 이보다 더 높은 상위 개념은 없다. 한 톨의 낱알이라도 지존한 성물이었기에 경건(敬虔)한 마음을 담아야 함에도 근래 살 만한 살림이 되고 보니 음식물이 지천(至賤)이다. 무절제한 이 음식 처리는 신에 대한 불경이며 인간의 오만이다. 따라서 신역을 대신한 농민에게 죄악이다.

마침내 신의 비책에 '쓰레기 종량제'란 이름으로 허물을 빌어 보고자 한 실상을 살펴보자.

쓰레기 배출이 국가가 관리하여야 하는 문제가 되어 전체 쓰레기 발생량을 줄일 목적으로 배출되는 양에 따라 요금을 부과하는 제도가 1994년 4월부터 일부 지역에서 시작되었으며, 1995년 1월 1일부터는 전국적으로 시행하게 되었다 이를 '쓰레기 종량제'라 한다. 사실상 이때부터 쓰레기 문제가 제기되기 시작했다.

2018년 전국 폐기물 발생 및 처리 현황 통계 자료에 따르면 음식 물류 폐기물 분리 배출로 1만 4,477톤의 쓰레기가 발생했다. 이는 4년 전인 2014년과 비교하면 약 1,200톤가량이 늘어났다. 환경부와 농림축산식품부 등에 따르면 전국에서 발생하는 음식물 쓰레기는 하루 평균 1만 5,680톤 안팎이다. 1년이면 570만 톤이 버려진다는 의미다.

1만 5,680여 톤을 인구수로 나눠 보면 우리나라 국민 1인당 매일 음식 쓰레기를 약 300g을 배출한다는 가정이 가능하다. 이는 프랑스(160g), 스웨덴(86g) 등과 비교하면 상당히 많아 부끄러워하여야 할 수치다. 국내 전체 생활 폐기물 중에서 음식물 쓰레기가 차지하는 비중도 30% 정도로 높다.

버려지는 음식물 뒤에는 먹을거리가 절실한 사람들의 사연도 감추어져 있다. 국내만 해도 전국에 28만 명의 결식 우려 아동이 있고 국내 취약 계층의 30%는 영양 불균형에 시달린다. 먹지 못해 굶어 사는 사람이 수십만 명인데 곁에서는 수백 톤의 음식물이 쓰레기로 버려지는 아이러니다.

버려지는 음식물 쓰레기가 환경에 미치는 영향 또한 중요한 이유다. 음식물 낭비로 온실가스 규모를 하나의 국가로 본다면 중국과 미국에 이어 우리나라는 세계 3번째 수준의 온실가스 배출 국가가 된다. 버려지는 음식 자체가 환경적인 골칫거리라는 의미다.

음식물 쓰레기는 단연코 줄여야 한다. 음식물 쓰레기의 70%는 가정과 소형 음식점에서 나온다. 음식물 쓰레기를 처리하는 비용으로만 매년 8천억 원이 소요된다. 4인 가족이 음식물 쓰레기를 통해 배출하는 연간 온실가스를 없애려면 소나무 149그루가 필요하다. 가족 모두가 음식을 매일 300g씩 버리는 가운데 한편에서는 그 음식이 절실한 사람도 있다. 8억이 넘는 인구가 배고픔에 시달린다. 경제적인 문제도 따져 봐야 한다. 유엔식량계획(WFP)에 따르면 매년 전 세계에서 생산하는 식량 40억 톤 중 3분의 1이 손실되거나 낭비된다. 경제적으로 연간 1조 달러, 한화로 1천조 원이 넘는 규모다.

일상생활을 하면서 음식물 쓰레기를 줄일 방법을 생각해 보자. 음식물 쓰레기를 줄이는 노하우는 다음과 같다.

음식물 쓰레기를 줄이는 10가지 방법

1. 식단을 계획한 후 꼭 필요한 식품만을 적정량 구입한다.

집에서 식사하는 가족과 횟수를 정확히 파악한 뒤 일주일 단위로 식단을 구성한다. 필요 이상의 식품을 구입하여 유효 기간이 지나도록 보관하다가 버리게 되는 일이 발생한다. 충동구매로 과다하게 구입한 식품은 없는지 확인하자.

2. 낱개 포장 제품을 구입한다.

가족 구성원이 적은 가정에서는 소량으로 판매하는 제품을 구매하여 요리하는 것이 좋다.

3. 장보기 전에 필요한 품목을 메모한다.

냉장고에 보관된 식재료를 확인하고 나서 필요한 품목을 메모한다. 필요 없는 재료를 다시 구입하는 낭비를 막을 수 있다.

4. 지역에서 생산된 식재료를 구입하라.

수입 식품은 CO_2가 배출되어 환경에 악영향을 미칠 수 있다. 근거리 생산 식재료를 구입하여 신선한 제품을 이용함은 물론 CO_2 배출량까지 줄일 수 있다.

5. 유통 기한을 확인한다.

냉장고에 보관하고 있는 식재료의 유한 기한이 얼마나 남았는지 파악하고 새로 구입할 식재료 또한 보관할 수 있는 기간을 고려하여 구매하는 것이 중요하다.

6. 식재료 구입 후 바로 손질한다.

구입한 식재료는 냉장고에 그대로 넣어 두면 봉투에 물이 고여 채소는 무르게 될 수 있고 과일은 서로 부딪혀 상하게 될 수 있다.

7. 자투리 식재료는 따로 모아 보관한다.

국이나 찌개를 끓일 때 채소 한 개를 모두 사용하기는 어렵다. 요리 후 사용하고 남은 자투리 재료를 한곳에 모아 놓으면 다음 조리할 때 편리하고 알뜰하게 활용할 수 있다.

8. 음식은 짜지 않게 요리한다.

칼로리가 너무 높거나 짜게 요리하면 남기는 양이 많아지기 마련이다. 음식 쓰레기를 줄이고 음식 맛을 좋게 하려면 국, 반찬의 염도를 고려하여 조리하여야 한다.

9. 식사할 때는 소형 반찬 그릇을 사용한다.

식사할 때는 알맞게 먹고 남기는 음식이 없도록 작은 반찬 그릇을 사용하고 부족할 때는 덜어 먹을 수 있도록 하는 등 뷔페식 식문화를 만드는 것이 좋다.

10. 냉장고 식품 목록을 작성한다.

냉장고에 보관된 식재료 리스트를 메모하여 냉장고에 붙여 놓으면 냉장고 속 식재료의 구입 일자, 유통기한 등을 제대로 파악할 수 있고 그로 인해 식재료가 시들거나 상해서 버리는 경우를 줄일 수 있다.

아시아의 최빈국 한국이 이름 없는 국민의 힘으로 선진국이 되었다. 그 이름 없는 국민은 5천 년을 이어온 농민이다. 1964년 유엔무역개발회의(UNCTAD)에 가입 반세기를 넘어 2021년 7월 2일 선진국이 되었다. 그런데 경제 성장률 추세가 4% 미만의 생활에서는 음식물에 쓰레기라는 말을 할 일이 없었다.

그러던 살림이 늘어 세계인이 '한국이 웬일이냐' 하고 놀랐다. 최근 영국의 인터넷신문 〈언허드(Unherd, 2022. 9. 21.)〉는 아시아 대표는 중국 · 일본이 아니라 "한국"이라며 이 신문은 '한국은 동양의 서양이라며 일본보다 훨씬 친숙하고 중국같이 위협적이지 않기 때문에 최근 서구인들은 동양하면 '한국'을 떠올린다고 평가했다. 서양인들이 한류의 포로가 되고 있는 것이다. 한국의 음악, 영화, 드라마. 패션은 물론 음식까지도 서양인들에게 이제는 없어서는 안 되는 요소가 되었다는 평가다. 우리 모두는 이들이 평가하는 수준에 맞는 품위를 지켜야 한다. 그러려면 가장 먼저 음식 문화의 선진화에 뜻을 모아야 한다.

제43장

제3차 농지 개혁

1) 제1차 농지 개혁(미군정하의 농지 개혁)

1950년대는 농업 종사 인구가 전체 인구의 70% 이상이 되었으며 인구 증가와 농지 부족으로 인한 보릿고개 현상이 심화된 시기였다. 대다수 국민이 농업에 종사했지만, 해방 후 인구 증가에 농업 생산량이 부족해 식량 부족은 심각한 사회 문제가 되었다. 이에 따라 '식량 위기를 어떻게 극복할 것인가'가 전후 한국 경제 문제로 가장 심각한 주제가 되었다. 식량 문제를 해결하기 위해 공출제와 토지 임시 수득세의 강제 징수, 외곡 수입, 증산 정책 등 네 가지 대책을 추진하였다. 한편 헌법 121조에 명시된 경자유전 원칙에 따라 우리나라 역사상 처음으로 농지 개혁이 1949년 6월 21일에 제정된 「농지개혁법」에 의거해 1950년에 실시되었다. 1945년 8월 15일 광복 당시 우리나라 농지의 소작 비율은 전 농지 2,298,000ha의 83.5%였다.(『한국 농정 50년

사』제1권. P.7) 그와 같은 많은 소작지에서 가혹한 소작료를 지불하고 있던 농촌 경제는 매년 빈곤의 악순환이 계속되었다. 따라서 광복과 더불어 민주 의식과 평등 의식이 고조되면서 사회적 혼란이 적지 않던 때에 일본인 소유농지였던 29만 1,000㏊의 귀속 농지 처리 등 농지제도의 개혁이 요청되었다.

농지 개혁을 더욱 서두르게 된 것은 첫째, 우리보다 앞서 1946년 3월 5일 농지 개혁을 단행한 북한이 공산주의가 우월하다는 정치적 의도를 선전 수단으로 활용하여 사상적 · 정치적 불안을 가중시키고 있어 하루빨리 농민의 숙원인 농지 개혁을 전면적으로 단행하여 정치적 불안정을 완전히 해소해야 할 필요성이 절실하게 요구되었기 때문이었다.

둘째, 사회적 이유로는 농촌의 반봉건적 사회 구조의 개선을 통해 농촌 사회를 근대화할 필요성이 있었다. 전통적인 지주와 소작인 사이에는 경제 외적인 신분적 예속 관계가 계속되고 있을 때, 광복과 더불어 월남 동포와 해외 동포의 귀환으로 좁은 농지의 소작권을 둘러싼 소작료율이나 경작권 분쟁 등은 사회적 혼란을 가중시켰다.

따라서 소작료의 인하나 소작 쟁의 조정 등 미온적 조처로는 지주와 소작인 관계에서 발생하는 사회적 갈등을 해소하기 어려웠다. 이에 사회적 불안을 근본적으로 해소하기 위해서는 농지 개혁이 절실히 요청되었다.

셋째, 농업 생산성의 효율화를 기하자는 경제적 이유에서였다. 소작제에서는 농민의 생산 의욕을 감퇴시키고 더구나 기생 지주의 전통적

고율 소작료로 재투자의 길이 막힌 소작농은 농지 개혁의 계기 없이는 빈곤에서 벗어날 길이 없었다.

따라서 소작농에게 농지의 소유권을 주어 자작농화하여 농업 생산 의욕을 고취시키고 부족한 식량을 증산하게 하는 한편, 지주의 경제적 수탈과 경제 외적 강제를 해소하여 농가 경제의 향상을 도모해야 했다. 뿐만 아니라 농촌 내의 유효 수효를 확대하여 공업 생산의 발전을 자극할 필요성이 요청되었기 때문이었다. 농지 개혁 자체는 당초 목적한 대로의 성과는 올리지 못하였다. 귀속 농지를 포함하여 8·15 광복 당시의 소작 면적 144만 7,000ha의 42.4%(61만 3,000ha)만 「농지 개혁법」의 정하는 바에 따라 개혁이 되었고, 나머지 83만 4,000ha은 (은폐 소작지 15만 8,000ha)은 「농지개혁법」의 테두리를 벗어났다. 그렇지만 이의 파급 효과로 나머지 소작지도 사실상 농지 개혁에 준하는 조건으로 양도되었음을 볼 때, 농지 개혁은 일단 성공적이었다고 평가할 수 있다. 이를 통해 농촌 사회의 소작을 둘러싼 사회적 마찰을 해소하고 사회적·정치적 안정과 농촌의 민주화를 가져오는 데 도움을 줄 수 있었다.

자작농이 시작되면서 농업 생산력 증대의 복합 요인으로 농지 개혁에 의한 효과를 따로 떼어 말할 수는 없으나, 증산적 방향으로 유도되었던 것은 틀림없다. 다만 농지 개혁이 겨냥했던 지가 보상을 받은 지주들의 일반 기업에의 참여는 지가 상환 시기와 인플레이션 등으로 얼마나 그 효과를 거두었는지는 의문이다. 그리고 농지 개혁 후 자작농 육성책이나 농지 제도의 사후 관리를 규정하는 제도 미비, 도시화·산업화에 따른 농민의 농촌 이탈 등 여러 가지의 요인이 겹쳐, 1997년 말 현재 전체 농지의 192만 4,000㏊의 43.5%인 83만 7,000㏊가 다시 임차지(소작지)로 되돌아가, 농업 정책의 새로운 문제로 대두되었다.[1]

2) 제2차 농지 개혁(대한민국 정부 수립 후의 농지 개혁)

제2차 농지 개혁은 국내의 모든 한국인 지주가 소유하고 있던 1,105만㏊를 개혁 대상으로 하였다. 1949년 2월 5일 정부는 '유상 매수, 유상 분배'를 원칙으로 하는 「농지개혁법」(안)을 국회에 상정했고, 1949년 6월 21일 농지개혁법이 확정 공포되었다. 정부는 지주의 3㏊ 이상 농지를 의무적으로 매도하게 했으며, 농민들에게 3㏊ 이하의 토지를 분배받도록 하였다. 지주에 대한 보상은 평년 생산량의 1.5배로 하고 분배받은 농업인의 상환 조건은 평년 생산량의 1.25배를 5년에 걸쳐 분할 상환토록 하였다. 그러나 지주에 대한 보상액과 농업인의 상환액이 일치하지 않는다는 이유로 정부가 거부권을 행사하는 바람에 시행도 하지 못한 채 논란을 벌이다가 1950년 3월 10일 농업인의 상환액을 평년 생산량의 1.5배로 인상하는 내용으로 법을 개정하였다.

지주에게는 5년에 걸쳐 지가를 상환받을 수 있는 지가 증권을 발행해서 보상하기로 하고 1950년 5월 농지개혁에 착수했는데 곧바로

[1]   농지개혁 「한국민족문화 대백과사전」, 초록

6·25 전쟁이 터지는 바람에 경상도 일대를 제외한 전국에서 농지 개혁이 부득이 중단되었다가 9·28 서울 수복과 더불어 다시 진행되었다. 미 군정청에서 먼저 불하했던 귀속 농지도 상환 조건을 농지개혁법에 의한 내용으로 수정하는 등(평년 생산량의 3배에서 1.5배로 하향 조정) 우여곡절을 겪은 끝에 농지 개혁은 당초의 5년 상환 계획이 늦추어져 1964년에서야 지가 상환이 완료되었다.

두 차례에 걸쳐 시행된 농지 개혁으로 155만 명의 농업인에게 귀속 농지 약 29만 ha와 한국인 소유 농지 약 32만 ha를 합쳐서 모두 61만 ha를 분배되었다. 이는 1945년 8월 15일 해방 당시 조사된 소작지 140만 ha의 40% 수준에 불과하였다. 나머지 60%는 지주들이 직접 농사를 짓거나(지주당 3ha 범위 내), 임의로 미리 소작인에게 매각 또는 은닉하여 개혁 대상에서 빠져나갔다.

농지 개혁으로 지가 증권을 보상받은 지주는 1951년 4월 통계에 의하면 24만여 명이었는데 지주들은 증권을 자본으로 전환하지 못하고 대부분 몰락하였다. 정부가 보상한 가격이 시장 값의 절반 이하 수준에 그쳤고(경우에 따라서는 시중 가격의 30~40% 수준) 보상 물량이 많을 경우 감액률을 적용해 실제 보상량을 크게 줄였기 때문이다. 예를 들어 보상 물량이 100석(1석=144kg)일 경우 75석을 초과하는 25석에 대해서는 3%를 감량했고 보상 물량이 1만 석을 초과하면 그 초과분의 47%를 감량하는 방식으로 보상했다. 물론 지주들에게는 일본으로부터 몰수한 기업체나 토지(농지 제외) 등을 매입할 때 지가 증권의 액면가로 대금을 지불할 수 있도록 하기는 했지만, 당시의 지주들은 지가 증권을 산업 자본으로 전환할 준비가 전혀 되어 있지 않은 상태였다. 여기에다 6 · 25 전쟁까지 발발해 지주들은 결국 지가 증권을 헐값으로 시장에 내다 팔 수밖에 없었다. 정부는 나중에 지가 증권을 인수한 제3자라도 귀속재산을 불하받을 수 있도록 규정을 바꾸었는데 당시 일부 기업들이 지가 증권을 값싸게 매입하여 귀속 재산을 불하받는 데 이용하였다.

몇몇 사례를 보면 삼양사는 울산 제당공장, 두산은 동양맥주(일제 강점기 때 소화 기린 맥주), SK그룹은 선경직물, 한화는 한국화약공판을 인수하는 데 이 지가 증권을 활용했었다.(박현출,『농업의 힘』, HNCOM, 2020, p.170.)

3) 헌법을 유린한 부재지주 44%

제1차 농지 개혁은 1950년에 실시했으며, 제2차 농지 개혁은 1964년에 지가 상환을 완료하여 두 차례에 걸쳐 농지 개혁을 실시하였다. 그러나 60여 년을 넘기면서 한국의 농경지는 그야말로 고귀한 헌법의 경자유전 원칙을 유린하여 부재지주가 무려 44%에 다 달아 두 차례에 걸쳐 실시한 농지 개혁 정신은 온데간데없이 무너져 버려 그 잔상은 그야말로 봉두난발(蓬頭亂髮)이 되었다. 과거 어느 환경부 장관 후보자는 농지 투기 의혹에 "자연의 일부인 땅을 사랑할 뿐 투기와는 상관없다."고 했다. 우리나라 환경부장관 예비 후보자의 뻔뻔한 토지 투기자의 민낯이다.

2021년 7월 30일 전국농민회총연맹(의장 박홍식)은 세종시농식품부

앞에서 '농지 전수조사실시! 투기 농지 몰수! 농지 공개념 도입 전국농
민대회를 개최하였다. 2021년 3월에 터진 한국토지주택공사 (LH) 직
원 부동산 투기 사건을 계기로 현재 투기 대상 토지 중 농지가 90% 이
상을 차지하고 있음이 드러났고 농지를 이용해 불로소득을 챙기는 '가
짜 농민'들이 존재하는 상황이다. 전농은 이제야말로 농지 전수 조사
를 통해 농지를 투기꾼으로부터 농사짓는 '농민'에게 돌려줘야 한다는
취지로 농민대회를 열었다. 그러나 정부의 반응은 여전히 그 자리다.

우리나라 헌법 제121조에 국가는 농지에 관해 경자유전의 원칙이 달
성될 수 있도록 노력해야 한다고 규정되어 있다.

경자유전(耕者有田)이란 농사짓는 사람이 농지를 소유한다는 뜻이며
1949년 농지 개혁 이후 토지 제도의 근간으로 삼아 1987년 개정된 현
행 헌법에 명시되었다.

그런데 농지를 지켜야 할 농지법이 예외 규정을 통해 비농업인의 농
지 소유를 광범위하게 인정하고 농지법 이외의 다른 법률에서는 농지
전용이 무분별하게 허용되는 실정이다. 농지법 제정 직전인 1994년
에는 7개 법률에서 용인될 정도로 농지 전용이 엄격히 관리되었으나
2019년 6월 기준 농지 전용 의제 법률은 78개로 크게 증가하였다.

그러나 농업인은 경자유전 원칙을 지켜야 한다는 주장이다. 한국 농
촌경제연구원이 2019년에 농업인 대상으로 한 설문 조사 결과에 따
르면 응답자 717명 가운데 57%가 "경자유전 원칙이 실효성이 없거나
유명무실하다."고 지적한 반면 응답자의 58%는 경자유전 원칙이 계
속 지켜져야 한다고 응답하였다. 동일한 질문에 대한 응답이 2008년
26%에서 두 배 이상 높아진 것으로 조사되어 아직은 농심(農心)에 의

한 경자유전이 유지된 것으로 이해된다.

4) 제3차 농지 개혁으로 농지 공개념을 정립하자

이제 경자유전이라는 '원칙'이 제대로 가능할 수 있도록 범국민적 지혜를 모아야 할 때다. 부재지주가 만연하여 경자유전에 실효성이 없다고 헌법 규정을 삭제할 것이 아니라 농업인들이 농지를 소유하고 성실하게 경작하도록 하는 미래지향적인 농지 제도를 마련해야 한다.

토지 개혁을 실시한 지 60여 년을 넘긴 이제 헌법에 명시된 경자유전 원칙을 위배한 농지가 앞에서 언급한 바와 같이 44%에 이른다. 경자유전 원칙을 위배한 범법자인데 왜 60년이 넘도록 방치하는가?

시대는 존농주의 사회다. 존농주의 국가는 모두 식량 자급률이 높아 모두 농업 선진국이다. 제3차 농지 개혁을 위한 전수 조사를 실시하여 토지 투기를 비롯한 일체의 부정 거래 실태를 찾아 강력 조치하고 아울러 토지 공개념에 상응하는 농지 공개념(農地公槪念)을 도입하여 농지의 공공성과 공익성을 높일 수 있는 새로운 농지 제도를 정립하여야 한다. 동양학자 임건순은 송의달 에디터와의 인터뷰(2023. 2. 21.)에서 "한국 현대사에서 가장 감동적인 사건은 이승만 대통령이 6·25 전쟁 중 단행한 토지 개혁이다. 지금 제2의 토지 개혁 같은 대담한 조치가 필요하다."고 역설하였다.

5) 농지 개혁은 선진국 예약

『농업의 힘』을 쓴 박현출은 한국 최초로 시행한 농지 개혁에 대하여 오늘의 선진국을 예약이라도 한 듯한 농지 개혁이었다고 보고 다음과 같이 설명하였다.

1945년 해방을 맞은 대한민국은 세계에서 가장 못 사는, 그야말로 가난의 대명사라 할 만한 나라였다. 나라가 남북으로 쪼개졌고 백성들의 대부분은 영세 소작 농업인으로 하루하루를 연명하기가 쉽지 않은 상황이었다. 이렇듯 어렵게 살던 우리였는데 오늘날 우리는 어찌하여 세계인들이 놀랄 만큼 빠른 속도로 세계 상위권의 경제 대국으로 성장할 수 있었을까?

결론부터 이야기한다면 한국인이 높은 수준의 교육을 받을 수 있었던 것이 가장 결정적인 동력이었고 그 교육이 가능했던 것은 농지 개혁 덕분이었다. 교육을 통해 산업 사회에 적응할 우량 인재가 대거 배출되었고, 인재들이 밤잠을 잊으며 노력한 결과가 지금 우리나라의 모습이다. 그런데 당시 우리 국민의 약 80%가 농업인과 그 가족 구성원들이었고, 또 농업 경영주의 86% 정도가 소작인이었던 상황을 감안하면 농지 개혁이 없었다면 농업인이 자식들을 과연 학교에 보낼 수 있었을지 의문이다. 아무리 교육열이 높은 한국이라도 만약 농지 개혁 과정을 통해 농업인에게 배분되지 않았다면 그들의 자식을 학교에 보낼 엄두조차 내지 못했을 것이다. 당시 우리나라보다 훨씬 잘 살았던 필리핀이 농지 개혁을 하지 못해 성장 동력을 살려내지 못했던 경험과 비교해 본다면, 농지 개혁은 대한민국 역사상 실로 엄청난 변화를 가져온 핵심 동력이었다. 그러나 이러한 사실을 기억하는 사람은 별로 없다.

6) 청백리 제도 도입

토지 개혁 60년이 지나 부재지주 44%다. 이를 시정하기 위한 제3차의 토지 개혁을 실시하여야 함은 나라가 사는 길임을 알려주는 하늘의 울림이다.

한국 농업, 농민이 살아야 나라가 사는 길이기 때문이다. 토지 개혁을 실시하면서 토지 공개념 제도의 완벽한 정착을 위한 일환으로 '청백리 제도' 도입을 건의한다. 대통령까지 토지 문제에 관여 기록이 출판물에 오르내리는 문제라면 기다릴 여유가 없다.

과거에는 단순히 공직자로서 최소한 부패하지 않아야 한다는 소극적 해석이 우세했으나 이제 행위는 물론 행위에 따른 결과까지도 도덕적 완결성을 추구한다는 적극적 의미로 확장되고 있다. 북유럽 대표적 청렴 국가 핀란드는 국가 청렴도 1위, 국가 경쟁력 1위, 학업 성취도 1위, 국가 환경 지수 1위를 달성했다. 이를 모범 삼아 세계 각국에서 반부패 청렴과 착한 성장에 관심을 가지고 오늘도 노력하고 있다. 청렴 국가 동양의 핀란드를 염원한다.

제44장

이경해 열사를 추모한다

"WTO Kills Farmers!"

한농연 이경해 회장은 시애틀 각료 희의장에서, "WTO Kills farmers!"라고 외치며 할복을 결행하고 한국시각 1999년 9월 11일 새벽 5시 40분경 세상을 떠났다. 한국 농민으로는 역사상 최초로 해외에 나가 한국 농업은 물론 전 세계 농업 말살을 막아야 한다는 결의를 외치다가 마침내 주검으로 세계만방에 호소한 농업 순교자이다.

이렇게 한국 농업을 위한 순교의 제단에 주검을 바친 열사는 처음이다. 그 죽음은 국내가 아닌 해외이기에 더욱 처절하다. 그 때문에 매년 전북 장수군에 소재한 한국농업연수원 이경해 묘역에서 추모제를 거행한다. 그러나 정부의 미온적인 농업 정책으로 농업 농촌은 소멸되어가니 국민의 관심으로부터 이경해의 고귀한 추모의 열기도 멀어져 안타깝다. 견줄 사안은 아니지만, 노동 운동가 전태일 열사는 서울시

가 관여하면서 추모 행사가 다채롭다. 이경해 열사의 희생정신을 다시

한 번 기려 본다.[1]

이경해 열사 추모비

---

1   이경해 열사 추모는 필자 개인의 판단이다.

1) 이경해 열사, 그는 누구인가?

이경해 열사의 생애는 다음과 같이 전사(傳寫)하였다.

농정이슈 및 분석 Ⅱ

※ 故 이경해 열사 걸어온 길

1947년 전북 장수군 장수읍 출생
1960년 장수 초등학교 졸업
1963년 전주 서중학교 졸업
1966년 전주 농림고등학교 졸업
1974년 서울농업대학교 졸업
1974년 장수읍에서 서울농장 설립(1만여 평)
1981년 장수애향 운영위원 및 영농학생 영농정착 지도위원
1982년 영농후계자 선정(농업계 학부 출신 100여 명 농업후계자 선정)
1983년 장수군 낙우회 회장
1987년 전북농어민후계자협의회 회장

1989년 전국농어민후계자협회의 회장(2대 회장)
1990년 한국농어민신문 초대회장
        농산물 수입개방 보완대책 특별위원
        스위스 제네바 UR반대 할복 자살 기도
1991년 전라북도도의원
        서울 동국대학교 정보산업대학원 수료
1992년 중앙연수원 교수
1993년 전라북도 동계올림픽대회 위원
1994년 한국내외문제연구회 전북 사무국장
        UR협상에 대한 대책을 요구하며 국회앞에서 17일간 단식 농성
1995년 전북도의회 산업위원장(2선)
        농협중앙회 운영자문위원
        농협중앙회가 선정한 대한민국 건국 50년 농업계 50인에 선정
1996년 새정치국민회의 농어촌특별위원회 부위원장
1999년 제3차 WTO 각료회의가 진행된 시애틀에서 세계 NGO단체와 함께 WTO 반대 투쟁 전개
2000년 전라북도의회 외교 활동 운영 협의회장(3선)
        농가부채 특별법 제정과 마사회 농림부 환원을 촉구하며 26일간 단식 농성
2001년 전국농민단체협의회 고문
        일본 도교 총리관저 항의 단식 농성(고이즈미 총리 야스쿠니 신사참배에 항의하며 17일간 단식 농성)
2002년 스위스 제네바 WTO본부 앞 1인 단식 농성
        "이제 진실을 말하라, 그리고 농업을 WTO에서 제외시켜라" 라는 서한 WTO본부에 전달

※ 주요수상

1980년 청소년유공지도자 표창
1981년 전라북도낙농진흥공로 표창
1982년 영농후계자 육성공로 표창
1983년 제3회 새마을 청소년 대상
1985년 산업포장(대통령 포장)
1986년 장수군민의장수상
        장수군 도민의 상 수상
1988년 FAO(국제연합 식량기구) 세계의
        농부상수상
        전라북도 영광의 얼굴 수상
        전라북도 애향장 수상
1989년 농어민후계자 발전 공로 공로패
1995년 자랑스런 시립대인 상

지난 9월 11일 멕시코 칸쿤에서 세계로 타전된 비보는 한국뿐만 아니라, 전 세계에 커다란 파문을 일으켰다. "WTO Kills Famers"를 외치며 자결한 이경해 열사의 의거는 WTO를 반대하는 전 세계 운동의 기폭제가 되었으며, 멕시코 칸쿤에서 진행된 제5차 WTO각료회의가 WTO를 비롯한 강대국 중심의 일방적 무역질서 재편에 제동을 거는 전 세계적 파문을 가져왔다.

고 이경해 열사는 WTO를 중심으로 이루어지고 있는 세계화가 전 세계 민중들의 삶을 위한 것이 아니라, 소수의 다국적 기업과 자본을 대변하며, 농민을 비롯한 정치·경제적 약자들의 희생을 강요하고 있다는 것을 보여주는 계기가 되었다. 특히 WTO가 농민을 죽인다며 고통 받고 있는 전 세계 농민들의 아픔과 고통을 그리고 분노를 대변하며, 전세계농민 연대운동의 힘이 되었다.

이경해 열사 서거 일지

2003년 9월 7일(한국 시간)

○ 한농연과 전농을 비롯한 전국농민연대 소속 「WTO 제5차 각료회의 저지 농민참가단」 124명, WTO 5차 각료회의가 열리는 멕시코 칸쿤으로 출발

　－ 故 이경해 열사는 개인 자격으로 칸쿤투쟁단 참가

○ 출발에 앞서 인천국제공항에서 기자회견 개최

　－ 기자회견에서 농민참가단은 "WTO는 세계 각국의 부의 증진과 호혜평등의 원칙에 입각하여 균형발전을 꾀한다고 하지만 지금까지 나타난 결과는 소수 초국적자본, 다국적기업의 이윤만을 위한 기구로 전락하였다"고 지적하고, "WTO는 농축산물의 상품시장을 강요하며, 각국 농업의 다양성과 공익적 기능을 부정하고 식량 주권마저 포기할 것을 강요하고 있다. 이러한 결과로 개발도상국의 중소농은 땅으로부터 쫓겨나고 있고 부채에 신음하면서 농사지을 권리마저 박탈당하고 있다. 따라서 WTO체제를 극복하지 않고서는 민족농업의 희망을 찾을 수 없으며, WTO체제에서는 농민이 마음 놓고 농사지을 권리도, 농업과 인류의 미래도 없다. 따라서 이러한 WTO 농업협상을 중단시키기 위해 세계 농민들과 연대하여 투쟁할 것"이라고 밝혔다.

2003년 9월 9일

○ 농민참가단 멕시코 칸쿤에 도착. 농민참가단을 비롯한 한국칸쿤투쟁단 투쟁 선포식 개최

○ 농민참가단 상여시위 전개

2003년 9월 10일

○ 故 이경해 열사 '전세계 농민 공동행동의 날' 시위 도중 "WTO가 농민을 죽인다(WTO Kills Farmers)"를 외치며, WTO 신자유주의의 의한 농업시장 개방에 항의 자결

　－ 고 이경해 열사 '헤수스 크라떼 로드리게스' 병원으로 급히 후송되어 수술

　－ 농민참가단 故 이경해 열사 자결 장소에서 천막농성 시작

○ 제5차 WTO 각료회의 멕시코 칸쿤에서 개막

2003년 9월 11일

○ 故 이경해 열사 과다 출혈로 인하여 사망

○ 故 이경해 열사의거와 서거 소식 외신을 통하여 전 세계로 타전되었으며, 이번 사건을 계기로 WTO 5차 각료회의 및 세계 NGO활동에 커다란 영향을 줄 것으로 예견함

○ 한국칸쿤투쟁단 병원 앞에서 기자회견을 개최하고 "WTO가 한국농민을 죽이고 한국농업을 파탄내고 있다는 것을 이 전 회장은 죽음으로 보여주었다"며 "이경해 열사의 유지를 받들어 WTO 협상을 지금 즉시 중단할 것"을 강력히 요구

○ 세계 70여 개국이이 가입한 비아캄페시나를 주축으로 칸쿤시내에서 대규모 가두 시위 전개

　－ 세계 각국의 농민 수만여 명이 시위에 참여하며 경찰과 대치

○ 각료회의 개막식장에서 세계 NGO회원들 500여 명 WTO 반대 기습 시위

○ 한국투쟁단 상황실에 빈소 마련

－ 각국의 농민 및 NGO회원들 조문

2003년 9월 12일

○ 허상만 농림부장관과 황두연 교섭본부장 빈소 방문

– "고인의 죽음이 헛되지 않도록 농업협상을 이끌어 달라"는 농민연대의 주문에 황두연 교섭본부장은 "이번 각료회의가 중요하지만, 자살을 했다고 해서 회의장에서 퇴장하는 등 강경대응하기는 어렵다."고 밝힘
○ 국제농민조직 비아캄페시나, NGO단체들 등 故 이경해 열사 추모 기자회견 및 추모식 개최

2003년 9월 13일
○ 천막농성장이 차려진 칸쿤시내에서 故 이경해 열사 추모 촛불집회 개최
– 9.11 테러 22주년 기념 군사주의 희생자 추모대회가 끝난 후 참석자들도 합류

2003년 9월 14일
○ 故 이경해 열사 유가족(막내딸 이지혜 씨, 동생 이영신 씨, 사위 김정훈 씨) 멕시코 칸쿤에 도착
○ 세계 국제공동 행동의 날 행사 개최
– 전 세계 농민, 노동자, 시민은 각료회의장으로 향하는 길목을 막아 놓은 바리케이트를 걷어내고 WTO화형식 거행
– 한국칸쿤투쟁단이 국제공동의날 행사를 주도적으로 이끎
○ 한국칸쿤투쟁단 20여 명 본회장 진입 시도
– 경찰 병력에 에워싸인 채 2시간가량 연좌시위

2003년 9월 15일
○ 故 이경해 열사 추도식, 세계농민장으로 멕시코 칸쿤에서 거행
– 같은 시간 한국 170여 개 분향소에서도 동시에 추도식 거행
○ 제5차 WTO 각료회의 결렬

2003년 9월 16일
○ 故 이경해 열사 운구, 유가족들과 함께 멕시코 칸쿤에서 출발

2003년 9월 18일
○ 이경해 열사 유해 인천공항에 도착
– 500여 명의 농민들이 인천공항에서 이경해 열사 운구를 맞이함
– 운구는 한농연 회관을 거쳐 서울 아산병원 빈소로 옮겨짐
○ 각계 각층의 인사들이 서울 아산병원에 마련되어 있는 故 이경해 열사 빈소를 찾음
○ 경북 성주에서 고 이경해 열사 추모집회 도중 박동호 농민 분신
– 성주 세강병원으로 급히 옮겼으나 상태가 심각해 영남도 병원으로 이송됨

2003년 9월 19일
○ 「故 이경해 열사 정신 계승 WTO반대 범국민 촛불집회」가 농민 · 학생 · 노동자를 비롯하여 시민사회단체 회원 1,000여 명이 참석한 가운데 광화문에서 개최

2003년 9월 20일
○ 고 이경해 열사 영결식 및 장례식 서울 올림픽 공원에서 농민과 시민들 6,000여 명이 참석한 가운데 거행
– 장례 이후 청와대로 향하는 장례행렬에 경찰 무차별 폭력진압으로 유가족 및 농민 50여 명이 크게 다치고, 운구차가 파손됨
○ 이경해 열사 장수군민 3,000여 명이 지켜보는 가운데 전북 장수군 장수읍 두산리 장지에 안장

(출처 : 월간 한농연 20호. 2003. 10. 15.)

2) 이경해 열사를 두 번 죽인 야만(野蠻)

① 낱장 광고 수준이라 반박한 한도숙 전국농민회총연맹 의장의 조사 (2009. 12. 2.)

우리나라 역사에 없는 농민 운동가의 해외 자결을 국내 굴지의 〈동아일보사〉는 일반 평기사도 아닌 사설을 통하여 폭력 시위꾼으로 매도하였다.

'남의 상사에도 곡을 하고 지나간다'는 우리의 보통 사람들의 정서인데 생명 산업이라는 농업의 몰락이 눈앞에 다가와 이를 바로잡아 보겠다고 해외까지 나가 절규하고 끝내 자결한 그에게 명복은 빌지 못할망정 '나라 망신'시켰다고 영혼까지도 오욕을 덮어씌우는 언론은 시의에 맞지 않아 퇴출되어야 마땅하다.

이에 대하여 한도숙 전국농민회총연맹 의장은 "누구를 위한 국익인가." 란 제하의 끝에 다음과 같이 맹성을 촉구하였다.

말도 안 되는 통계 수치를 가지고 시위 공화국 운운하는 〈동아일보사〉는 독재로 국민을 통치하던 시절이 그리운 것인가. 개인이라면 얼마든지 자기 입장을 얘기할 수 있겠지만, 사회적으로 상당한 영향력이 있는 신문이 한쪽의 입장으로 몰아가는 것은 바람직하지 않다.

신문이 공기가 되는 것은 공명하고 정대할 때만이 가능한 것이다.

그렇지 않으면 세칭 '찌라시'로 전락하고 마는 것이다.

② 두 번 죽인 첫 번째는 미국 식량 파워

③ 다음은 정부 당국

④ 세 번째는 농업개방의 심각성을 모르는 대다수의 농민들

"이경해 열사 누가 죽였나."를 다시 한 번 기억해 보자.

농민 운동가 이경해 씨가 칸쿤에서 할복자살했다는 소식이 날아들었을 때, 〈한겨레21〉과 〈조선닷컴〉에 접속해 속보를 읽은 적이 있다. 그때 기사 하단의 독자평을 보고 충격을 금할 수가 없었다. 농업계의 큰 인물 하나를 잃었다는 슬픔보다 더 충격적인 것은, 그의 죽음이 우리나라를 국제적으로 망신시킨 과격한 농민 운동가의 이벤트성 죽음 정도로 네티즌들에 의해 함부로 오도되고 있었던 일이다. 이는 그릇된 것으로 그를 두 번 죽인 일이다.

반면 몇몇 농민들은, 이 열사의 죽음이 자결이 아니라 타살이라는 말을 스스럼없이 했다. 농업 세계화라는 거대한 난기류 앞에 맥없이 쓰러지고 있는 우리 농업 사정 안팎을 살펴보면, 그들의 주장이 강한 설득력을 얻는다. 그렇다면 무슨 근거로 이 같은 주장을 했을까. 그 이유는 세 가지로 요약된다.

첫 번째 이 열사 가슴을 찌른 칼은, 국내 곡물 시장의 60% 이상을 차지하고 있는 미국 식량 파워의 주역 '카길'이라 하겠다. 1965년에 창업한 카길은, '벙기', '루이 드레프스', '앙드레', '인터콘티넨탈' 등 세계 곡물 거래량의 80%를 주무르는 5대 곡물 메이저 중 선두였다. 급기야 1998년 5대 메이저 중 인터콘티넨탈의 곡물 사업 부분을 인수하였고, 지난해에는 580억 달러(우리 돈 60조) 매출에 8억 2,300만 달러의 순이익을 올려 식량 절대 파워의 최강자 위치에 우뚝 섰다. 따라서 세계 곡물 시장의 80%를 장악하고 있는 미국의 카길이야말로 '미국이 독하게 마음먹고 20년만 식량을 움켜쥐면 세계 인구 2/3가 아사한다'는 말의 실체인 것이다. 그러므로 인공위성을 띄워 세계 곡창 지대를 하루 세 차례씩 체크하는 가공할 정보력의 카길은, 손바닥만 한 땅덩이에 목구멍을 맡긴 한국 농민들에게는 죽음의 사자인 셈이다.

두 번째 이 열사의 가슴에 꽂힌 또 다른 칼은, 다름 아닌 우리 정부 당국의 것이라 하겠다. 집권 여당은 농민을 위한 대선 공약으로 '선 대책 후 개방'을 내놓았고, 노동자 권익 보호를 위해 현장에서 몸으로 뛰던 이력의 노 후보는 농민들 절대다수의 지지를 얻으며 극적으로 집권할 수 있었다. 그런데 노 대통령은, "경쟁력 없는 부분은 퇴출되어야 한다."며 농민들의 기대를 저버렸다. 혹자는 이를 두고 어쩔 수 없는 흐름의 시장 개방이라 말한다. 하지만 사실이 그렇다 하더라도 모든 일에는 순서가 있다. 개방에 앞서 한국 농업이 스스로 생존할 수 있는, 즉 자생력을 갖춘 농업을 구축할 수 있도록 단계적 이행 방안 청사진인 농업 로드맵(road map)이 필요한 것이다. 그러나 여태껏 어떤 대안이나 아무런 전략도 강구해 놓지 않고서 개방을 전제로 세계무역기구(WTO) 협상에 임했다. 바로 그것이 이 열사의 가슴에 칼이 되어 꽂혔다. 지금이라도 늦지 않았다. 정부는 400만 농민의 생존권이 아니라 식량 안보 차원에서 특단의 대책을 강구해 국민의 이해를 구해야만 한다. 그렇지 않는다면 지지율 10%대의 경쟁력 없는 무책임한 정권, 실패한 개혁 코드 정권 역시 국민들에 의해 워크아웃 될 수 있음을 깨달아야 한다.

마지막 세 번째 이 열사 가슴에 꽂힌 칼은, 농업 개방 최대 피해자인 농민들이라 하겠다. 우루과이 라운드 이후 농민들은 그 심각성을 대수롭지 않게 생각했다. 추상적 탁상행정에 의해 무리하게 추진되는 국제 경쟁력 지상주의에 이끌리며, '이번에도 어떻게 되겠지.' '정부가 농업을 포기하랴.' '설마 쌀은 아닐 거야.' 식으로 강 건너 불구경하듯 농업 포기 정책을 바라만 보고 있었다. 다시 말하면, 농업 세계화 반대는 과격한 농민 운동가나 목소리 큰 농민 회원들만의 몫이라는 것이다. 개방 대책 촉구를 위한 농민 대회가 곳곳에서 있었지만, 참석해 힘을 실어 준 농민들은 그렇게 많지 않았다. 그러니 이 열사는 한국 농업이 처한 심각한 사정을 결국 죽음으로 세상에 알릴 수밖에 없었다.

따라서 이 열사의 죽음은, 미 식량 파워의 카길. 무책임하고 무능하다는 말에서 자유로울 수 없는 정부 당국. 그리고 아직도 농업 개방의 심각성을 제대로 파악하지 못하고 있는 다수의 농민들에 의해 살해된 것이라 하겠다.

하지만 이 열사의 죽음이 갖는 한국 농업 십자가의 의미는 채 계절이 바뀌기도 전에 우리 농민들 기억 속에서조차 지워져 가고 있어 안타까

울 뿐이다.[2]

3) 이경해 열사 2주기를 맞는 세계 농민들의 반응

세계 농민들의 반응은 "한국은 세계 농민 운동의 메카", "이경해 열사 뜻 잇자." 추모 열기가 뜨거웠다.

"이경해 열사를 비롯해 칸쿤 각료 회의 기간 동안 한국 농민들이 보여준 투쟁에 깊은 감명을 받았으며, 이제 한국은 세계 농민 운동의 메카로 부각되고 있다" "칸쿤에서 무차별적인 농산물 개방에 반대하여 자결한 이경해 열사의 뜻을 이어 농산물 수입 개방을 막아야 한다." 세계적 농민 연대 조직인 비아캄페시나(Via Campesina, 농민의 길)에서 활동하고 있는 농민 운동가 피터 로젯 씨가 지난 7월 한국을 방문해 남긴 말이다. "기업 세계화는 중소기업과 지역사회와 비서구 문화와 전 세계 생태계를 죽이는 것과 마찬가지로, 농촌을 죽이고 농민을 죽입니다. 그리고 이경해 씨를 죽였습니다. 올해 창비에서 발행한 『세계화와 싸운다』라는 책에서 영국의 진보 잡지 「에콜로지스트」의 기자인 '폴킹스노스'가 한국어판 서문에 쓴 글이다. 2003년 멕시코 칸쿤에서의 이경해 열사의 죽음은 국제 사

---

2   "이경해 열사 누가 죽였나.", 뉴스서천 193호, 2003. 10. 24.

회에 큰 충격을 주었다. "한국 반세계화 운동가의 순교로 WTO의 앞날에 그늘이 드리워졌다." 이경해 열사의 죽음을 긴급 타진한 모 외신의 기사처럼 WTO 제5차(칸쿤)각료회의는 무산됐고 반 WTO 투쟁에 불을 지피는 기폭제가 됐다. 그를 추모하고 뜻을 기리려는 세계 농민들의 움직임과 목소리는 점차 커져 갔다. 지난해 1주기를 맞아 100여 개국의 국제 농민 단체들이 모여 'WTO반대국제공동행 동의 날'로 선포한 것이 대표적인 예.

이경해 열사의 2주기인 올해도 그를 기리려는 세계 농민 단체 및 농민들의 움직임이 활발하다. 한국농업경영인중앙연합회가 회원으 로 참가하고 있는 아시아농민연합(AFA) 8개국 27명이 한국을 방문, 2주기 추모 행사에 참가할 예정이다. 이들은 오는 10일 이경해 열사 2주기 추모 집회에 참가하고 의장인 헤루 와도요(Heru Wardoyo)는 추모사를 할 계획이다. 특히 AFA는 올 핵심 사업에 WTO 농업 협상 대응 및 이경해 열사 정신 계승 활동을 명시할 정도로 높은 관심을 가지고 있다.

실제 회원국인 태국의 농민 단체는 이경해 열사 추모집 번역 사업 을 제의한 바 있으며 WTO 반대 입장을 보이고 있는 필리핀 농림부 WTO FTA 팀에서는 자체적으로 이경해 열사 비디오를 제작, 이곳 을 방문하는 농민 단체들에게 방영하고 있다. 전국농민회총연맹도 비아캄페시나 대표단 4개국 농민 운동가 4명을 초청, 이경해 열사 2 주기 추모 집회에 참가한다. 특히 이번 대표단에는 칸쿤 각료 회의 때 반 WTO 투쟁을 전개하고 준비했던 멕시코 농민 운동가 아베르

토 고메르 씨가 참가, 고인의 명복을 빌 계획이다. **3**

4) 기록으로 남은 추모의 행렬

1990년대부터 급격히 거세진 시장 개방 물결 속에서 이경해 열사는 영세농 중심의 한국 농업이 경쟁력을 잃고 좌초될 것을 우려했다. 열사는 정부의 대안 마련을 촉구했지만, 정부의 대외 개방 정책은 계속됐다.

그때 열사의 나이 56세였다. 그는 1993년 1월 19일 함께 농민 운동을 하던 부인을 불의의 교통사고로 잃었음에도 불구하고 이를 딛고 한국 농업 발전을 위해 평생을 헌신적으로 활동한 한국을 대표하는 세계적인 농민 운동가이다.

열사 이경해가 남긴 존농 정신과 그로 인한 역사적 사실은 어떻게, 무엇을 남겼는가 살펴보고자 한다. 그러나 필자의 한계 때문에 모두 담지 못해 고인에게 면목이 없다. 다만 파악된 부분만이라도 다음과 같이 정리하여 본다.

---

3 "이경해 열사 2주기-열사 정신 계승 국내외 움직임" 한국농어민신문, 2011. 11. 11.

① 영화 정보 다큐멘터리 상영

다큐멘터리 〈우리 모두가 이경해다〉
상영시간은 55분, 감독은 다니엘 트롬벵 호자스.

연출 의도

2003년 9월, 멕시코 칸쿤 제5차 WTO 협상장 앞에서 이경해 씨는 "WTO가 농민을 죽인다."라고 외치며 자결한다. 감독은 이 현장에 있었던 멕시코 농민, 인도의 환경 운동가, 한국의 사회 운동가와 국회의원 등을 만나고 다니며 당시의 상황을 반추한다. 그는 멕시코와 스위스, 한국, 프랑스 등지를 돌아다니며 이들의 목소리를 통해 전 세계 농민을 분노케 하는 신자유주의의 문제점을 드러낸다. 또한 감독은 이경해 열사의 살아생전 투쟁 과정을 열사가 직접 기록한 장면 등을 통해 생생하게 전달한다. 스위스 제네바 WTO 본부 앞에서 단식 농성을 하면서 그가 스스로 녹화한 비디오 자료를 다큐멘터리에 삽입하면서 열사가 얼마나 절실하게 한국 농업을 위해 애써 왔는지를 생생하게 보여준다. 또한 1999년 여의도 농민 대회에서 지역의 농민들과 만나 눈물을 흘리며 한국 농업을 걱정하는 열사의 모습은 그의 투쟁의 진정성을 보여주기에 충분하다.

이 다큐멘터리는 이 같은 두 가지 이야기 축을 통해 전 세계 농민이 처한 현실의 공통분모를 찾아내 비판하며 이경해 열사의 죽음이 결코 과거의 일이 아니라 현재 한국과 전 세계 농민의 현실임을 증명하려

한다.[4]

② 영국 디 옵서버지, 이경해 열사 특집기사 실어

이경해 열사 추모 4주기를 맞아 영국 유력 주간지인 〈디 옵서버(The Observer)〉가 7월 29일 자로 열사의 활동상을 담은 특집 기사를 실었다. 기사를 쓴 닉 머싸이어슨(Nick Mathiason) 기자는 7월 하순 한국을 방문, 이경해 열사 막내딸 이지혜 씨를 비롯해 열사의 지인들을 취재하고 돌아갔다.("영국 디 옵저버 紙 이경해 열사 특집기사 실어", 한국 후계농업경영인 중앙연합회, 2008. 6. 11.)

③ 이경해 열사 세계 농민장으로

장례위원회는 19일 오후 6시 서울 광화문에서 농민 연대와 각계 시민 단체들이 참가하는 촛불추모대회를 가질 예정이며, 발인일인 20일 오전 10시 '농민운동가 故 이경해 열사 세계 농민장'을 올림픽공원 내 '평화의 문'에서 개최하기로 했다.

---

4   〈우리 모두 이경해다〉 LEEKYUNGHAE, 2007.

5) 이경해 열사의 정신을 담아 농민의 뜻을 모으자

이경해 열사의 자결!

그것도 국내가 아닌 사고무친한 황망한 해외에서 한 국가의 농업, 아니 전 세계의 농업을 위해 이 한 몸, 던진다고 할 때 한 번도 경험한 적 없는 그 길, 얼마나 처연했을까!

이렇게 고결한 한국 농민의 정신을 남기고 떠났다. 그러나 인간사 세월이 흐르니 망각은 이어지는 건가!

지난 한국농어민신문(2022. 9. 27)에 왕남식 한농연 서울시연합회장의 인터뷰 기사를 읽었다.

(전략) 왕회장은 지난 9월 7일 전북 장수에서 열린 이경해의 19주기 추모식에서 열사의 둘째 딸 고운 씨가 전한 인사말을 떠올리며 "고운 씨가 우연히 만난 모 한농연 시군회장에게 이경해 열사를 아느냐고 물었더니 잘 모른다고 대답했었다고 한다. 이 얘길 얼마 전 19주기 추모식에서 들었다."라며 "우리가 열사의 숭고한 희생과 정신을 점점 잃어 가는 것 같아 더 이상 가만히 있어서는 안 되겠다는 생각이 들었다"고 말했다.

한편 지난 2023년 5월 26일 독농가와 동행 이경해 열사의 묘소에 들러 고귀한 희생에 묵념을 올리고 장수군청, 농업기술센터 관계자를 만나 이경해 열사에 관련된 진행 사항을 청취할 기회를 가졌다.

이경해 열사 기념관은 리모델링 진행 중에 있어 곧 개관을 앞두고 있으며 또한 한국 농업인 경영인, 장수군연합회에서는 이경해 열사를 추모하는 행사를 매년 개최한다는 사실을 전해 들었다.

이경해 열사 추모비 앞에서(2023. 5. 26.)

200만 농민과 농민 단체, 시민, 사회단체를 비롯한 각계 인사가 참여해 설립한 이경해 열사 기념사업회는 한국 농업 운동의 정신적 구심체로 자리매김이 될 것으로 기대하며 농업과 농촌을 위해 봉사와, 열정의 삶을 살다간 열사의 정신을 이어가고 '이경해'라는 이름이 한국 농민 운동의 상징으로 국내는 물론 전 세계 농민들에게 아로새겨질 수 있도록 하는 것이 우리 곁에 남겨진 몫이다.

제45장

농심(農心)은
한국 농민의 경쟁력

농심이라는 브랜드의 가치를 엿볼 수 있을 때 농심의 실체는 무엇일까? 우선 3가지로 요약해 볼 수 있다.

첫째는 진실한 마음이다. 콩 심은 데 콩 나고 팥 심은 데 팥 난다. 일평생 흙과 더불어 농사지으면서 뼛속 깊이 체화(體化)된 것이다. 노력한 만큼 거두는 땀의 정직함을 소중한 가치로 체득한 결과이다.

둘째는 베푸는 마음이다. 일태도분식(一太分食)이란 말처럼 콩 한 쪽도 나누어 먹으려는 마음이다. 상거래에서 조금 더 얹어 주는 '덤의 문화'가 있다.

셋째는 생명을 소중히 여기는 마음이다. 자연 친화적인 삶으로 자연에 대한 애정이 깊으며, 자연은 인간의 삶의 근원이라는 것을 알고 자연의 위대함에 더욱 겸손하고 소박한 정서를 지니게 된다. 이처럼 농심은 디지털 시대에 아날로그적 감성을 불러일으켜 생명을 소중히 여기는 휴머니즘이다.

농심 사례1 -해마다 1등 받는 농민

농산물을 검사해 보면 높은 등급을 받는 농민은 해마다 상위 등급을 받는다.

그때 "포장도 깔끔하고, 어떻게 이렇게 해마다 높은 등급을 받느냐?" 하고 물었다. 그러자 그 농민은 "내가 일 년 내내 농사지었지만 누가 먹을 줄 아나, 깨끗하게 손질해서 보내주는 것이 당연한 것 아닌가!" 했다. 듣기 고마운 농심(農心)은 듣는 사람의 심금을 울려 장내가 침묵했다. 이것이 한국 농업의 5천 년을 이어온 농심이며 경쟁력이다. 그러므로 농심이라는 경쟁력을 갖기 위해선 지구촌이 종말이 온다 해도 영원히 보존되어야 한다. 왜냐하면 누구나 공감하고 도덕적 우위에 있기 때문이다.

농심 사례2 -그 심상, 천심(心想, 天心)이지

시장의 작은 모퉁이에서 할머니가 여러 가지 채소를 놓고 팔고 있었다. 마침 아주머니 한 분이 봄 냄새가 물씬 나는 쑥과 시금치와 상추를 골랐다.

그리고 각각 1,000원씩 쳐서 3,000원을 드렸는데 할머니는, 상추 값은 1,000원이 아니라 800원이라며 200원을 거슬러 준다. 분명 상추는 양도 많았고 품질도 신선하였다. 그런데 왜 할머니는 200원을 거슬러 주는 것일까? "실은 그 상추를 1,000원에 팔고 싶은 생각도 있었지만, 양심상 그럴 수는 없다오. 다른 채소보다 싸게 사 왔거든……."

농민의 매력은 고지식한 데 있다. 흙과 더불어 살면서 스며진 천심이 자연의 순리를 좇아서 사는 것이 농민이다. 싸게 사 온 채소는 싸게 팔고, 비싸게 사 온 채소는 비싸게 팔아야 마음이 편하다.

요즈음의 농민은 셈할 줄을 몰라서 2,500원 하는 수수비를 3자루 파는 데 1만 원에 팔면 손해 보는 줄로 알았던 지난날의 어느 어수룩한 농민이 아니다. 셈을 정확히 하면서 정확한 이익만 얻는다.

그렇듯 농민의 마음은 순수하기에 많은 사람들은 농민이 하는 말이나 행동을 믿는다. 세속에 물들지 않은 것은 어느 면으로는 어리석게 보일지 모르나, 그 천진무구함으로 농촌의 훈훈한 인심과 정이 끈끈하게 이어진다.

현대인들에게 어필하는 아날로그적 감성을 생활 주변 곳곳에서 발견할 수 있다. 이제는 넓은 길보다는 시골길이 인기가 좋다. 제주도에서 개발된 올레길은 관광 명품으로 떠오르고 있다. 최근에 개발되고 있는 지리산 둘레길도 주말마다 많은 도시민들로부터 호응을 얻고 있다. 또한 자동차보다는 자전거 타기가 부각되고 있는 시대다. 산업 문명이 발달할수록 농심 같은 휴머니즘이 진가를 발휘하는 것이다. 그래서 농민의 고유 DNA를 농심이라 한다.

이제 '농심' 그 자체를 주요한 경쟁력 요소로 간주해야 한다. 농업인은 자연에 순응하여 사는 탓에 순결하고 푸근한 농심을 지닌다. 따라서 농업인들은 도시의 삭막한 공간에서 치열한 생존 경쟁으로 심신이 피폐해진 도시민들에게 푸근한 농심으로 맞이하는 것을 큰 보람이라고 본다. 농심을 도시민에게 청정 농산물을 내주는 일보다. 더 앞장서

내 주어야 한다.

아무리 편리한 디지털 시대라도 인간적 정서가 교감되지 않으면 사람들은 이에 거부감을 느낄 수 있다

농심을 바탕으로 새로운 인간관계를 형성하고, 서로의 가치를 존중하며 공동체를 이루는 것이 중요하다. 농심을 되찾는 것은 우리가 살아가는 세상을 더욱 인간적이고 풍요로운 곳으로 만드는 데 큰 역할을 할 것이다.

농의 가치는 이와 같이 지난날의 농경 사회보다 오늘의 산업 사회에서 오히려 더 값지게 여겨진다. 그것은 산업 사회에서 메말라가는 인간성을 농심에서 찾고자 하기 때문이다.

제46장

농심을 먹칠한 부정 수매

2022년 11월 23일 〈농민신문〉에 "일반벼 매입에 따른 품종 '슬쩍' 여전… 농가 자정 노력 절실"이라는 기사가 대서특필되어 보도되었다. 이틀 뒤에는(2022. 11. 25.) 동 신문의 사설에 또다시 발표되었다.

이뿐 아니다. 정부의 공공비축미 매입 때도 이 같은 행위는 여전히 발생하고 있다. '황금누리', '호풍', '새누리', '운광' 등 다수확 품종을 속여 공공비축미로 출하하는 사례가 좀처럼 줄지 않는 것이다. 농림축산식품부가 공공비축미 품종을 DNA 검사를 통해 검증해 보니 부적합 비율은 2018년산 9%, 2019년산 8.6%, 2020년산은 7.9%, 2021년산 6.7%나 됐다. 검사 결과 품종 순도가 80%를 밑돌면 시 · 군 · 구 선정 품종이 아닌 것으로 판단한다.

이와 같은 부정 수매 행위는 어떤 이유에서든 근절되어야 한다면서 그 이유를 다음과 같이 요망하며 부당성을 강조했다.

그러잖아도 근래 쌀 과잉 생산으로 값이 추락해 다른 농가들이 몸살을 앓는 것을 알면서도 부정행위를 일삼는 것은 옳지 않다. 특히 다수확 벼 품종 생산은 쌀 생산 과잉 요인이 될 수밖에 없다. 아울러 다수확이나 가공용 품종이 밥쌀용으로 우리 소비자들 식탁에 오르게 된다면 그 역풍은 감내하기 힘들다. 쌀 소비가 계속해서 줄고 있는데 밥맛이 떨어지는 쌀을 먹게 된다면 소비는 더욱 쪼그라들 수밖에 없는 것 아닌가.

RPC(미곡 종합처리장)는 결국 매입현장에 '보람찬 품종 벼를 가져오면 우선 지급금 이외에는 볏값을 지급하지 않는다.'는 경고성 현수막을 내 걸었다. 이 RPC 관계자는 "현수막을 내건 이후 RPC로 들어오는 매입 물량이 갑자기 크게 줄었다."며 "그동안 '보람찬' 품종 벼를 밥쌀용 품종으로 속여 출하하는 행위가 얼마나 성행했는지 알 수 있다는 대목"이라고 씁쓸해했다.

일어탁수(一魚濁水)란 말이 있다. 이와 같은 출하자는 이미 부정 수매라는 사실을 확연히 알고 있는 출하자들이다. 현장 경험에 의하면 불합격을 받는 출하자는 해마다 불합격 받는 경우가 많다. 이러한 부정 수매는 심리적으로 다른 기대 심리를 가진 출하자다. 이를 '욕망의 수로화(欲望의 水路化) 현상'이라 한다. 사회심리학자 고영복 교수는 "환경에 있어서의 욕구의 만족과 관계있는 부분으로 행동 방향이 이루어져 선택적으로 행동하게 되어 욕구의 수로화가 형성된다."고 했다. 즉 보통의 행동 욕구가 반복된 경험 속에서 보통의 행동보다 일층만족 을 가져다주는 행동으로 쫓음으로써 훨씬 용이하게 만족을 찾게 되는 과정이다. 농림축산 식품부에서 DNA 조사 결과 2018년 9%에서 해마 다 계속해서 이어지고 있는 것은 욕망의 수로화에 재미를 느낀 결과이 다. 사회적 징벌을 받아 농심 지대(農心地帶)로 돌아와야 시정이 가능 하다.

시정 방법 첫째는 수매 환경이 깨끗해야 한다. 부정 수매를 유혹 할 근원은 당초부터 완전히 차단하여 빌미를 주지 말아야 한다는 이론이다. '깨진 유리창 이론'이다. 미국의 범죄학자인 윌슨(James Q. Wilson), 조지 켈링(George L. Kellig)이 1982년 3월에 공동으로 발 표한 월간 「더 아틀란틱」에 '깨진 유리창(Broken Windows)'이라는 글에 서 처음으로 소개된 사회 무질서에 관한 이론이다.

깨진 유리창의 이론을 응용해서 사회 정책에 반영한 사례는 1980년 대 뉴욕에서 있었던 일이 대표적인 사례다. 당시 여행객들에게 뉴욕의 지하철은 절대 타지 말라는 말이 있을 정도로 지하철의 치안 상태가 형편없었던 것으로 알려졌지만 깨진 유리창의 이론이 발생하지 않도 록 지하철 내의 낙서를 모두 지우는 것을 목표로 세우고 실천하였다. 실제로 지하철에서의 사건 사고가 현저히 감소하였다고 한다. 한국에 서는 지난 2012년 10월 노숙인들이 많던 서울역 부근에 국화꽃 화분 으로 꽃 거리를 조성한 후부터 깨끗한 거리가 만들어졌다는 선행 경험 기록이 있다.

시정 방법의 두 번째는 '소문'에 의한 부정의 차단이다. RPC에서 공개한 부정 수검자 명단〈표24〉의 현수막을 활용한 공개는 소문 확산에 의한 공개 징벌을 가한 공격적 문책으로 이해된다. 필자가 1965년도에 조사한 충남농민여론조사결과에 의하면 '소문'에 대한 관심도가 61.2%로 조사되었다. 이규태의 (속)『한국인의 의식 구조』(상)에 의하면 "한국의 촌락 공동체는 남의 눈에 거슬리지 않고 남의 눈에 모나지 않으며 또한 타인으로부터 손가락질당하지 않는 인간을 가장 이상적인 인간상으로 여겼다"고 했다.

〈표24〉 2022년도 수매 품종 위반자 명단

2022년도 수매 품종 위반자 명단					
주소	성명	제시 품종	위반 품종		
미표시	미표시	친들, 수보	보람찬 20.8%	황금노을 20.8%	호풍 4.2%
=	=	수보	보람찬 37.5%	새누리 29.2%	
=	=	수보	보람찬 95%		
=	=	수보	보람찬 91.7%	황금노을 4.2%	
=	=	수보	보람찬 95.8%		
=	=	새일미	새누리 100%		
=	=	수보	호풍 87.5%	보람찬 4.2%	
=	=	수보	보람찬 100%		
=	=	수보	보람찬 100%		

품종 위반자는 우선지급금(40,000원)외 추가 지급 없습니다.
품종 검사가 진행되고 있어 추가자 발생 시 공지하겠습니다.

농협   미곡종합처리장

충남의 한 농협 미곡종합처리장(RPC)이 가공용 등을 매입 품종으로 속여 출하한 농가 명단을 공개한 현수막 (농민신문, 2022. 11. 23.)

그래서 우리나라 사람은 '소문'으로 인한 비방의 대상이 되는 것은 가문을 더럽히는 것으로 죄악시했고 그 생활권에서 외면당한다는 피해의식이 높다.

농촌 사회는 농심으로 엮인 사회다. 실명을 기재하지 않고 공개한 배려는 오히려 당사자에게는 실명 공개 이상의 실효를 거둘 것으로 보인다.

이러한 농민 때문에 '농민 대로'의 사회적 인정을 받지 못하고 있다. 농심이 없기 때문이다. 한국 농민의 공통 가치는 농심이다. 이것이 한국 농민의 DNA다. 그 정신은 첫째가 정직, 다음은 생명 존중, 세 번째는 정(情)이다. 이는 한국 농민의 자존이며 보호막이다. 우리나라 농업은 머지않아 디지털 농업 사회로 진입해 모든 산업 구조가 바뀔 것이다. 미디어학자 니콜라스 네그로폰데는 "디지털이 사회, 문화적 패러다임마저 교체할 것"라고 예견했다. 디지털 농업에 의한 무인 농업 시대가 왔을 때 한국 농업의 대표적인 '농심'의 계승 유지가 발전되어야 한다. 그러므로써 크고 작은 사회 부정은 막아야 한다.

제47장

농민 의료 무상 진료 시대

영국 굴지의 건강보험회사 메디캐시(Medicash)가 3,000명을 대상으로 건강 상태를 확인해 직업별로 순위를 매긴 결과(표25)를 발표하였다.(중앙일보, 2009. 12. 5.)

〈표25〉건강 상태 나쁜, 좋은 직업군 순위표

순위	건강 상태가 가장 나쁜 직업군 톱 10	건강 상태가 가장 좋은 직업군 톱10
1	요리사	광고업자
2	농부	교사
3	전기 기술자	인사과 직원
4	보험사원	회계사
5	건축업자	변호사
6	은행가	비서

순위	건강 상태가 가장 나쁜 직업군 톱 10	건강 상태가 가장 좋은 직업군 톱10
7	콜센터 직원	IT업계 종사자
8	트럭 운전수	연구원
9	엔지니어	간호원
10	여행사 직원	점원

　국민 소득이 높은 영국(세계 26위. 2018년) 농부가 두 번째로 나쁜 것으로 확인되었다.

　『農은 생명이고 밥이 민주주의다』 저자 김성훈은 농촌 주민의 유병률은 2014년 현재 31.8%로 도시 주민의 23.2%를 훨씬 상회하고 있다. 그리고 이 같은 도농 간 유병률 격차는 해가 갈수록 커지고 있다. 1999년에는 도농 유병률 격차가 1.8%였는데 2014년에는 8.8%로 5배 가까이 늘어났다. 농어촌의 유병 일수 역시 1999년의 6.7일에서 2014년 10.3일로 3.6일이 늘어난 반면 도시의 유병 일수는 5.8일에서 2.7일 느는 데 그쳤다. 이처럼 농어촌의 유병 일수가 도시보다 길어진 것은 치료 기간이 상대적으로 긴 만성질환과 고령 인구가 급속히 늘어난 데 기인한다. 요컨대 우리나라 농어촌 주민은 더 빠르게 늙어가고 더 큰 병에 오래 시달리고 있다고 설명했다.[1]

　영국 농민이 두 번째로 건강이 나쁘다는 결과와 한국 농민의 유병 일

1　김성훈, 『農은 생명이고 밥이 민주주의다』, 따비출판사. 2018. 6. 23.

수가 도시인보다 많은 것으로 나타났다는 결과는 역시 농민은 어려운 생업을 이어가고 있다는 설명이다.

그러면 농민의 보건권을 살펴보자. 헌법 제36조 3항에 '모든 국민은 보건에 관하여 국가의 보호를 받는다.'라고 명시돼 있다. 그렇다면 농촌 주민의 보건 권리를 도시민과 똑같이 평등하게 누리고 있을까?

농촌진흥청 국립농업과학원의 '2018년 농업인 등에 대한 복지 실태 조사 보고서'에 따르면 2017년 도시의 보건 의료 기관 수는 5만 8,944 개소였다. 반면 농어촌에 있는 보건 의료 기관 수는 7,687개소로 도시의 13%에 불과했다. 농촌 내 의료 인력도 턱없이 부족하다. 보건복지부가 2018년 말 실시한 '보건 의료 인력 실태 조사'에 따르면 의사 중 48.8%와 간호사의 51.4%가 수도권에 몰려 있는 것으로 나타났다. 농촌 지역에서 근무하는 의사와 간호사의 비율은 각각 10.5%, 8.6%에 그쳤다.[2]

의사, 간호사가 50%가 넘게 수도권에 있고 농촌은 기껏해야 8% 내지 10%의 인적 서비스를 받고 있으니 헌법을 논할 여지가 없다.

이와 같이 정부의 의료 지원 체계가 지나치게 무관심하니 지방 자치 단체에서 자구책으로 '주치의 제도'를 착안해 시행하고 있다. 적어도 의료 공백이라도 막기 위해서 지자체에서 자치 단체 실정에 맞는 '주치의 제도'를 실시하기로 하였다. 의료 공백은 누구나 아프면 치료받을 권리의 박탈이기 때문이다.

---

2 〈기획〉 "의료 공백 농촌 '위태' 공공보건의료대학원 설립 시급", 농민신문. 2020. 2. 25.

보령시, '우리마을 주치의' 제도 시행(2011.04)

보령시는 각 마을 주민들의 건강을 챙겨주는 '우리 마을 주치의 제도'를 이달부터 운영한다고 밝혔다.

시는 농촌의 고령화 및 양극화, 다문화, 귀농·귀촌 시대를 맞아 토털 평생건강관리 서비스를 제공하기 위해 이달부터 본격적으로 '우리 마을 주치의 제도'를 시행한다.

우리 마을 주치의 제도는 보령시보건소 및 지소의 방문 주치의 팀이 지역 내 각 마을을 정기적으로 방문해 찾아가는 의료 서비스를 제공해 농어촌 지역 주민의 체계적인 만성 질환 관리와 소외 계층 의료 사각지대를 해소하는 제도이다.

이를 위해 시는 일반 의사와 진료원으로 구성된 일반 진료팀과 한의사, 치과의사로 구성된 한방·치과 진료팀을 구성하고 11개 읍면지역 마을별 각 1개 마을을 지정해 일반 진료는 월 1회, 치과·한방 진료는 2개월에 1회 정기적으로 방문해 진료 서비스를 제공하게 된다.

특히 마을 주치의는 내과 1차 진료 후 필요한 경우에는 진료의 효율성을 높이기 위해 금연, 절주, 영양, 비만 등 주민 건강과 관련된 주민 강좌도 실시할 계획이다.

시 관계자는 "농촌 지역의 어르신은 평소 건강에 이상이 있어도 교통이 불편하거나 비용 등의 문제로 질병을 방치하는 경우가 적지 않다"며, "우리 마을 주치의 제도를 통해 지역 주민의 건강을 체계적으로 관리해 건강을 유지하는 데 도움을 주도록 노력할 것"이라고 말했다.

선진 농업국이 되기 위한 첫 주제는 농민의 건강이다. 제16대 노무현 대통령은 약값이 없어 치료를 못 받아 죽는 국민이 있는 나라는 나

라도 아니다."라고 했다. 통치자의 이러한 지적이 있는 지 15년이 지
난 오늘날까지도 농촌 사정은 여전히 어둡다. 농업 경영주의 평균 연
령이 67세로 고령이고 소득이라야 도시 근로자의 63.5% 수준이고 의
료 시설은 태부족이다.

그래도 이들은 5000년의 굶주림을 해결한 주역이었고 농촌의 환경
재앙을 막아준 환경 보호자이며 더욱이 우리나라가 세계 수출 7위국이
되기까지 농업 농민의 희생이 있었기 가능한 것으로 보아 이제는 어렵
게 살아가는 농어민의 무상진료제도를 시행하는 것이 선진국의 면모
에 마땅하리라 믿는다.

영국, 프랑스, 독일. 네덜란드, 캐나다, 스위스, 스웨덴, 덴마크,
핀란드 등은 이미 전 국민에게 무상 의료 제도를 실시하고 있으며 농
업 선 진국이다. 무상 진료를 실시하면서 차별화하기 위해 주민등록증
크기의 존농증(尊農證)을 발급하여 진료를 받아 농민으로서 특별 대우
를 받으며 자긍심을 키워 주었으면 한다.

2018년 12월 1일 기준 243만 명(농민 231만 명, 어민이 12만 명)의
의료 비용은 연간 3조 3천억이 소요된다. 건강보험 적용 대상자 1인당
진료 경비가 1,366,822원이다.(2018년 건강보험심사평가원)

제48장

농부의 주름진 손등에 경의를 표하자

조선일보에 게재된 칼럼 [신수진의 마음으로 사진읽기](3) "아버지의 주름진 손"을 읽었다. 다음은 글의 일부다.

손은 얼굴만큼 많은 걸 보여준다. 손에는 성별이나 연령은 물론이고 직업이나 취향, 성격까지도 읽을 수 있는 단서가 있다. 물론 다 맞힐 수 있는 건 아니고 짐작일 뿐이지만 손에는 그 사람의 시간이 쌓인다. 그래서 어떤 손은 얼굴보다 더 깊은 표정을 드러낸다.

-중략-

가까운 사람이 죽음에 이르는 과정을 지켜보는 것은 생에 대해 다른 조망을 갖게 한다. 구본창 작가는 임종을 앞둔 아버지의 곁을 지키며 이 사진을 찍었다. 빛을 받으며 아래로 드리운 손은 가지런히 점잖다. 움직임은 멈추었고 그의 시간도 곧 멈출 것이다.

마른 손등 위로 주름진 시간만이 머무른다. 이제 온전한 어른이 되어 아버지의 마지막을 보살피는 아들은 그의 손에서 거스를 수 없는 시간의 질서를 마주할 것이다. 강한 모습만 보여야 했던 깊은 애도가 프레임에 담겼다.

그렇게 작가는 아버지를 보내 드렸고 남은 사진은 아버지와 나의 시간을 기억하게 한다.

이승을 마지막으로 귀천하는 아버지와의 작별 순간을 가슴에 담아 간직하려는 절절한 작가의 지성은 지금 천추의 한을 풀 수 없는 이승과 저승 사이 단 한 번뿐인 아버지와의 마지막 심성의 표현이다. 그때 작가는 '아버지'하고 불러 보는 가슴속의 울림이 나도 모르게 일었을 것이다.

수년 전 예수를 지극정성으로 믿는 독신자 목사의 이야기를 들었다. 그는 아버지 산소에 가면 그도 모르게 '아버지'하고 엎드려 절을 하면서 기도를 드린다고 솔직하게 고백을 했다. "가난에 죽 먹기도 어려운 때 푼돈 벌어 나를 목사로 만들어 주신 나의 아버지가 여기 계시다." 하면서 눈물을 적신다고 한다. 어쩔 수 없는 솔직한 인간의 근본으로부터 벗어 날 수 없는 본질로 이해된다. 아버지에 대한 영원을 기려 가슴을 저며 주는 간절한 기도의 모습이다.

사진으로 시간을 되돌린 순 없어도 누군가의 시간을 기릴 순 있다. 지나간 것들은 슬프고도 아름답다. 언젠가 이 모든 시간이 그럴 것이고, 지금의 이 가을이 그럴 것이다.

이 사진작가의 기사를 읽고 나자, 팔순이 넘은 아버지가 들에 다녀왔다며 현관문을 열고 들어오신다. 오늘따라 아버지의 모습이 달리 느껴져 유심히 본다. 자식은 부모님의 늙어가는 모습이 문뜩 느껴질 때 세월의 무상에 어떤 조바심이 다가온다. 아버지와의 마지막에 '아버지' 하고 불러 본 가슴 적신 사진작가의 외침, 산소에 가 '아버지'하고 불러 본 목사의 솔직한 그리움에 적셔져 나도 모르게 감염되어 숙연해진 지금 들어오신 아버지의 모습이 평소와는 다른 사무침이 다가온다.

그래서 나도 아버지의 주름진 손등 사진을 찍어 전시판에 넣어 아버지 방에 걸어 놓기로 하고 사진관에 가 보기 드문 사진을 찍었다. 일상 생각지도 못했던 일이기에 마을 벗들을 불러 함께 보기 위해 아버지 방에 모였다. 예사로운 아버지의 손등을 컬러 사진을 통해 멈춰 있는 주름을 처음 본 우리들은 팔십 평생의 염원과 한이 서려 있는 축도(縮圖) 같아 눈시울을 적셨다.

너와 나를 가릴 것 없이 모두 부모를 모시고 살아오면서 은중태산(恩重泰山) 같은 마음을 가졌기에 부모님의 손등 사진을 찍어 표구하여 날자 잡아 전시회를 갖기로 뜻을 모았다.

전시장을 마련하고 전시하여 손등에 담아진 농부의 일생을 읽으면서 나는 '저 아버지의 아들이다, 아니면 손마디 굵은 아버지의 딸이다.' 하는 절절한 느낌이 부모에 대한 사무침으로 다가왔다. 사진으로 시간을 되돌릴 수는 없어도 한평생 농부로 고생하신 아버지, 언제 들어도 가슴 먹먹한 엄마의 말소리에 사모의 시간을 기릴 수 있었다.

아직도 곁에 아버지가 계심에 감사하고 이번 주말에 찾아뵐 때 팔십 평생을 살아오면서 그 숱한 애환이 그림자로 남아 있는 손등을 더 유심히 살펴봐야 하겠다. 아놀드 토인비(Arnold Toynbee)는 '한국이 인류 사회에 기여할 것이 있다면 부모를 공경하는 효자 사상일 것이다.' 라는 명언에 부끄러움은 없는지 되뇌어 본다.

한국의 농부로 살아온 고난을 이겨낸 흔적을 차원이 다른 매개물을 통하여 실감케 한 이번의 전시회는 자신을 모르고 살아온 지난날에서 이젠 나를 당당하게 보여 주는 스스로의 자존감(自存感)을 높여 준 뜻깊고 보기 드문 행사였으며 특히 부모님에 대한 한층 높은 경외심을 갖게 되었다.

표순

농업을 살려야 나라가 산다

초판 1쇄 인쇄일 2024년 3월 14일
초판 1쇄 발행일 2024년 3월 22일

지은이 이상득
펴낸이 양옥매
디자인 송다희 표지혜
교   정 김민정
마케팅 송용호

펴낸곳 도서출판 책과나무
출판등록 제2012-000376
주소 서울특별시 마포구 방울내로 79 이노빌딩 302호
대표전화 02.372.1537   **팩스** 02.372.1538
이메일 booknamu2007@naver.com
홈페이지 www.booknamu.com
ISBN 979-11-6752-461-4 (03300)

* 저작권법에 의해 보호를 받는 저작물이므로 저자와 출판사의 동의 없이
  내용의 일부를 인용하거나 발췌하는 것을 금합니다.
* 파손된 책은 구입처에서 교환해 드립니다.